모신엄마

* 인용된 상담 사례는 실제를 바탕으로 변형, 재구성한 것입니다.

모신엄마

초판1쇄 2023년 12월 25일
지은이 김호순, 성귀자, 이수영
감수   김영호 박사

책임편집 최문성
디자인   도로시
펴낸이   최문성
펴낸곳   도서출판 달구북
         출판등록 › 제2022-000001호
         주소 › 대구광역시 수성구 범안로4안길 28, 1층 (범물동)
         전화 › 070.4175.7470 팩스 › 0504.199.0257
         전자우편 › dalgubook21@naver.com
         홈페이지 › www.달구북.com

ⓒ 김호순 · 성귀자 · 이수영, 2023

ISBN 979-11-90458-36-8 (03180)

값은 뒤표지에 있습니다.

이 책은 저작권법에 따라 보호받는 저작물이므로 무단 전재 및 복제를 금합니다. 내용의 전부 또는 일부를 이용하려면 반드시 저작권자와 도서출판 달구북의 서면 동의를 받아야 합니다.

모신엄마

김호순 성귀자 이수영

이번에 (사)한국가족복지연구소 대구가족상담센터를 중심으로 대상관계이론을 같이 연찬하여 왔던 후학 상담사들 중 세 분의 선생님들께서 그동안 자신과 내담자에게 적용해 보고 상담에 활용해 본 경험을, 상담 현장에서 같은 일을 하고 있는 상담사들과 아이를 키우고 있는 많은 어머니들과 나누고자 이 책을 쓰게 되면서, 영광스럽게도 소생에게 엄청나다고 느껴지는 감수를 맡겨주셨습니다.

저희들은 대상관계이론을 이론가의 입장에서라기보다는 임상가의 입장에서 습득하여 이론의 실제 적용에 더 큰 관심을 가지고 다루어 왔기 때문에, 자연스럽게 지금은 작고하신 임종렬 박사님께서 주창하신 어머니(양육자)를 중심으로 접근하는 대상중심이론의 경향을 강하게 띠게 되었습니다. 독자들께서는 이 책에 수록된 많은 사례에서 볼 수 있듯이 나이가 어릴수록 문제를 일으키고 있는 당사자보다는 그의 의미 있는(중요한) 상대방인 대상의 변화와 치유에 중점적으로 집중하는 방식을 접하실 수가 있을 것입니다. 물론 당사자가 나이가 많으면 당연히 함께 변해야겠지요. 이러한 견해와 문제 해결 접근 방법은 장기간의 임상 경험과 수많은 치유 성공 사례를 통하여 입증됨으로써 대상중심이론으로 주창되고 있습니다.

추천의 말

　세 분의 필자께서는 참으로 혼신의 힘을 다하여 글을 쓰셨습니다. 김호순 선생님은 시민기자로서 활동하고 계시지만, 두 분은 그야말로 생짜 작가이십니다. 그러나 세 분 모두 감수자와 함께 글을 한 줄 한 줄 검토해 나가면서, 우리는 또 한 번 깊이 공부하는 기회가 되었고, 우리의 사례자가 되었던 내담자들이 우리의 스승이었다는 점을 새삼 깨달을 수 있었습니다. 물론 게재된 내용은 비밀 보장을 위하여 실제 내용과 동일하게 서술되지는 않았지만, 거의 모든 사례에서 대상중심 접근의 효과를 볼 수 있었던 면에서 더욱 확신을 가질 수 있었습니다.

　부디 이 책이 아이를 기르시는 많은 어머니들과 상담을 하시는 상담사들에게 참고가 되기를 바라며, 저희들은 앞으로 대상중심이론이 더욱 널리 보급되어 활용되고, 더 많은 아이들이 좋은 모신(母神)의 영향으로 행복하게 살기를 바라는 입장입니다.

2023년 11월

김영호

사회복지학 박사, (前) 대구대학교 교수

Part I

김호순의 안아주기

내 딸은 35세 고양이 엄마	13
우야꼬 엄마	19
내 맘대로 똥	26
콩쥐엄마 팥쥐엄마	34
안 돼! 안 돼! 절대로 '안 돼 엄마'	42
메두사엄마의 딸	49
엄마아내 아빠남편	56
앵그리맨의 분노	64
앵그리맨의 드론아이(drone eye)	72
뮤즈의 두 얼굴	78
엄마! 청바지!! OK! 1+1	89
엄마치마감옥	97
등짝 스매싱의 열매	107
인디언 기우제	114
* 작가의 말	120

Part II

성귀자의 **마주보기**

엄마만 최선인 엄마	127
집 밖은 위험해	133
착한 아이의 결말	140
선생님이 엄마처럼 무서워요	147
공부만 잘하면 뭐해요	154
속 터시는 엄마	161
엄마 밥! 마누라 밥!	168
후시딘 엄마	176
살맛 나는 관계	186
엄마! 찜닭! 찜~닭!!	196
* 작가의 말	206

Part III

이수영의 **함께하기**

17살 섬 집 아기	213
싹 싹둑 엄마	219
나를 버려 주세요	225
사랑 당하는 사랑	232
엄마의 사랑을 따 먹고 싶어요	239
마음 대신 돈	246
환상아들 실재아들	255
남편 흑역사의 진실	264
그리운 괴로운 맛	274
고맙다! 굵은 갈치	284
* 작가의 말	294

대상관계이론 용어설명

- **299** '대상관계이론' 이란?
- **300~301** 가면우울증 / 격리-개별화 과정 중 실행기 / DSM-5 경계선성격장애
- **302~303** 공격자와의 동일시 / 공생기 / 과도적대상 / 관찰하는 자기
- **304~305** 교정적 정서경험 / 내면화 / 담겨있는 & 담고 있는
- **306~307** 대리내상 / 내상과 대상표상 / 대상상실 / 동일시 / 멸절 / 몽상
- **308~309** 반복강박 / 분열 / 분화 / 세대 간 전이
- **310~311** 수동공격 / 심리적 융합 / 아이 어른과 어른 아이 / 안아주는 환경과 존재의 연속성 / 애도와 비탄
- **312~313** 양가감정 / 외현화 / 유기 / 유기공포 / 유기불안 / 이중단일체
- **314~315** 일차적이득과 이차적이득 / 자기감 / 자기표상 / 자해 / 재구성
- **316~317** 전위 / 전이 / 초기모성몰두 / 초점주의 / 촉진적환경 / 충분히 좋은 엄마의 양육
- **318~320** 침범 / 퇴행과 고착점 / 투사 / 항상성 / 행동화 / 흥분시키는 대상, 애욕적자아 & 거부하는 대상, 항애욕적자아

Part I

김호순의

안아주기

먼저 자신이 부정적 정서를
긍정적 정서로 승화할 수 있어야 한다.
그런 다음에야 비로소
타인의 부정성을 안아줄 수 있기 때문이다.

치료에서의 진전은,
내가 나의 자기대상(self object)이 되어주는 것.
자신을 진정시킬 수 있는 능력(capacity for self-soothing)은,
변형적 내면화(transmuting internalization)가 되어야
가능한 일이다.

내 딸은 35세 고양이 엄마

제가 둘째 딸을 낳았을 때, 한 달 동안 애를 못 봤어요. 출산할 때가 새벽 1시쯤이었는데, 의사가 아직 도착 안 했다며 간호사가 나오는 애를 참으라는 거예요. 애가 오르락내리락하다가 양수를 먹었다더군요. 장이 오염돼서 한 달이나 병원에 입원해 있었어요. 아기 없는 텅 빈 방에서 얼마나 울었는지 몰라요. 미역국도 안 당기고, 젖이 불어도 젖 빨 아기가 없으니 기가 찰 노릇이었지요. 그 애가 벌써 35살. 10년 전 직장 따라 서울로 올라갔어요. 어릴 적부터 입이 짧고 편식이 심했어요. 음식도 입에 안 맞고 객지 생활이 얼마나 힘들었겠어요? 외롭고 일하기 힘들다며 난리 치다가, 지인한테서 새끼 고양이 한 마리를 얻어 키우게 됐어요. 고양이가 엄마랑 눈이 꼭 닮았다며 끔찍하게도 아끼고 예뻐했지요. 서로 의지하고 산지 벌써 10년. 태어날 때부터 신장이 약했던 고양이는 큰 수술도 했고, 지금까지 돌보는데 수 천만 원

김호순의 안아주기

은 썼을걸요. 그 돈을 차라리 저금했으면 전세자금 꽤나 모았을 텐데... 요즘 들어 노묘가 된 고양이가 혹시 죽을까 봐 딸은 자나 깨나 마음을 졸이고 있어요. 배우자감도 고양이를 같이 키워 줄 사람을 찾는다는데. 그게 어디 쉬운가요? 이제는 진짜 결혼을 준비해야 하는 마당에 딸과 고양이를 어떻게 하면 좋을까요?

60대 중반의 3남매(2녀 1남)를 둔 엄마 K씨의 하소연이다. 결혼할 생각보다 고양이를 자식처럼 키우는 딸을 지켜보는 엄마의 속마음은 타 들어갔다. 애지중지하는 고양이를 내다 버릴 수도 없고, 좋은 짝 만나 진짜 애 낳고 잘 살면 좋겠는데, 무엇을 어떻게 해야 할지 걱정만 앞섰다.

Ж

K씨는 3대 독자 손자를 학수고대하는 홀시어머니와 함께 살고 있다. 5살 위 큰딸은 살림 밑천으로 여겨 그럭저럭 넘어갔다. 둘째 임신 소식에 "이번에도 딸이면 유산시켜라!"라며

던진 돈 100만 원과 시어머니의 서슬 퍼런 말에 K씨는 오기가 생겼다. 뱃속 아이가 여아라는 사실을 알게 되었지만, 아기를 꼭 지키고 싶어 아들이라 속이고 출산을 감행했던 것이다. 시어머니는 "공주님입니다."라는 간호사 말에 털썩 주저앉았고, "집에 가서 편히 자자."라며 남편을 데려갔다. 임신기간 내내 거짓말을 했다는 죄책감에 시달렸고, 마음이 불안했던 탓인지 K씨의 임신, 출산 과정은 순조롭지 못했던 것이다.

출산 후 K씨가 산후우울증을 앓고 슬퍼했던 것은 아기의 마음이 슬프고 괴롭기 때문이었을 것이다. 엄마와 아기는 하나의 단위로 연결되어 있고, 감정도 그대로 전이(transference)되기 때문이다. 일반적으로 산모는 4주 정도(출산 2주 전부터 출산 후 2주 사이) 아기에게 완전히 몰입하는 정신적 현상인 초기모성몰두(primary maternal preoccupation: P.M.P.)를 경험한다. 이때 산모는 아기에게 완전히 몰입해 정상이지만 미친 것 같은 상태에서 엄마와 아기 사이의 몽상(reverie)의 극치를 경험하게 된다. K씨는 이 시기에 함께해야 할 아기와 연결성을 잃어버리고, 아기는 모성 박탈로 인한 유기공포(fear of abandonment)의 깊은 슬픔을 경험한 것이다.

흔히 산모들은 출산 후 4주 정도 산욕기에 에스트로겐, 프로게스테론 등의 갑작스러운 호르몬의 변화와 출산 및 육아

스트레스로 산후우울증이 나타나기도 한다. 산후우울증이 생기면 남편이 옆에 있는 것만으로도 안정감을 느낄 수 있어 산후우울증 대처에 많은 도움이 되기 때문에 남편의 역할이 무엇보다 중요하다. 당시 남편은 회사일로 출장이 잦았고, K씨는 시어머니의 눈치를 보느라 혼자 떨어져 방치된 느낌을 받았다. 슬프고 텅 빈 마음을 추스르려 이해인 수녀의 『민들레 영토』라는 시집을 읽으면서 자신과 아기를 애도(mourning)하였다.

    딸은 신생아 시기에 몸속 깊이 느꼈을 유기공포의 느낌을 충분히 표현함으로써 애도하고, 엄마로부터 공감과 위로를 받도록 하는 것이 필요하다. 입원 당시 간호사가 잘 돌봐주었겠지만, 엄마의 냄새, 목소리와 같은 느낌의 갑작스러운 단절을 아이는 이해할 수 없었을 것이다. 유기공포를 극복하는 데 도움을 받기 위해서라면 다 큰 어른으로 성장한 딸일지라도 그때의 결핍을 보충 받는 것이 필요하다. 지금이라도 엄마 품에 안긴다든가 하는 엄마로부터의 인정과 사랑을 느낄 수 있는 안정감을 공급받아야 한다. 엄마는 안아줌이 부족했기 때문에 딸을 단단하면서도 부드럽게 꽉 안아주면 도움이 될 것이다. 딸이 배우자를 만나고 결혼해 임신에 성공한다면, 아기에게 딸이 느꼈던 유기공포, 분리불안 경험이 되풀이되지 않도록

'지금부터 즉시' 친정엄마와 안정적인 관계 경험을 축적시키는 것이 필요하다. 출산에 대한 근본적인 두려움을 줄이고, 즐겁고 행복한 아기와의 만남을 갖도록 도와주는 것이 좋다. 이것은 딸이 경험하지 못했던 친정엄마와의 행복한 만남을 자신의 아기와 가짐으로써 자기 치유의 의미를 가질 수 있기 때문이다. 딸은 아기에게 엄마 품을 충분히 내줌으로써 엄마 사랑이 부족했던 세대 간 전이(intergeneration transference) 현상을 끊고, 미해결 과제를 완결하는 의미를 갖게 될 것이다.

K씨 딸은 왜 하필이면 고양이를 키우며 살까? 고양이가 잠잘 때 머리카락을 헤집고 갸르릉거리며 꾹꾹이를 해 주면, 딸은 엄마에게 안긴 안정감을 공급받는 느낌이 들었을 것이다. 고양이는 자신이면서 자신이 아닌, 엄마이면서 엄마가 아닌, 자신 같고 엄마 같기도 한 과도적 대상(중간 대상: transitional object)으로 보인다. 애착인형처럼 고양이는 딸에게 엄마의 느낌을 제공함으로써 엄마의 부재를 견디게 하는 소중한 대상이 되었을 것이다.

딸은 배우자를 선택할 때도 고양이에 대한 관심이나 지식을 갖고 있는 사람, 결혼해서도 고양이와 함께 살 수 있는 사람, 고양이의 습성처럼 적절한 거리를 두고 친밀감을 표현해 줄 배우자감이라면 그에 대한 평가가 훨씬 더 우호적일 것이다. 딸은 자신의 유기공포를 극복하기 위해 고양이를 과도적 대상으로 관계를 맺어왔다. 고양이를 끝까지 잘 돌봐줌으로써 자기 문제였던 '버려짐의 공포'를 극복하는 완결의 의미로 가져가면 좋을 것이다. 고양이의 임종과 장례식 과정까지 잘 마감하는 것은 '나는 버림받았다.'라는 느낌을, '나는 안 버렸다.'라는 치유의 의미기도 하기 때문이다.

　K씨는 앞으로 딸과 좋은 관계를 유지하면서 노묘가 죽고 나면, 충분히 애도한 후 고양이는 그만 키우도록 잘 이끌어줘야 한다. 왜냐하면 딸이 경험한 고양이와의 안정적인 애착 경험의 만족을 특히 배우자나 자녀와 같은 대인관계로 옮겨가는 것이 필요하기 때문이다.

우야꼬 엄마

　　13살. 12살 연년생인 두 아들을 볼 때마다 '우야꼬…' 싶습니다. 눈앞이 캄캄하고 한숨부터 나옵니다. 큰애가 어릴 때는 동생을 참 예뻐했어요. 둘째가 두 돌쯤 되니까 고집도 세지고 형아 상난감도 뺏고 하면서 다툼이 생겼어요. 요즘은 글쎄. 아침에 눈 뜨면 싸우기 시작해서 잠들 때까지 싸웁니다. 이제 저는 자식들이 공부 잘하고 출세하는 건 바라지도 않아요. 공부는 딱 중간만 하라 합니다. 이놈의 자식들이 뭐가 되려고 그러는지. 허구한 날 쌈박질만 하는 통에 성질 같으면 확! 쫓아내 버리고 싶지 뭡니까? 지난주에는 작은놈이 컴퓨터 뺏겼다고 형아한테 달려들다가 형이 휘두른 주먹에 갈비뼈가 두 대나 부러졌다니까요! 혼내도 안 되고 벌줘도 소용없고 때려도 안돼요. 아… 말로 하면 될 것을. 꼭 치고받고 몸싸움부터 해대니 '우야꼬' 싶습니다. 두 녀석 키가 벌써 160cm나 되니. 엉겨 붙으면 어느 놈이 형인지 동생인

김호순의 안아주기

지 구별도 안돼요. 근데 또 집에 와서 둘 중 하나가 안 보이면 그렇게나 서로를 찾아대요. 만나면 싸울 거면서 뭐 하러 그렇게 찾아대는지 도통 이해가 되지 않습니다. 그러고 보니 시아버지도 그렇고 시댁 식구들도 걸핏하면 서로 핏대를 높여요. 전부 거구에 다혈질이라니까요. 시숙 3형제가 하나같이 성질이 불같습니다. 씨 도둑질은 못한다더니 그런 것도 닮습니까?

연년생 형제(20개월 차이)를 키우고 있는 40대 초반의 엄마 B씨의 이야기다. B씨는 20대 후반, 열 살 연상의 직장 거래처 사장이었던 남편과 눈이 맞았다. 카리스마 넘치는 경상도 사나이와 사귄 지 두 달 후 입덧이 났다. 눈앞이 캄캄해진 B씨는 '우야꼬' 싶었다. 가부장적인 아버지가 무서워 임신 사실을 차일피일 미루었지만, 배가 불러오자 이실직고할 수밖에 없었다. 첫아들을 낳고 결혼식을 올리려 마음먹었으나, 둘째가 덜컥 들어서고 말았다. B씨는 또다시 뜻밖의 임신에 '우야꼬' 싶었다. 친정부모님은 "동네 창피하다."라며 동거 사실을 쉬쉬하였고, 큰아들이 5살 때 양가 어른들만 모시고 조촐하게 결혼식을 올렸다. 몇 년 고생 끝에 남편 사업도 한고비를 넘겼고 사는 형편도 조금씩 풀리는데, 꼴통 형제들의 싸움만 아니면 무슨 걱정이 있겠는가?

B씨는 결혼 이유가 생각지도 못한 임신이었다고 고백하였다. 임신된 걸 알자, '우야꼬' 싶은, 앞날이 막막하고 어떻게 해야 할지 모르는 무력감이 엄습하였다. 혼전임신으로 인생이 발목 잡혔다는 생각을 아들을 기르는 내내 지울 수가 없었다. 남편은 훤한 대머리에 넉넉한 체형으로 B씨의 이상형은 아니었다. 박력 넘치고 책임감 있는 일 처리와 오빠처럼 다정한 모습에 홀린 듯 넘어가 버렸던 것이다. 살아보니 남편은 일중독자로 결혼 전의 다정함은 온데간데없고, B씨는 차츰 독박 육아, 독박 가사로 힘들어졌다. B씨는 일을 핑계로 며칠씩 집에 들어오지 않는 남편에게 잔소리를 퍼부어댔다. 기다렸다는 듯 "나 혼자 잘 먹고 잘 살자고 이러냐?"라며 문을 박차고 나가는 남편의 뒷모습에 B씨는 혼자 내팽개쳐진 기분과 원망이 들었다. '저놈의 남편을 우야꼬.' 싶었다. 남편을 향해 끓어오르는 분노를 아들들에게 퍼부어댔다. 남편이 미우니 아들들도 미웠다. 어느 날 문득 "부모 복 없는 년은 서방 복도 없고 자식 복도 없다더니...."라던 친정엄마의 넋두리가 생각났고, 이런 자기 팔자에 대해서까지도 '우야꼬' 싶었다.

B씨는 5남매(2남 3녀) 중 막둥이로 태어났다. 마흔셋 늦은 나이에 임산부가 되어버린 친정엄마는 "아무한테도 말하지 마라! 넘사스럽다."라며 죄인처럼 늦둥이 딸을 낳았고, 대문 밖에 금줄도 치지 않았다. 어릴 적부터 농사일로 바빴던 부모님 대신 오빠, 언니 손에 맡겨져 '있는 듯 없는 듯 말 잘 듣는 순한 아이'로 자랐다. 오빠와 언니가 얼마나 알뜰살뜰 막내 여동생을 챙겨주었으랴? 나이 차가 많은 남편에게서 오빠같이 자신을 아껴주고 어디든 잘 데리고 다니는 보호자를 기대하였다. 큰 말썽 없이 착한 아이였던 B씨는 알콩달콩 남편과 행복한 결혼생활에 거는 기대가 누구보다 컸을 것이다. 남편에 대한 기대가 클수록 실망감은 몇 배나 더 컸으리라 짐작된다. 남편에 대한 실망감과 좌절감 때문에 분노를 직접 표현했으나 돌아오는 건 무시, 단절, 협박 등 감당하기 어려운 것들뿐이었기에 '우야꼬' 싶고 더욱 기가 막혔을 것이다.

성장하면서 남편과 시댁 식구들을 닮아가는 아들들의 모습은 엄마 B씨의 눈 밖에 났고 미운 털이 박히기 시작했다. 자녀들의 걸음걸이, 말투, 행동 하나하나가 얼마나 미웠던지 잔소리, 비난, 고함치기, 때리기 등으로 B씨 마음속에 감춰두었던 분노를 야멸차게 드러냈던 것이다. 어리고 약한 존재인 아들 둘은 차츰 엄마 B씨의 희생양이 되어갔다. 그 후 아이들은 범위를 벗어나는 행동들을 일삼으면서 '우야꼬' 하는 엄마의 근심을 사기 시작했다. 엄마 B씨가 예기치 못했던 첫째 아들 임신과 미처 준비하지 못한 둘째 아들 임신 때부터 아이들에게 가졌던 '우야꼬' 하는 느낌에 아들들은 반응하며 성장했다고 볼 수 있다.

아이에 대한 어머니의 느낌은 이미 임신 때부터 자녀들의 성장의 질을 결정한다. 분노의 눈빛으로 자녀를 보면 자녀들은 거기에 응대한다. 결국 B씨도 어쩔 수 없이 '우야꼬' 하는 마음을 갖게 되었지만, 자녀들도 그런 엄마의 마음에 응대하듯 자라고 만 것이다. 그렇게 어머니와 자녀들은 '우야꼬' 하는 느낌에 물들어 갔고, '우야꼬'에 응대하는 것이 무의식중에 지속되었다고 볼 수 있다. 어머니의 눈빛이 짜증스럽고 아이의 존재를 부정하는 듯하다면, 아이의 자기감(sense of self)은 좋지 않은 느낌으로 차곡차곡 쌓일 것이다. 자녀들이 부정적인 자기감을 갖게 되면, 심리적 에너지는 난삽해져 사춘기 때 본능과 충동에 사로잡혀 비행을 저지르기가 쉽다.

이런 관점에서 볼 때 근본적인 대책은 아이들에 대한 엄마의 느낌을 '우야꼬' 대신 '든든하고 대견하다는 긍정적인 느낌'

으로 바꾸는 것이 중요하다. 큰 그릇은 늦게 이루어진다는 생각을 가져야 한다. 그러면 자녀들은 엄마의 긍정적인 태도에 응답하게 될 것이다. 자녀를 행복하고 만족스러운 눈빛으로 바라보면, 자녀는 엄마의 그 눈빛에 만족스럽고 흥겨운 춤을 춘다. 아이를 바라보는 어머니의 눈빛이 따스하고 편안하면, 자녀들의 자기에 대한 느낌도 좋게 된다. '자기심리학'의 창시자 Heinz Kohut은 도서 『하인즈 코헛과 자기심리학(한국심리치료연구소 출판)』에서, "자녀가 다양한 발달 단계들의 기능, 활동과 관련된 자기애적 에너지가 넘치도록 풍부한 상태로 기르기 위해서는 아이를 자랑스럽게 보아주는 엄마의 눈빛을 필요로 한다."라고 했다.

　자녀의 행동이 변화되기를 바라기에 앞서, 어머니가 변하는 것이 더 근본적이다. 자녀를 변화시키고 상황을 바꾸려 하기보다 어머니 자신의 변화가 수월하고 현실적이다. '자녀의 단점을 보는 데 능숙한 어머니의 눈을, 장점을 보는 긍정적인 관점'으로 채널을 돌려보자. 평소 자녀를 대할 때 긍정적으로 보는 연습이 필요하다. 자녀들 간에 갈등이 생기면 각자의 욕구가 무엇인지 파악하고 수용해 주는 것이 중요하다. 자녀들의 눈에 어머니에 대한 느낌은 부드럽고, 따뜻하고, 시원해야 한다. 어머니 눈에 자녀는 무조건 귀엽고 예뻐 보여야 한다.

어머니와 아이가 수도 없이 상호작용한 결과, 발생되는 정서에서 아이는 평생 가지고 살아야 할 자기표상(self representation)과 대상표상(object representation)이 형성되기 때문이다.

내 맘대로 똥

　4살짜리 여동생도 똥오줌을 다 가리는데. 오빠라는 녀석이 아무 데나 똥을 막 싸니... 정말 매일이 악몽 같아요. 벌써 6살인데. 내년에 학교 보낼 일만 생각하면 막막하기만 합니다. 유치원 선생님은 아이가 발표도 잘하고. 친구들과도 잘 놀고. 화장실에도 잘 간다고 하는데. 왜 집에서만 그러는지... 환장할 노릇입니다. 어릴 적에는 또래 애들에 비해 일찍이 대소변을 잘 가렸고. 가끔 실수할 때면 혼을 내서 정신을 똑바로 차리도록 교육을 철저히 했답니다.

　아들이 4살 때인가? 시골로 이사 온 지 얼마 되지 않아 제가 독감에 걸려 힘들었던 적이 있었어요. 남편은 출장 가고 없지. 친정엄마는 남동생 네 애들 봐준다고 못 온 대지. 애들 둘이 온 집안을 난장판으로 만들어 놓더라고요. 그때 아들이 대변이 마렵다는데 "다 큰 게 혼자 똥도 못 누냐!"라며 벼락같이 고함을 질렀지요. 아들이 울면서 혼자 화장실 가기가 무섭다기에 플라스틱 의자를 냅다 던졌는데 벽에 커다란 구멍이 생기고 말았어요. 구멍을 볼 때마다 좀 뉘우치라고 일부러 벽을 손보지 않고 그대로 내버려 두었지요. 그 후로 아들이 대변을 지려 팬티에 묻히기라도 할라치면. 뚫린 구멍을 빤히 쳐다보면서 "엄마. 무서워요. 미안해요. 다시는 안 그럴게요. 제발 화내지 마세요." 하면서 싹싹 빌기까지 했어요. 아마 그때부터 대변 가리기 문제로 골머리 썩는 일이 시작되었던 것 같아요.

지난주에는 글쎄. 딸내미랑 놀다가 아들이 장난감을 빼앗기자 버럭 소리를 지르더라고요. 잠잠하기에 가 보니까 세상에나! 엉덩이를 쳐들고 카펫 위에서 팬티만 입고 똥을 힘껏 싸고 있었어요. 눈이 홱 뒤집어져 아들내미 엉덩이를 불이 나도록 때렸어요. 씻기고 속옷 갈아입히고 잠자리에 들었는데. 가슴막을 파고드는 아들이 또 얼마나 불쌍해 보이던지 꼬옥 안아주었답니다.

좋은 엄마 되겠다고 도시를 떠나 전원주택을 지었고. 유명하다는 육아 책도 읽고. 유튜브도 구독하고. 자녀교육에 최선을 다하는데. 아들 녀석이 그깟 똥 문제로 이렇게 속을 뒤집어 놓을 줄이야 상상도 못 했어요. 대변을 지리게ㅏ 실수를 반복할 때면 화가 치밀어 머리 뚜껑이 열리니... 이런 제가 너무 싫고. 울다 잠든 큰애를 보면 죄책감에 시달리다 잠 한숨 못 자는 날이 많았어요. 머리가 나쁘면 그러려니 하겠지만. 아주 똘똘한 아이가 그러니 어떨 땐 엄마 염장 지르려고 작정한 아이 같다니까요. 모든 걸 뻔히 알면서 엄마 보람시고 똥을 내지르는 것 같기도 하고. 얘는 도대체 왜 그럴까요?

성공적인 자녀교육을 위해 도시생활을 접고 마당 넓은 시골집으로 귀촌 한 엄마 L씨의 한숨 어린 하소연이다. 유난히 사춘기를 심하게 앓았던 L씨는 친구도 별로 없었고, 몸이 허약한 탓에 학교 결석도 잦았다. 어릴 적부터 유일한 취미는 그림 그리는 것이었다. 자연스럽게 미대에 진학한 L씨는 과 선배였던 남편을 만난 덕분에 겨우 웃음과 건강을 조금씩 되찾아 갔다. 유난히 자동차 타는 것이나 경적소리, 도시의 매캐한 매연에 몹시 예민했던 L씨는 3년 전 남편의 권유로 전원생활을 감행하였다. 엄마의 품처럼 넉넉한 자연이 주는 안정감과 만족감에 비로소 행복할 수 있었다. 잔디가 예쁜 마당의 놀이터에서 즐겁게 뛰어노는 아이들의 웃음소리가 L씨의 삶에 즐거움을 더해주기도 했다.

Ж

　사실 L씨가 도시의 소리와 냄새에 예민하고 민감하게 된 데는 이유가 있었다. 중학교 2학년 때 수학여행을 마치고 돌아오는 날이었다. 기차역을 목전에 두고 딸 바보였던 아버지가 교통사고로 불귀의 객이 되고 말았던 것이다. 충격으로 인해 L씨는 청소년기를 온통 슬픔으로 보냈고, 아버지를 죽음으로 몰고 갔다는 죄책감에서 헤어 나오기가 몹시 어려웠다. 그 후 L씨는 자동차 경적소리에 깜짝깜짝 놀라는 것은 물론, 차를 타는 것도, 휘발유 냄새조차도 극도로 싫어하는 성격으로 변해갔다.

　우울과 죄책감, 무기력, 분노, 공허감, 공포의 기분을 자주 느끼면서 청소년기를 보낸 L씨는 결혼만큼은 절대 하지 않으리라 마음먹었다. 아버지가 그립고 간절하게 보고 싶기도 했지만, '아버지를 잡아먹은 딸년'이라는 주홍글씨는 '결혼과 자신은 절대 어울리지 않는 것'이란 생각을 심어주었다. 지금의 남편이 나타나기 전까지만 해도 그랬다. 그 후 부부에게 선물처럼 찾아온 첫 아이는 놀랍게도 친정아버지와 흡사한 외모에 곱슬머리까지 닮게 태어났다. 더구나 아버지 기일 하루 전날이 아들의 생일이었다. 심지어 친정어머니는 "너희 아버지가 환생한 것 같구나."라는 말을 할 정도였다.

아들의 탄생이 친정아버지가 보내 준 선물이라 생각할 때는 감사의 눈물이 흘렀지만, '그때 버스 타고 갈 거라며 아버지를 말렸더라면….' 하는 후회가 들 때면 회한의 눈물을 흘렸다. L씨는 친정아버지에게 못다 한 사랑을 되갚기 위해서라도 아들을 누구보다 더 완벽하게, 멋지고 훌륭한 사람으로 키우리라 되뇌곤 했다. 은연중에 아들을 아버지의 환생으로 믿게 된 L씨는 깨끗하고 안전한 것, 순수하고 완벽한 환경을 제공해 주려고 무척이나 노력을 했다. 행여 잘못될 세라, 혹시 다칠 세라 그저 울타리를 치고 위험한 것은 절대 못 하게 방어막을 단단히 쳐 두곤 했다.

그런 엄마의 마음을 아는지 모르는지 아들은 더러운 똥으로 엄마 L씨를 자극하고 만 것이다. 아이가 똥으로 애를 먹이자, 아들을 완벽하게 키우겠다는 환상은 물거품이 되어버렸고, 아들이 미워질 때가 점점 많아졌다. 주홍글씨로 각인된 자신의 모습에서 벗어나기 위해서 지극정성으로 아들을 보호하고 위해 주었건만, 아들에게서 배신감이 느껴질 때마다 분노의 노예가 되어버리니 미칠 지경이었다. 분노가 가라앉고 제정신이 들면, 울다 잠든 아들의 모습에 미안하고 죄책감에 싸여 아들을 부둥켜안은 채 울기도 했다. 다시는 아들을 미워하지 않으리라 맹세를 하고, 온 마음을 다해 사랑을 퍼부어주곤 했다.

지극정성을 다해 모든 걸 쏟아 붓는 엄마를 아들은 어떻게 받아들이고 느꼈을까? L씨는 아버지의 환생으로 느껴지는 아들을 '아버지가 나 때문에 돌아가셨다는 죄책감을 갚기 위해서라도 최상의 대접을 해 드려야 한다.'라는 마음으로 양육에 박차를 가했다. 그것은 엄마의 기준에서 최선의 양육이었지, 아이의 입장에서는 최대의 규제이자 강압으로 느껴졌을 수도 있다. 아들은 아들일 뿐, 친정아버지가 아니다. 아이는 결코 친정아버지의 환생이 될 수 없다. 딸로서 사랑했던 아버지를 추모하는 갸륵한 마음은 보듬어주기에 마땅하지만, 아이를 친정아버지의 연장선상에 두고 볼 게 아니라 별개의 존재로 바라봐 줄 때 진정 아들은 아들다울 수 있을 것이다.

아들의 완벽한 행복을 위한 엄마의 규제와 제한이 얼마나 답답하고 부담스러웠을까? 아들 입장에서 엄마에게서 느껴지는 강압이 싫다 하더라도 직접 엄마를 공격하기는 어렵다. 아이 수준에서 왠지 모를 부담감과 옥죄는 답답함을 해결할 수 있는 최초의 고착점(fixation)은 배변 훈련(toilet training)시 똥을 흘림으로써 엄마를 공격하는 것이었다. 물론 아들은 무의식적으로 엄마를 분노케 하여 미운 엄마를 파괴시킴으로써 공격하는 의미를 가진 '똥으로 공격하는 행동'을 한 것이다. L씨가 아들에게 좋은 것, 안전한 것, 귀한 것만을 누리게 하려는 눈물겨운 모정이 모자지간에 화근이 될 줄은 상상조차 못했을 것이다. 똥으로 엄마 애를 먹이려는 행동은 충성스러운 엄마의 과잉보호의 결과요, 거기에 대한 아들의 응답인 셈이다. 엄마의 강한 규제는 아이의 심한 증상으로 나타날 뿐만 아니라 아들은 그 증상으로 엄마를 공격한다.

아이가 대변을 가리기 시작하는 것은 '자율성의 몸짓'이라고 볼 수 있다. 대변 가리기란, 아이 마음대로 변을 눌 수도 있고, 누지 않을 수도 있는 '자신의 신체를 운용하는 기회'인 셈이다. 대변은 아이의 첫 생산물이기 때문에 엄마는 소중하고 자랑스럽게 다뤄주어야 한다. 아이가 설령 배변 실수를 하더라도 엄마가 아무 말 없이 잘 치워주면 된다. 아이의 실수에 대해 너그럽고 관대하게 대해주어 아이에게 엄마가 고맙고 미안해지도록 해주면 된다. 엄마가 지속적으로 좋게 느껴지면 아이는 더 이상 똥으로 엄마를 공격할 필요가 없어진다.

엄마에게 예속되어 사는 아이들은 그 예속에 따른 분노와 불만족을 언젠가 반항과 일탈행위로써 표출하고 만다. 이런 아이들의 반항과 일탈행위는 강제된 엄마의 규범에 대한 강한 항변일 수도 있다. 아이의 자유의지가 꽃 필 수 있는 성공 경험을 거둘 때, 엄마는 무의식적인 보복을 당하지 않을 뿐만 아니라 엄마가 원하는 대로 자녀는 충분히 자기를 구사할 줄 아는 아이로 자랄 수 있을 것이다.

콩쥐엄마 팥쥐엄마

나는 엄마가 두 명이에요. 여름인데 비가 갑자기 내렸어요. 학교 갈 때 우산을 까먹고 안 가져갔어요. 비를 쫄쫄 맞고 집에 왔는데 "아침에 비 온다고 분명히 우산 가져가랬지?", "왜 엄마 말을 죽어도 안 듣냐?"라면서 엄마가 옷걸이로 등짝을 사정없이 짝짝 때렸어요. 엄마가 눈 꼬리를 치켜뜨고 사납게 달려드는데, 꼭 '팥쥐엄마' 같았어요. 등이 따갑고 아파서 울고 있는데, 갑자기 '콩쥐엄마'가 나타나 "비 맞고 감기 들라… 따뜻한 초코우유를 데워놨으니 어여 마셔."라며 막 먹으라는 거예요. 눈앞에서 콩쥐엄마와 팥쥐엄마 둘이 왔다 갔다 했어요. 정신이 막 어지러워요. 그리고요… 밤만 되면 팥쥐엄마가 또 쓰윽 나타나요. 숙제 검사할 때면 간이 다 쪼그라드는 것 같아요. 글씨가 틀렸다고 공책을 좍좍 찢어버리더니 "다시 써라!"라고 해요. 잠이 온다 해도 아무 소용없어요. 숙제 다 했다고 거짓말했을 때는 뺨에서 불이 번쩍 났어요. 그런데 어쩌다가 엄마가 기분이 진짜 좋아 보일 때는 "공주님! 울 공주님이 좋아하는 하얀 드레스 사러 백화점 가자." "오늘은 엄마가 소고기 구워놨으니 맛난 진지 드세요."라고 야들야들한 목소리로 나를 찾아요. 이럴 땐 엄마가 완전히 달라져 있어요. 그럴 때마다 다리가 막 후들거려요. 언제 또 팥쥐엄마가 튀어나올지 몰라서요. 선생님이 우리 엄마 좀 찾아주세요. 진짜 엄마는 둘 중에 누굴까요? 콩쥐엄마일까요? 팥쥐엄마일까요?

초등학교 1학년 여자아이의 이야기다. 평소 거짓말을 자주 하고 친구들 가방에서 돈을 훔치는 일이 잦자 아이의 담임 선생님이 학교 Wee클래스에 상담을 의뢰하였다. 상담실 문을 두드리고 들어선 아이는 놀랍게도 "우리 엄마를 상담 좀 해 주세요."라고 부탁을 하였다. 엄마 C씨는 30대 중반으로 다단계 화장품 업체의 간부급 인사였다. 업계에서는 탄탄한 하부 조직을 갖춘 성공한 인물로 회사의 롤 모델 역할을 하는 등 화제의 중심에 있는 인물이었다. 화장품 외판원부터 시작해 지금의 성공 신화를 이루게 된 데는 수려한 외모와 화려한 언변,

고객 감동을 통한 특유의 친화력이 한몫을 하였다. 하지만 집안에만 드리워진 아동학대의 그림자를 그 누가 짐작이나 했으랴?

Ж

　엄마 C씨는 어린 시절 집안 형편이 그리 넉넉지 않았다. C씨는 오빠 몫의 노릇노릇한 갈치구이를 더 먹으려다, "가시나가 어데 오빠 걸 넘보노?"라며 친정엄마의 호된 꾸지람을 들었던 첫 기억을 갖고 있었다. 그랬던 엄마가 C씨의 초등학교 입학식 전날, 너무나 갖고 싶었던 빨간 구두를 사와 "에구… 살림이 어려워 미안하구나. 입학식에 예쁜 원피스도 사주고 싶었는데…."라며 눈물을 흘리며 따스하게 안아주기도 하였다. 받아쓰기 시험에 100점을 맞았던 날, 엄마는 "아이구, 내 새끼! 참 착하네."라며 숨이 넘어갈 듯 칭찬하더니 별안간 비에 젖어 축축해진 빨간 구두를 보고는 "가시나가 칠칠맞지 못하게 얼마나 비싼 구둔데 이 모양이냐?"라며 혼찌검을 냈다. C씨는 100점 맞은 덕분에 하늘을 나는 기분이었다가 순식간에 돌변해 천둥벼락 치는 꾸지람을 들으며 나락으로 떨어져야만 했다. C씨의 유년 시절의 기억은 하루에도 열두 번 천국과 지옥을 왔다 갔다 하는 기분으로 점철되어 있었다. 부모님은 집안의 기대주였던 3살 위 오빠만 대학에 보내 주었고, C씨는 억울하고 분노가 치밀었지만 엄마 눈치를 보다가 실업계인 여자상업고등학교로 진학하였다. 남몰래 키워오던 미대 진학의 꿈도 결국 접을 수밖에 없었다. "형편이 나아지면 너도 꼭 대학 보내주마."라는 친정엄마의 무지개 같은 약속을 학수고대 하였으나 끝내 무산되고 말았다.

구질구질한 가난이 싫어 3살 아들과 돌 지난 딸을 친정엄마에게 맡기고 다단계 화장품 회사에 입사하였다. 새벽부터 밤늦게까지 일에 미친 듯이 매달린 결과, C씨의 사업은 성공가도를 달리게 되었다. C씨가 성공신화에 매달리면 매달릴수록 부부관계는 점점 소원해졌고, 남편보다는 일이 늘 먼저였다. 경제적 소득이 남편을 넘어서자, 남편의 경제적 능력을 무시하는 등 C씨는 남편 위에 군림하고 지배하려는 오만한 태도를 드러냈다. 자기중심적으로 모든 것을 결정하였고, 사업이 잘 풀리지 않아 스트레스가 쌓이면 "꼴도 보기 싫다. 누구 하나 눈곱만큼도 도움이 안 된다. 꺼져버려라."라며 가족들에게 분노를 강하게 표출하곤 하였다. 그러다가 갑자기 모든 걸 부정이라도 하듯 "가족밖에 없다. 너무너무 감사하다."라며 해외여행을 계획하기도 하고, 외제차를 뽑아 가족을 위하기도 했다. 친정엄마와 진정으로 친밀해지는 경험이 부족했던 C씨는 어린 시절 친정엄마가 오빠에게 더 치중함으로써 자신을 차별했듯이 남편보다 사업에 치중함으로써 남편을 차별하는 식으로 현재의 삶에서 자신의 과거 경험을 재현하곤 하였다. 결국 C씨는 친정엄마로부터 경험한 오빠와의 차별과 예측 불가능한 변덕으로 인해 좋음과 나쁨을 통합할 수 있는 정신의 응집력이 부족한 채 이분법적인 성격이 형성되고 말았던 것이다.

간이라도 빼 줄 것 같이 싹싹한 엄마와 잡아먹을 듯이 분노로 후려치는 엄마, 엎어졌다 뒤집어졌다 하는 콩쥐엄마와 팥쥐엄마 사이, 두 얼굴의 엄마 C씨를 아이는 어떻게 느꼈을까? 숙제를 잘 못했다고 미친 듯이 화를 내던 팥쥐엄마는 온데간데없이 사라지고, 아이들을 직접 키우지 못한 죄책감을 만회라도 하려는 듯 갑자기 사랑으로 대해주는 콩쥐엄마를 마주하고 있으니, 과연 누가 진짜 엄마란 말인가? 아이 입장에선 콩쥐엄마와 팥쥐엄마 사이에서 많이 혼란스럽고 헷갈릴 수밖에 없을 것이다.

좋은 엄마와 나쁜 엄마의 표본은 우리나라 전래동화 「콩쥐팥쥐 이야기」에서 쉽게 찾아볼 수 있다. 동화 속에서는 콩쥐엄마와 팥쥐엄마가 전혀 다른 두 사람이다. 심층적으로 분석해 본다면, 아이 말을 잘 들어주는 엄마의 좋은 측면과 아이를 거부하고 학대하는 나쁜 측면, 즉 엄마의 두 가지 측면의 속성을 나타내는 것으로도 볼 수 있다. 그러니까, 콩쥐엄마와 팥쥐엄마가 같은 엄마라는 것이다. 한 엄마가 마치 두 사람의 전혀 다른 엄마가 될 수도 있다는 뜻이다.

어떻게 한 엄마가 전혀 다른, 정반대의 속성을 가진 두 엄마가 될 수 있을까? 엄마 C씨가 보이는 모습은 전형적으로 손바닥 뒤집듯 돌변하는 분열(splitting)된 양상을 띠고 있다. 엄마가 머리끝까지 화를 내고 있다면, 그때 그 상태는 나쁘기만 한 상태(all bad)로 전락하고 말아서 콩쥐엄마와 같이 좋은 구석이라고는 눈을 씻고 봐도 찾아보기 어렵다. 한편, C씨는 아이에게 콩쥐엄마처럼 좋은 것이라면 별도 달도 다 따줄 것 같이 좋기만 한 상태(all good)인 환상을 심어줄 때도 있었다. C씨처럼 분열된 친정엄마에게서 제대로 된 공감과 양육을 받지 못하고 유년기 시절을 보낸 경우, 자기를 양육한 엄마같이 정신의 구조가 통합되지 못한 채 분열된 상태의 어른으로 자라게 된다. 정신의 구조가 이렇게 좋고 나쁜 양극의 모습으로 현저하게 달라질수록 분열 증세가 심하게 되며, DSM-5에 나타난 경계선성격장애(Borderline Personality Disorder)의 특징적인 모습을 갖게 된다.

일반적으로 아이들에게 있어 콩쥐엄마의 모습보다는 팥쥐엄마의 모습이 더욱 인상적으로 각인되는 경향이 있다. 이 때문에 아이는 평소 팥쥐엄마와 함께 살고 있는 기분이 들 것이다. 전래동화 「콩쥐 팥쥐」에서 콩쥐와 살아가는 엄마는 나쁜 엄마인 팥쥐엄마이고, 좋은 엄마인 콩쥐엄마는 아이가 갓난쟁이였을 때 죽고 없다. 아이와 같이 살며 영향을 끼치고 있는 엄마는 주로 팥쥐엄마의 모습으로 엄마 노릇을 한다는 게 문제다. 이런 측면에서 엄마들은 내 아이에게 실제로 해 준 대접을 근거로 '나는 좋은 엄마였을까? 나쁜 엄마였을까?' 평가해 보자. 자신이 이미 팥쥐엄마로 아이들을 대하고 길렀다면, 완벽하진 않더라도 충분히 좋은 콩쥐엄마가 되도록 바꿔 나가야 할 것이다.

아이에게 어떤 엄마의 모습을 찾아줄 것인가? 이 아이에게 찾아줄 엄마의 모습은 콩쥐엄마여야 한다. 만일 자신이 팥쥐엄마라는 생각이 든다면, 팥쥐엄마에서 콩쥐엄마로 걸어가야 할 가시밭길을 각오해야 한다. 그럼에도 불구하고 그 길을 묵묵히 걸어가다 보면, 자신의 아들은 콩쥐엄마와 같은 아내를 만날 것이고, 딸은 장차 콩쥐엄마로 자라날 것이다.

분열된 엄마가 분열적 양육 태도를 가진다면, 결과적으로 자녀는 분열된 정신 상태를 가진 경계선적 장애를 가진 사람으로 자라나기 때문에 엄마의 혼자 힘으로는 바로잡기가 무척 어렵다. 지금까지 엄마의 나이만큼 부정적인 것이 내면화되었기 때문에 이를 상쇄시키기 위해 긍정적인 경험이 많아져야 비로소 통합에 이를 수 있다. 특히 분열적인 엄마를 돕기 위해서는 남편의 지대한 도움이 필요하며, 전문가의 도움을 받아 계획적이고 심층적인 '가족치료'를 지속해 나갈 것을 제안하는 바이다.

안 돼! 안 돼!
절대로 '안 돼 엄마'

28개월 된 아들이 얼마나 설쳐대는지 잠시라도 눈을 뗄 수 가 없어요. 혹여나 사고가 나서 크게 다칠까 봐 항상 마음이 조마조마해요. 위험한 걸 만지면 안 된다고 아무리 주의를 줘도 안돼요. 눈에 불을 켜고 지켜봐도 머리에 혹이 생기고 멍이 드는가 하면, 무릎이 까진다든지 다칠 때가 많아요. 아들이 혹시 ADHD(주의력 결핍 및 과잉 행동 장애)가 아닌지 너무너무 걱정돼요. 전생에 무슨 원숭이였는지 소파에서 마구 뛰어내리질 않나, 냉장고 손잡이를 잡고 올라타질 않나... 좀 조용하다 싶으면 부엌 싱크대를 뒤져 주방 물건들을 다 뒤집어 놓고요. 거기까진 참을 수 있어요. 제가 진짜 불안하고 두려운 건... 어떻게 알았는지 숨겨 놓은 칼이나 가위를 찾아내서 결국 위험하게 가지고 노는 거예요.

며칠 전에도 싱크대 맨 위 칸에 숨겨놓은 식칼을 글쎄. 의자를 놓고 올라가 기어이 찾아내더라고요. 제가 기겁을 하며 "안 돼! 안 돼! 절대로 안 된다고~ 야! 이놈의 자식아! 정신이 있냐! 없냐! 엄마가 칼은 만지면 안 된다고 그랬어? 안 그랬어?" 겨우 식칼을 빼앗았어요. 천만다행으로 다친 데는 없었고요. 그때 만일 제가 없었더라면 울 아들은 어떻게 되었을까요? 손가락이나 팔다리 같은 델 분명 베이거나 찔렸을 수도 있어요. 상처에 피는 상상만 해도 끔찍합니다. 아~ 선생님! 그것만은 안돼요!

근데 이러는 제가 이상한가요? 세상에 어느 엄마가 칼이나 가위같이 위험한 걸 애 손이 닿는 곳에 그냥 놔두나요? 안 되지요. 말도 안 되는 일입니다. 남편과 시어머니는 이런 저를 유별나고 비정상이래요. 절 닮아서 별난 거라고 공격을 해대니 정말 어이가 없어요. 그러는 남편은 너무 무신경해서 큰일이랍니다. 물이나 커피를 마시고 나면 머그컵 같은 걸 꼭 식탁 모서리에 대충 올려놔요. 제가 그렇게 부탁했건만… 싱크대에 바로 넣거나 씻어서 컵 걸이에 얌전하게 걸어두라고 백날 천 날 잔소리해 봐야 소용이 없어요. 아들이 식탁을 지나가다가 컵을 건드리기라도 해 보세요. 바닥에 떨어지기라도 하면 산산조각이 날 거고. 그럼 누가 다치겠어요? 진짜 제가 별난 엄마인가요? 정말 그런가요?

결혼 7년 만에 얻은 귀한 아들이 다칠 세라 노심초사 마음을 졸이며 사는 30대 중반의 엄마 D씨의 이야기다. D씨는 아들이 다칠까 봐 밤잠도 편히 못 자는지 눈이 충혈되어 있고 눈밑에는 다크써클이 진하다. 최근엔 운전을 하면서 접촉사고도 여러 번 났었고, 괜히 가슴이 쿵쾅거려 일상생활이 어렵다고 호소하였다. 잠을 좀 자보려고 술을 한 잔씩 마시다가 아들 교육상 안 되겠다 싶어 상담실 문을 두드린 것이다.

Ж

D씨는 언니와 3살 차이로 태어났다. 언니는 엄마를 닮아 체구가 작고 예쁘장한 외모에 늘 엄마와 주변 사람들의 관심과 사랑을 독차지하였다. 반면 둘째로 태어난 D씨는 아버지를 닮아 체격이 넉넉하니 건장하였고, 그래서인지 엄마도 주변 사람들도 그녀에게 아들 역할을 기대하였다.

D씨가 초등학교 입학한 지 얼마 되지 않았을 때였다. 늘 '엄마가 고팠던' D씨는 학교가 끝나기 무섭게 집으로 달려오곤 하였다. 그러던 어느 날, 현관에 들어서자마자 D씨가 발견한 건 이마에 피를 흘리며 쓰러져 있는 엄마의 모습이었다. D씨의 친정엄마는 평소 천식을 앓고 있었다. 작고 호리호리한 체

구에 늘 허약한 모습으로 병치레를 자주 하여 가족들의 애간장을 태우곤 하였다. 그날은 집에 혼자 있던 친정엄마가 갑자기 천식 호흡곤란이 일어나, 쓰러지면서 좌탁 모서리에 이마를 부딪쳐 피가 낭자했던 것이다. 어린 D씨는 '엄마가 죽은 것 같다.'라는 공포에 휩싸여 울부짖었다. 곧장 집 밖으로 뛰쳐나간 D씨는 동네 어른들에게 도움을 요청했고, 119 구급차에 실려 가는 엄마의 모습을 지켜보았다. 그 일은 D씨의 첫 기억 속에 깊이 새겨져, 그 후로도 항상 '엄마가 죽으면 어떡하지?'라는 두려움과 함께 뾰족한 물건만 보면 그때의 기억이 떠올라 오싹한 불안과 공포감이 엄습해 왔던 것이다.

   D씨에게 이 사건은 트라우마가 되어 끝이 날카로운 물체나 모양(가위, 바늘, 연필, 각종 칼, 샹들리에, 심지어 예리한 모양의 헤어스타일 같은 것) 따위가 시야에 들어오면 정신적으로 강하게 동요되는 '선단공포증'을 갖게 되었다. 그렇지만 가족 중 어느 누구도 어린 D씨의 마음에 귀 기울여 주거나 공감해 주는 사람은 없었다. 항상 공주처럼 이쁨을 받아 별 걱정 없이 해맑은 언니와는 달리, 튼실한 체격에서 오는 든든함으로 인해 가족들은 어린 D씨를 그저 듬직하고 수월한 아이로만 보았던 것이다. 성격이 무던해 보이고 매사 계획적인 D씨는 친정엄마의 건강을 잘 돌보고 걱정해 주며 위험한 것은 미리미리 치워놓

는 믿음직스러운 딸로 자라났다.

D씨의 유년 시절을 살펴보면, 친정어머니가 자신의 건강 문제에 몰두해 어린 D씨의 방패막이가 되어주는 데 실패했다는 것을 알 수 있다. 어머니로부터 이러저러하게 방임된 아이였던 D씨가 오히려 엄마의 든든한 울타리 역할을 해 왔던 것이다. 어머니가 자신의 건강 문제에 몰두하느라 아이에게 적절한 보호와 공감적인 반응을 하지 못할 때, 아이는 정신 병리를 일으키는 병원(병의 근원)을 보유하게 된다. 친정어머니에게서 방임되어 자라나 엄마가 된 D씨는 수용할 수 없는 상황이나 감정들을 다루는 과정에서 역시나 자신의 아이에게 공감적인 반응을 해 주지 못했다. 이러한 경우, 어머니들은 오히려 자기의 방임 경험을 방어하기 위해 무조건 아이를 과잉보호하거나, 또는 같은 방식으로 방임을 되풀이하게 된다.

만일 아이가 계속해서 "안 돼! 안 돼! 절대로 안 돼!"를 남발하는 어머니를 경험하게 된다면, 아이는 이 시기에 발휘되는 자율적 의지와 신체의 자율적 운용을 촉진시키는 자율성의 제한을 받아 많은 부분에서 경험박탈을 일으키게 되고 소극적인 아이가 될 수 있다. D씨는 친정어머니가 앓고 있던 천식과 병력으로 인해 양육의 만족감과 안정감을 충분히 경험할 수 없었기 때문에, 자신의 아이를 키울 때 항상 공포스러운 죽음 불안에 떨 수밖에 없었다. D씨의 "안 돼! 안 돼! 절대로 안 돼."라고 부르짖는 행동은 친정엄마의 충격적인 사건으로 인한 트라우마가 28개월 된 아들의 활동성을 왜곡하여 자신의 불안을 투사(projection)해 반응하는 현상으로 볼 수 있다. 엄마 D씨의 불안이 아이의 정상적인 활동을 적절하게 운용하는 데 방해를 하고, 목숨을 건 엄마의 과잉 규제는 아이의 경험박탈로 인한 자아의 성숙을 크게 저해하는 결과를 가져온다.

이 시기 아이들을 고려해 본다면, 칼이나 가위 등 위험한 물건은 갈무리하여 문을 잠그거나 손이 닿지 않는 곳에 치우는 건 엄마로서 당연한 일이다. 하지만 소파나 의자에 올라가는 것이나 장롱을 열어보는 것, 싱크대 서랍을 뒤지는 것은 지극히 정상적인 행동으로 보아야 한다. 서양의 금언으로 "아이를 버릴래? 가구를 버릴래?"라는 말이 있듯이 이 시기에 아이를 키우는 집안은 어지러운 상태를 오히려 자랑스럽게 여겨야 한다. 위험한 것을 단단히 조처해 두었다면, 아이는 마음 놓고 저지레에 몰두할 수 있을 것이다. 그래야 현실에 대한 감각이 늘어 자아가 풍부해지고 성숙해질 수 있기 때문이다. 집안이 어지럽다는 것은 엄마에게는 죽을 맛이겠지만, 아이가 만족스럽게 잘 크고 있다는 증표로 볼 수 있어야 한다. 아이기 안전한 환경 속에서 마음대로 놀 수 있도록 해 주고, 엄마는 질펀하게 노는 아이의 모습을 즐겁고 보람찬 눈으로 볼 수 있어야 한다.

남편이나 가족들은 D씨를 '별난 사람'으로 치부할 게 아니라, D씨의 불안의 근원이 친정엄마에 대한 죽음 불안 때문임을 이해해 주어야 한다. D씨는 평소 가족들의 지지를 통해 안전함에 대한 경험을 늘임으로써 불안 극복의 힘을 기른다면, 아이에게도 좋은 영향을 미칠 수 있다. 만일 엄마의 불안이 계속 아이의 정상적인 활동을 저해한다면, 아이의 참았던 충동들은 밖으로 빠져나와 마침내 파괴적 행동들로 터져 나오거나 엄마에 대한 반항으로 표출될 수도 있다.

메두사엄마의 딸

선생님! 그리스 로마 신화에 등장하는 괴녀 고르곤(Gorgon) 세 자매 중 막내인 '메두사'를 아시나요? 머리카락은 뱀이고, 멧돼지의 엄니와 황금날개를 가졌는데, 추악한 얼굴을 본 사람은 돌이 된다고 하는 전설이 있지요. 제 별명이 바로 '메두사'예요. 굵은 머리카락이 유별나게 까맣고 곱슬이 심하다 보니 초등학교 때부터 붙여진 별명이에요. 거울에 비친 제 모습이 별명을 닮아 가는 것만 같아 너무 싫지만, 주변에서 자꾸자꾸 그렇게 부르다 보니, 지금은 온라인상 별칭이나 ID도 그냥 '메두사'라 쓰고 있어요.

오래되었지요. 기숙 고등학교에 입학을 앞두고 추적추적 비가 내리던 2월 어느 날이었어요. 16년 동안 정들었던 집을 막상 떠나려니 눈물이 핑 돌더라고요. 챙겨갈 살림살이가 마치 하찮은 내 몸뚱어리 마냥 가련해 보였고, 봄을 재촉하는 비는 내 눈물만큼이나 무거웠어요. 커다란 가방을 둘러메고 집을 나서는데. "아침부터 왜 질질 울고 지랄이냐? 가시나가 울면 집안이 망한다고 했는데. 재수 없으니 울지 마라. 빨리 짐 빼라!"라며 매몰차게 등을 보이던 엄마…. "가시나가 울면 재수 없다."라는 엄마 목소리가 늘 귓가에 맴돌았고. 언제부턴가 저는 울 수 없는 사람이 되었어요.

친구들은 "넌 참 이상해. 4차원 애 같아. 슬픈 얘기를 하는데 눈이랑 입꼬리가 실실 웃고 있네. 꼭 삐에로 가면을 쓰고 있는 것 같아. 정신병원에 빨리 입원해야 되는 거 아니야?"라며 농담 반 진담 반 놀려댔어요.

선생님! 혹시 이게 '가면우울증(masked depression)' 아닐까요? 제 마음은 울고 싶고 분명히 눈에선 눈물이 줄줄 흐르는데. 친구들은 내 얼굴이 웃고 있다 하니. 참 민망한 노릇이에요. 제가 실없는 사람 같기도 하고. 아무도 진짜 마음을 몰라주는 것 같아 슬프고 외로웠어요. 그러다 견딜 수 없을 만큼 힘든 날에는 화장실에 가 면도날로 손목이나 팔을 긋기도 했어요. 흐르는 피를 보면서 꽉 맺혀있던 게 풀려나가는 듯 속이 후련해지더군요. 하지만 만족감은 그때뿐이었어요. 아…! '메두사' 같이 추악한 제 얼굴을 성형하면 사람들이 좀 이쁘다 할까요?

유수의 무역회사에 입사하여 누구보다 성실하게 일하며 최근 승진을 한 30대 중반의 미혼 여성 H씨의 깊은 고민이다. 주변 사람들이 부러워하는 회사에 입사했을 때도, 승진으로 회사에서 인정을 받아 동료들의 부러움을 샀을 때도, 정작 본인은 그리 기쁘지 않았다. 지금보다 더 큰 성공으로 엄마를 기쁘게 해주겠단 생각만 가득 차 있을 뿐, 현재 자신의 처지는 여전히 초라하고, 마치 길을 잃고 헤매는 아이가 된 기분이라고 했다. 그렇게 마음이 공허하다가도 압박감이 팽배해지면 손목에 자해(self harm)하는 게 습관이 되어버렸다. H씨는 자해한 자국을 감추기 위해 한여름에도 늘 소매가 긴 셔츠나 블라우스를 입어 왔다.

Ж

내담자 H씨는 어린 시절의 기억이 별로 없다. 3살, 5살 터울의 언니들은 늘 공부하느라 바빴다. 머리가 좋았던 언니 둘은 모두 명문대를 졸업했다. 주로 혼자서 시간을 많이 보냈던 탓에 입댈 데 없이 조용한 아이였다. "셋째 딸은 얼굴도 안 보고 며느리 본다."라는 말처럼 H씨는 단아하고 매력적인 외모를 갖고 있을 뿐만 아니라 성품도 매우 순종적이었다. 그럼에도 불구하고 H씨는 "언니들에 비하면 난, 모든 면에서 부족해! 못났어! 특히 거울 속 내 얼굴은 정말 한심스러워! 메두사 같은 내가 너무 싫어! 슬퍼...."라며 스스로를 어두운 동굴 속으로 우겨 넣어버리기 일쑤였다.

H씨는 어쩌다가 자기 모습을 이토록 혐오하게 되었을까? H씨의 친정엄마는 3대 독자 집안에 며느리로 들어왔다. 첫아이 때부터 대 이을 아들을 간절히 기다리던 시부모님의 바람과는 달리, 셋째까지 딸만 낳고 보니 편안한 산후조리는커녕 가시방석에 누워 있는 것만 같았다. 출산한 지 일주일 만에 자리를 털고 일어나 가사와 시부모님 수발에 투입되었다. 행여 갓난쟁이 H씨가 울거나 보챌라치면 엄마는 시어른 눈치를 보며 계속 울지 못하도록 윽박을 질렀다. 그러다 보니 엄마는 어린 H씨가 보이는 욕구에 제대로 응대하지 못하고, 그저 조용히 남의 눈에 띄지 않도록 조심조심 또 조심을 시켰다. 돌부리에 걸려 넘어져도 어린 H씨는 입을 스스로 틀어막고 아픈 티를 내지도 않았다. "가시나가 칠칠맞지 못하게 쳐 넘어지냐? 뭐 잘했다고 우는데? 또 울면 입을 확 찢어 놓을 거다!"라는 엄마의 협박을 들어야 했기 때문이다. 또 "네가 고추 하나만 달고 나왔으면, 엄마 팔자가 이리도 고달프진 않았을 건데… 에고, 네가 애미 발등 찍었다."라는 엄마의 한숨과 푸념을 들

을 때마다 어린 H씨는 쥐구멍에라도 들어가 숨고 싶었다. 살기 위해서라면, 살아남으려면 엄마 마음에 들도록 순응해야만 했다. 이런 출생과 성장의 슬픈 과정을 겪으며 자라난 H씨는 울고 싶어도 울지 못하도록 항상 감정을 억압당하곤 하였다. H씨의 슬퍼도 울지 못하는 비극적인 삶은 기가 막힌 반전으로 '항상 웃음'이라는 가면이 덧씌워졌다. 그래야만 자신이 겨우 목숨을 연명할 수 있었기 때문이다.

그래도 '살림 밑천'으로 자리매김한 큰언니와 자신의 욕구를 끝까지 관철시키고야 마는 '고집쟁이' 둘째 언니의 존재감은 딸이지만 짱짱하였다. 공부 잘하고 똑 부러지는 성미의 둘째 딸까지는 유야무야 시댁 어른들도 봐주었지만, 대 이을 아들을 바라는 시부모님의 '셋째 딸의 존재에 대한 강한 거부감'은 알게 모르게 모녀에게 전달되었다. 엄마는 항상 대를 잇는 데 실패했다는 강한 무력감과 며느리로서 할 일을 다 하지 못했다는 죄책감에 싸여 살았고, 셋째 딸을 볼 때마다 느끼는 엄마의 강한 실망감은 H씨에게 고스란히 퍼부어졌다.

'엄마가 아이를 어떻게 보는가?'에 따라 아이는 엄마가 자신을 보는 느낌에 따른 자기 이미지를 가지게 된다. 아들이 아닌, '또또 딸'로 태어난 H씨는 절망하고 분노로 대하는 엄마가 어쩌면 '메두사엄마'로 느꼈을지 모른다. 메두사엄마가 '독이 가득 찬 뱀 머리카락'을 채찍으로 사용해 셋째 딸을 매몰차게 구박하고 유기(abandonment) 방임하였다면, H씨는 '메두사엄마'의 이미지가 싫지만 자기에게 파고들어와 '내 속에도 메두사가 살고 있다.'라고 생각하였으리라 짐작된다. 공격자인 '메두사엄마'를 동일시(공격자와의 동일시: identification with the aggressor) 하여 내면화함으로써 셋째 딸도 '새끼 메두사'가 되고만 것이다. 못생기고 매력 없는 스스로를 향해 손목에 면도날을 그어가며 실망을 표출하고 공격을 퍼부어댔다. '메두사엄마'의 차갑고 독기 어린 행위가 딸의 뇌리 속에 박혀 스스로를 아무짝에도 쓸모없다는 생각, 살아갈 가치도 없는, 그래서 괜히 태어났다는 생각에까지 이르게 하는, 즉 '메두사엄마'가 새겨준 자기 이미지가 메두사처럼 생각하고 행동하도록 적용되는 현상으로 볼 수 있다.

이제부터 엄마, 즉 '메두사엄마'는 독기 어린 눈으로 셋째 딸을 추악하게 여기는 뱀 머리카락을 잘라버리자. 엄마가 '메두사엄마'라면 딸도 당연히 '새끼 메두사'로 성장할 수밖에 없다. 뱀 머리카락을 잘라 버리고 셋째 딸의 어여쁜 진짜 얼굴을 마주하자. '메두사엄마'는 셋째 딸을 '대를 잇는 데 실패한 새끼 메두사'라는 생각을 버려야 한다. 자기 스스로도 '대를 잇는데 실패한 씨받이 며느리'라는 생각을 버려야 한다. 자신을 메두사로 여겨온 엄마도, 딸도, 자기 모습을 '있는 그대로' 보기란 어려운 일이다. 흔히 사람들은 '남들이 자신을 어떻게 보는가?'에 따른 외부 평가에 연연해 자기의 모습을 제대로 보기 어렵기 때문이다. 우선 딸의 모습을 보기 전에 엄마도 자기 모습을 잘 통찰해 보아야 한다. 자신의 얼굴을 자신의 눈으로 봐야 하는데, 눈이 자기 얼굴 속에 박혀있어 직접 볼 수가 없다. 마음을 볼 수 있는 심안도 육안과 같이 죄책감 속에 박혀 있다면 자신의 진정한 마음을 보기가 어렵다. '메두사엄마'는 지독한 뱀 머리카락을 커트하고 속살을 드러낸 '있는 그대로의 자신'을 다독여주어야 한다. 메두사의 독기 어린 눈이 아닌 마음의 눈으로 자신을 보게 하고 자기의 내면과 주변을 제대로 보게 함으로써 자신의 모습을 반듯하게 갖춘다면, 자신의 내면을 정연하게 관장함으로써 편안한 삶을 살게 하는 원동력이 될 수 있다.

결혼해 시어른 잘 봉양하고 금쪽같은 세 딸을 훌륭하게 키워낸 엄마로 자기 이미지를 재평가해 자기 자신에 대한 칭찬을 아끼지 말아야 한다. 그런 다음 부드럽고 따뜻한 엄마의 품을 내주어 새로운 셋째 딸을 보듬어 주어야 한다. '메두사엄마'의 헤어 컷은 사랑스러운 셋째 딸을 제대로 발견할 수 있고, 사랑스러운 자기를 갖는 계기가 될 것임에 틀림이 없다.

엄마아내 아빠남편

그깟 블라인드 때문에 남편과 열불나게 싸웠어요. 거실에서 빨래를 개고 있는데. 햇볕이 너무 강해 눈이 부신 거예요. 남편을 불러 블라인드 좀 닫아달라고 했지요. 한참 꾸물거리던 남편이 무척 귀찮아하며 틱! 닫는 거예요. 갑자기 블라인드 각도가 너무 낮아져 거실이 깜깜하게 돼버렸어요. 성질이 나서 "아니 그것도 좀 알아서 딱딱 못 맞춰 주냐?"면서 화를 버럭 냈어요. 남편은 "그럴 거면 네가 하지. 왜 귀찮게 나더러 하라고 지랄이냐?"라며 블라인드를 확~ 잡아당겨 와장창! 떨어져 버렸답니다. 잠자던 애가 놀라서 깨고 우는 바람에 부부 싸움이 끝나버렸지만요.... 매사에 성의 없이 함부로 하는 모습이 꼭 친정아빠 같아요. 결혼을 하면서 아빠를 피해 겨우 도망 왔는데. 평생을 이런 남편과 살아야 될까요? 말아야 될까요?

(아내 P씨)

모처럼 휴일이라 편안하게 쉬면서 게임을 하고 있었어요. 내가 쉬는 꼴을 못 보는 아내가 하이소프라노로 부르더라고요. 아내가 부르면 덜컥 겁부터 나요. '또 뭘 시켜 먹으려고 그러나?' 싶은 거죠. 눈이 부시다며 블라인드를 닫으라는 거예요. 게임에 방해가 되었지만, 잔소리 듣기가 싫어 들어줬어요. 헌데 잘 했니, 못 했니, 비난이 또 시작되는 거예요. "닫아라!" 하기에 닫아줬는데... 고맙단 말도 없이 잔소리만 퍼부으니까 분노가 치밀더라고요. 제일 싫어하는 게 잔소린 줄 뻔히 알면서. 엄마 잔소리를 피해 결혼했더니만... 갈수록 아내가 꼭 엄마 같아요. '들춰낼 것 뭐 없나?' 하며 뚫어지게 쳐다보는 아내 얼굴에서 지긋지긋한 엄마가 보여요. 에구... 정말 끔찍합니다.

〈남편 J씨〉

두 주인공은 열띤 부부 싸움 끝에 이혼을 결심하고, '마지막으로 누구 말이 옳은지 상담이라도 받아보자.'라는 심정으로 내방한 30대 후반의 젊은 부부다.

아내 P씨는 "남편의 행동이 굼떠서 그런 건지, 아니면 마누라 성질 한번 돋우려고 그런 건지, 전화나 문자를 해도 제때 연락이 안 돼서 사람 진을 빠지게 하고, 알아서 하는 건 하나도 없고, 입이 아프도록 시켜서 겨우 한다는 게 욱! 해서 성질풀이나 하고, 게임에 홀려 분담된 육아나 가사는 뒷전이라 속에서 천불이 난다."라고 했다.

남편 J씨는, 회사 회식 때 아내가 영상통화를 걸어 위치를 확인하려 들기도 하고, 귀가시간이 약속보다 늦으면 수십 통씩 전화를 걸어대 동료들이 '엄처시하(嚴妻侍下)'에 산다고 놀림의 대상이 되니 죽을 맛이라고 했다.

Ж

두 사람은 어떻게 부부의 인연으로 맺어졌을까? 아내 P씨는 어릴 적 '지독하게도 말을 안 들어주는 아버지'를 경험하였다. 집 밖에서는 남들에게 싫은 소리 한 번 못하는 호방한 성격에, 더할 나위 없이 좋은 사람으로 비쳤으나, 집안 가족들에게는 무신경하여 엄마의 엄청난 불만을 샀다. 부탁한 것은 듣는 둥 마는 둥 "알겠다. 알았어. 할 게." 말만 앞서고, 약속을 지키지 않아 걸핏하면 부부 싸움이 벌어지곤 했다. 아내 P씨는 알아서 뭐든 척척 잘 해줄 것만 같아 남편을 골랐는데,

희한하게도 꼭 아빠 같은 사람을 배우자로 선택하였고, 친정 부모님이 그러했듯 자신의 결혼생활도 부부 싸움의 연속이었다. 남편 J씨는 어린 시절 어머니의 관심과 사랑을 독차지하였고, 이 때문에 늘 아버지에게 시기의 대상이 되었다. 어머니는 날이 갈수록 자신의 뜻대로 아들 J씨가 움직여 주기를 더 바랐고, 그렇지 않을 때마다 아들 귀에 피가 나도록 잔소리를 퍼부어댔다. 어머니의 잔소리를 피해 과묵해 보이는 아내를 선택하였으나, 결혼해 살다 보니 아내는 매사 자신을 먹잇감처럼 노려보고만 있었다. 얼마 전에는, 소파에서 꿀잠을 자다가 인기척에 학들짝 놀라 눈을 떠 보니, 분명히 아내인데 자신의 엄마가 겹쳐 보여 등골이 오싹한 적이 있었다.

한창 사랑을 거리낌 없이 나눠야 할 젊은 부부가 서로에게서 원가족의 '엄마아빠'를 보고 있으니, 어찌 부부관계가 원만하겠는가? 눈이 마주치면 꿀이 뚝뚝 떨어지고, 살이 맞닿으면 찌릿함이 느껴져야 부부애가 넘칠 텐데, '꼴도 보기 싫은 엄마아빠'와 함께 살고 있으니 무슨 애틋한 정이 생기겠는가! 사실 이 부부는 겉으로 보기엔 블라인드를 다루는 사소한 문제로 갈등이 불거진 것처럼 보인다. '블라인드 줄을 어떻게 움직이고 조절을 잘 하는가?'라는 문제 제기는 단순하게 블라인드를 제대로 작동하는 것만의 문제가 아니다. 아내 P씨의 하소연

중 "그것도 좀 알아서 딱딱 못 맞춰 주냐?"라고 한탄하는 것이 비단 어제오늘의 문제이겠는가? 아내 P씨는 어릴 적부터 하루에도 몇 번씩 "인정머리라곤 눈곱만큼도 없는 인간! 나중에 무슨 낯짝으로 애들한테 큰소리칠 겨?"라는 친정아버지에 대한 엄마의 험담을 들어왔다. 친정아버지는 엄마에게 무심했을 뿐더러 자식들이 다 크도록 학예회는 고사하고, 바쁘다는 핑계로 삼 남매 생일은커녕, 졸업식 한 번 참석하지 않았다. 늘 말만 앞세우고 살갑게 챙겨준 적 없는 아버지가 몹시 야속하고 서운했다. 게다가 화가 나 욱! 해대기까지 하는 아버지가 꼴도 보기 싫었다. 친정엄마가 전쟁 같은 부부 싸움을 벌일 때면 "느그 애비 같은 놈은 절대 만나지도 말고 결혼도 하지 마라."라는 금지된 명령어가 뇌리에 박혀버렸다. 그래서 아버지 같은 사람을 피하기 위해 애쓴 결과가 '아버지 같은 사람'을 마음에 깊이 새겨둔 꼴이 되고 말았다.

　남편 J씨는 자신에 대한 야망이 몹시도 큰 어머니가 싫었다. 사춘기가 한창이던 중학교 시절, 어머니는 아들의 친구 명단을 관리했다. 열혈 어머니는 "좋은 친구를 가려서 사귀어야 한다."라며 일일이 만나는 친구들을 체크하였고, 하교 후 시간을 철저히 관리하는 로드매니저 역할을 자처하였다. 일류 S·K·Y대에 보내고야 말겠다는 어머니를 위해 마음에도 없는 공부를 열심히 하는 척했다. 중학교 3학년 졸업할 때까지 어머니가 선택한 국영수 학원을 가 드렸다. 성적이 좋을 리 없었지만, 어머니의 간섭과 잔소리는 끝날 기미가 보이지 않았다.

간신히 턱걸이로 들어간 인문계 고등학교에 취미를 붙이지 못한 J씨는 유유상종이라고 야자를 농땡이 치고 친구들과 PC방에서 살곤 하였다. 엄마와 첩보작전을 방불케 하는 '찾느냐 잡히느냐'의 숨바꼭질은 고교 3년 내내 계속되었다. 대입 결과 S·K·Y대는커녕 전문대 합격으로 엄마의 잔소리를 피하긴 어려웠고, 입대했을 때조차 엄마의 '편지 폭탄'에 잔소리 처리반 노릇을 하느라 J씨는 곤욕을 치러야 했다.

입사를 해서도 매일 아침 엄마는 차로 아들을 출근시켰고, J씨는 어머니의 폭풍 잔소리에 찌들어 살아야 했다. 결혼 적령기가 되자, 마담뚜를 통해 며느릿감을 수색하려는 어머니의 올가미를 피해 J씨는 사내연애에 목숨을 걸었고 지금의 아내를 얻었다. 연애시절 J씨는 완전히 어머니와는 반대 성격처럼 보인 아내 P씨의 조신한 모습을 보고 한눈에 반하고 말았던 것이다. 그런데 웬걸… 결혼 후 얼마 지나지 않아 아내는 본색을 드러내고야 말았다. 남편 J씨를 따라다니며 폭풍 잔소리에, 이래라저래라 하는 아내의 지나친 긴섭은 또 다른 어머니가 강림한 것처럼 허공에 메아리쳤다.

대상관계이론에 따르면, "대상이 너무 좋아도 내면화되고, 대상을 너무 싫어해도 내면화된다."라고 한다. 대상을 좋아하려면 상대방을 생각해야 하는 것처럼 상대방을 싫어하는 것도 생각을 해야 한다. 지극히 싫어하는 것도 매우 인상적인지라 계속 생각하기 때문에 거기에 에너지가 고착(fixation)되어 각인된다. 그 결과 상대방의 모습에서 지독하게 싫은 것은 결국 자기 내면에서 나온 것이라 볼 수 있다. 사실 나의 일부인데 본인은 잘 모르니까 '자신이 싫어하는 그 부분'이 상대방에게서 확인되어, 바로 그 '지극히 싫어하는 부분'을 미워하고 배척하게 되는 셈이다. 그 사람에게서 보이는 자신의 지극히 싫어하는 면은 알고 보면 자신을 구성하고 유지해 온 중요한 콘텐츠의 일부분이다. 내면화(internalization)된 것은 외현화(externalization)를 지향하기 때문에 부지불식간에 툭 튀어나오고 만다.

아내 P씨는 친정아버지를 지독하게 미워했더니 아버지와 똑같은 사람, 즉 남편이 바로 옆에 나타났다. 이것은 아내 P씨의 내면화된 상이 외현화되어 나타난 현상인 것이다. 남편 J씨는 잔소리와 간섭을 극렬하게 해대는 어머니를 혐오했더니 아내가 엄마처럼 변해버렸다. 그것은 상대방을 지독하게 사랑한다는 것은 지독하게 생각하는 것이고, 지독하게 미워하는 것도 지독하게 생각해야 하기 때문에, 결국 같은 것이다. 그래서 지독하게 미워하는 것은 뒤집어 보면 지독하게도 사랑하는 것이 될 수 있다. 상대방이 자기가 바라고 원하는 사랑을 주지 않기 때문에 죽도록 미운 것이다. 사랑하는 것이나 미워하는 것은 자기를 구성하는 요소들로써 내면에 존재해 왔기 때문에 꼴 보기 싫다고 싫어하는 것을 버리면, 사실 아무것도 쓸 게 없다. 그것마저도 버리고 나면 텅 빈 꼴이 되니 자기를 유지하는 재료를 잃어버리게 된다.

동전을 한번 생각해 보자. 동전의 앞뒷면은 다르다. 하지만 동전은 동전이다. 어차피 동전을 상대방에게 줄 거라면 방향을 바꿔서 줘보자. 숫자가 있는 면을 주느냐? 그림이 있는 면을 주느냐? 그것이 다를 뿐이다. 같은 사람이지만, 남편은 아내를, 아내는 남편을 다르게 한번 보자. 내가 싫어하는 것을 계속 생각하면, 상대방은 내가 죽도록 싫어하는 사람이 되어 눈앞에 나타난다. 상대방의 싫은 면을 뒤집어 보자. 단점을 뒤집어보면 장점도 보인다. 그 사람의 연애할 적에 보였던 면을 칭찬으로 되돌려보자. 연애할 적에 나에게 잘 해 준 실적이 있었다는 것은 그럴만한 능력이 발휘될 수 있다는 뜻이다. 그것이 바로 "차라리 고쳐 쓰는 게 더 낫다."라는 것이다. 그 사람의 사랑스러운 면을 자꾸 생각하면, 바로 그 사람은 사랑스러운 그 사람이 되어 내 눈앞에 나타나게 된다.

앵그리맨의 분노

저는 왜 이렇게 분노가 많을까요? 배가 고파도 화가 나고, 애들이 조금만 굼뜨는 행동을 해도 화가 치밀고, 뭘 찾는데 눈에 당장 안 보여도, 아내가 말귀를 못 알아들어도, 머리 뚜껑이 확! 열립니다. 회사에서도 제가 '앵그리맨'으로 통해요. 얼굴색이 붉고 헤어스타일도 베컴처럼 바짝 세운 닭벼슬 같고, 어리바리한 후배들 후려치기 전문에, 성격이 불같아 붙여진 별명이 그렇답니다. 얼마 전 회사 간부들의 심신회복을 위해 강원도로 3박 4일 힐링여행을 갔어요. 명상 프로그램이 진행되는 도중 눈을 감고 자기 자신을 떠올려보라는데 뺑~ 돌아버리겠더라고요. 갑자기 화가 치밀어 오르는데… 이유도 모르겠고, 화를 어떻게 처리해야 할지도 모르겠고, 가슴이 답답하고 머리가 터질 것만 같아 그 자리를 박차고 나왔답니다. 왜 그랬는지 그땐 이해가 되질 않았는데… 아마도 화가 난 제 모습이 꼴 보기 싫었나 봅니다. 아닌 게 아니라 평소에 화를 내면서도 마음 한편에는 뭔가 미안하고 '이게 아니다!' 싶은 느낌이 살짝살짝 올라왔어요. 평소 화를 자주 내다보니 명상 때 화난 제 모습이 떠오른 건 당연했겠지요. 그렇지만 화를 안 내는 제 모습을 상상해 보면 전혀 나 같지 않았어요. 낯설었지요. 카리스마 넘치는 내가 화를 안 낸다면 전혀 나답지 않을 것 같아요. 근데 명상하면서 떠오른 제 모습이 싫고 역겹고… 아니 마주하기 힘들더군요. 늘 저 때문에 기죽어있는 자식놈들 보면 불쌍하고. 내 눈치 보기 급급한 마누라 보기도 미안하고. 회사 분위기 썰렁해지면 화를 안 내야지 하는데. 그게 어디 마음대로 됩니까? 하지만 이번 경험을 통해 화가 나 쩔쩔 매는 내 모습이 싫기도 했지만. 그래도 그런 나를 마주하면서 생각이 많아졌어요. 상담이나 교육을 받아서라도 버럭 거리는 성질머리 한번 고쳐 봐야겠다고 단단히 마음을 먹었습니다. 좀 도와주십시오.

50대 초반의 장래가 촉망되는 대기업 부장이자, 화가 많은 남편이며, 아이들에겐 무서운 아버지인 '앵그리맨' A씨의 하소연이다. A씨는 회사에서 기술적 재능이 뛰어나 '특허왕' 상을 여러 차례 수상하는 등 아이디어맨으로 통한다. 윗사람들에게는 충성심으로, 아랫사람들에게는 카리스마 넘치는 리더십으로 조직을 잘 이끌어 일찌감치 능력을 인정받아왔다. 멀지 않은 장래에 이사로 승진할 주목받는 인재이자 A씨의 기술적 재능은 자타가 공인할 정도로 제법 유명세를 누리고 있었다.

한편 집에서의 A씨는 어떤 인물일까? A씨는 가정을 마치 회사처럼 경영하려 들었다. 일찍이 홀로되신 어머니를 회사의 상사 모시듯 충성심을 발휘하여 효도를 다하였고, 아내를 필요한 것을 챙겨주는 비서처럼 부렸으며, 자녀들에게도 자신의 지시를 받은 부하 직원처럼 일사불란하게 움직여주기를 강요하였다. 회사 같은 가정, 친밀하고 동등한 관계가 아닌 직속 상하관계로 변질된 부부관계, 특히 자라나는 자녀들에게 '앵그리맨' A씨는 더 이상 따뜻하고 다정한 아버지가 아니었다. 그래서 A씨가 퇴근하는 시간이 가까워 오거나, 공휴일이 되면 가족들은 초긴장 상태에 돌입하였다. '뭐 책잡힐 것 없나?', '시켰는데 잊어버린 건 없나?', '아빠가 언제 앵그리맨으로 돌변할까?' 등 가족들은 불안에 떨어야 했다. 집 분위기는 마치 군장 검열을 받는 부대 막사처럼 폭풍전야를 방불케 하였다.

Ж

　도대체 무엇이 A씨를 '앵그리맨'이 되게 하였을까? A씨는 고교 시절, 엄격하기만 했던 아버지가 폐암으로 돌아가시자 18세 나이에 집안의 가장이 되고 말았다. 갑작스러운 아버지와의 이별을 슬퍼할 겨를도 없이, 홀로된 어머니와 초, 중, 고생인 3명의 여동생을 책임져야 하는 세대주이자 호주가 된 것이다. 가족부양이라는 무거운 짐을 어깨에 짊어진 A씨는 누구보다 책임감 있고 성실한 사람이 되어야 했다. 행여 '아버지 없는 후레자식.'이라는 말을 들을까 두려워, 저녁 7시로 통금 시간을 정해두고 3명의 여동생들을 엄격하게 통제하였다. 여동생들이 말을 듣지 않을 때는 불같이 화를 내며 아버지보다 더 무섭고 엄격하게 대했다. 여동생들은 무서운 오빠를 피해 서둘러 결혼을 함으로써 감옥 같은 집을 탈출하였다.
　그보다 어릴 적 A씨의 경험과 기억은 그에게 또렷이 새겨져 있었다. 이웃집 형들이 괴롭혔을 때, 힘으로는 상대하기 어렵고 화를 주체할 길은 없어 씩씩대다가 연탄재를 번쩍 들어 형들 집 마당에다 냅다 던졌더니 속이 후련했고, 그 일을 두고 어머니가 '씩씩하고 남자답다.'라고 인정한 기억을 갖고 있었다. 그 전까지는 어머니에게 매사 "모자란 놈! 찌질하게 사내자식이 그것밖에 못하냐?"라는 지적을 받으며, 분노 표출의 대상이 되어 기분 나쁘게 살았는데, 그 연탄재 사건은 어머니에게 인정받고 수용 받은 몇 안 되는 인상적인 경험이라 결코 잊을 수가 없었다.

어머니의 공감 부족이나 결핍도 아이에게는 분노를 일으킬 수 있다. 그다지 공감적이지 않고 억센 여장부 같은 어머니의 양육으로 인해 A씨는 세분화된 감정을 잘 모른 채 성장하였다. 무시당하지 않기 위해 눈을 치켜뜨고 몸동작을 크게 하고 큰 소리를 지르며 어머니처럼 분노할 때마다 사람들이 자신의 말에 귀를 기울이고 들어주는 일이 반복되면서 앵그리맨 A씨의 주요 감정은 '분노'가 되고 만 것이다.

A씨는 주 양육자인 어머니를 통해 공감적인 반응과 세세한 감정 경험을 제대로 겪어 본 적이 별로 없었다. 그러다 보니 A씨는 경험하지 못한 감정을 발휘하기 어려웠고, 풍부히 경험해 익숙한 분노는, 배가 고파도, 상황이 자기 마음대로 안 풀려도, 상대방이 자기 마음대로 움직여 주지 않아도 불쑥 튀어나오곤 하였다. 더구나 자신의 의도를 알아서 맞춰주지 않는 주위 사람들에게도 마구 분노를 표출하였다. 화가 났을 때 화를 다루는 방법은 고사하고, 왜 화가 나는지 이유도 잘 분별하지 못한 채, 그저 화를 표출하기에 급급하였던 것이다. 반

복되고 인상적인 경험의 분노는 A씨에게 내면화되어 자기감(sense of self)을 이루게 되었고, 분노를 터뜨릴 때마다 자신이 살아있다는 감각을 찾았고, 삶의 활기마저 얻게 되었다. 자신의 에너지를 마음껏 발산하고 삶의 의욕을 이어가는 유일한 통로가 분노를 쏟아내는 것이 되고 말았다. 많은 상황에서 분노를 표출하는 것은 앵그리맨 A씨에게 삶의 방식이자 관계의 방식이 되어버렸다.

A씨는 상담사로부터 "상황이 당신 마음대로 돌아가지 않을 때 화를 내는 이유가 무엇인가?"라는 질문을 받았다. 그것은 평소 화를 내는 이유에 대해 생각해 본 적이 없었던 A씨에게는 대답하기 몹시 어려운 질문이었다. 이에 상담사는 "그것은 상황한테 화를 내는 것이고, 상황이 내 마음대로 돌아가라고 강제하려는 의도이다. 비유를 하자면, 그것은 마치 '자기가 사는 집이 싫을 때 집이 떠나야 하나? 아니면 집주인이 이사를 가야 하나?'에 대한 답을 내리는 것과 같다. 답은 자명하다. 상황이 마음대로 움직여지지 않는다고 화를 내는 것은 집보고 떠나라는 어리석음이니 화를 낼 이유가 없는 것이다. 상황이 당신 마음먹은 대로만 매번 돌아간다면 그게 오히려 이상한 것 아닌가? 이런 것이 항상 가능하다면 그것은 아마도 당신이 신이 되기를 바라는 격이다."라는 설명을 들었다. 상

황이 내게 맞추어지기보다 내가 상황에 맞추는 게 당연하다. 혹시 상황이 내 마음대로 돌아간다면, 그것은 당연한 게 아니라, '행운'일 것이다. 화를 내는 에너지를 내 마음대로 상황이 돌아가지 않을 때, 그 상황에서 필요한 조치가 무엇인지 찾아내 행동하는 데 쓰는 것이 올바른 대처법이 될 것이다.

이어 "상대방은 언제나 당신 말에 복종해야만 하는 존재인가?"라는 상담사의 물음에 A씨가 머뭇거리자, "사람은 누구나 자기 팔은 자기가 흔드는 존재인데 내 말대로 움직여 달라는 것은 상대를 노예로 취급하는 것이나 마찬가지다."라는 설명을 들었다. 아무리 친근한 아내, 자식일지라도 우리는 상대방을 독립된 존재로 철저히 인정해야 한다. 따라서 상대방은 자신의 뜻대로 행동할 엄정한 기본적 권리가 있다. 그럼에도 불구하고 상대방이 내 말을 들어준다는 것은 당연한 게 아니라 감사해야 할 일이다. 설령 상대방이 내 말을 안 들어주더라도 화를 낼 게 아니라 상대방이 내 말을 들어줄 수 있는 조치를 찾아 행동으로 실시할 일이다. 만약 상대가 말을 안 들어줄 때 겁박할 게 아니라 현실적인 조치를 하는 것도 좋지만, 한 번 더 정중하게 요청하거나 상대방과 타협을 해도 좋고, 부탁을 들어 줄 상대에게 좋은 인센티브를 제공하는 방법을 채택하는 게 오히려 현실적인 해결 방안이 될 수 있다. 그것도 아니라면 자신의 욕구를 거둬들이는 것이 합당하며 상대방을 자기 마음대로 지배하려는 것은 정당하지 못하다.

또한 "상대방이 이렇게 해 주면 좋겠다고 자신의 생각을 밝히지도 않았는데, 지레 자신의 뜻을 따르지 않았다며 화를 내는 경우가 종종 있는데, 상대방이 원하는 것을 알지도 못하는데 어떻게 알아서 척척 해줄 수 있겠는가? 말도 하지 않았는데 알아서 척척 해줄 사람은 신적 존재나 귀신밖에 없다. 이럴 경우에도 화를 낼 게 아니라 빨리 상대방에게 요청할 바를 알리고 소통을 해야 한다. 자신의 의중을 정확하게 전달하는 것이 합리적인 행동지침이 된다."라는 상담사의 말에 큰 깨달음을 얻게 되었다.

이에 앵그리맨 A씨는 상담사로부터 화난 자기 모습을 잘 볼 수 있는 인지적 분노조절 훈련인 '드론아이(drone eye)'를 운용하는 방법을 소개받았다.

다음 「앵그리맨의 드론아이」 편을 살펴보자.

앵그리맨의 드론아이
(drone eye)

앵그리맨 A씨는 처음 드론아이 작동법을 소개받아 참 난감하였다. "드론아이? 드론은 무인항공기를 말하는데, 난데없이 드론아이가 도대체 뭔가요?"라는 질문에, 상담사는 "드론아이(drone eye)는 우리 눈(eye)에다가 드론(drone)의 날개를 붙인 것입니다."라며 그 연유를 설명해 주었다.

Ж

A씨는 그동안 분노의 화신으로 살아왔는데, 분노는 자신 안에 있는 감정이다. 앵그리맨 안에 담겨 있는(contained) 것이 감정이고, 따라서 사람인 내가 담고 있는(container) 감정을 운용하는 것이 합당한 상황이겠지만, A씨의 경우 분노가 활성화되면, 담겨 있는 분노가 담고 있는 앵그리맨을 자기 마음대로

휘젓고 조종하는 난감한 현상이 벌어지고야 만다. 그리하여 분노가 시키는 대로 앵그리맨이 행동하게 되고, 분노가 가라앉고 본연의 자신으로 돌아오고 나면, '이게 과연 내가 한 짓인가?'라는 의문이 올라오고, '응? 이게 아닌데…!'라는 희미하게 느꼈던 죄책감이 확 부각되어 분노에 놀아난 결과에 깜짝 놀라게 된다. 이것은 앵그리맨이 자기 자신의 내부 요인인 감정을 제대로 운용하지 못한 주객전도(主客顚倒)의 황당한 결과이다.

정작 감정의 주인인 앵그리맨이 자기 감정에게 지배된 상태에서 벗어나려면, 감정 발생 초기 단계에서부터 주인 역할 즉, 감정 조절 기능이 작동되어야 한다. 그러기 위해서는 평소 자신의 감정을 감지하여 관장하는 훈련이 필요하다. 자신의 감정을 잘 감지하기 위해서는 자신의 내부를 들여다볼 수 있는 눈이 발달되어야 한다. 이 눈을 발달시키기 위해 마음의 눈, 즉 심안(心眼)을 발생시키는 게 필수적이다.

드론아이를 보다 쉽게 이해하기 위해, 조금 우스꽝스러운 설명을 덧붙이고자 한다. 우리의 눈은 살 속에 박혀 있어 정작 우리 자신의 모습을 잘 보지 못한다. 나를 볼 수 있는 눈(心眼)을 갖기 위해서는 우선 자기 얼굴 살 속에 박혀있는 **눈을 살 밖으로 빼내야** 한다. 눈을 빼내는 방법은 비교적 간단하다.

뒤통수를 세게 치면 된다. 빼낸 눈은 소중한 것으로 사용해야 하니까 잘 받아야 한다. 먼저 한 손으로 왼쪽 뒤통수를 쳐 왼쪽 눈을 빼낸 다음 다른 한 손으로 잘 받는다. 같은 방법으로 오른쪽 눈도 잘 빼낸 다음 소중하게 받아둔다. 빼낸 두 눈으로 자신을 보기 위해 천정에 붙이려면, 손등을 밑에서 쳐올려 두 눈이 천정에 붙게 한다. 눈이 빠졌기에 눈을 감고 조용하게 마음을 안정시킨다. 천정에 붙여진 두 눈으로 자기를 살피도록 하는데 이를 관찰하는 자기(observing self)라고 말한다.

천정에 붙어있는 눈으로 무엇을 볼 것인가? 그 눈은 희한하게도 눈을 감고 있는 자신의 모습을 볼 수 있다. 첫째, 자신이 어디에서 어떤 자세로 존재하고 있는지를 볼 수 있다. 둘째, 자기 안을 들여다보면 참 신기하게도 자기 생각을 볼 수 있다. '내가 어떤 생각을 하고 있지?', '아! 내가 이런 생각을 하고 있구나!'를 볼 수 있다. 이 두 가지를 합치면, '지금 나는 어디에서 어떤 자세로 있으며 무슨 생각을 하고 있는지?'를 볼 수 있게 된다. 마지막으로, 이 눈은 더욱 신비스럽게도 자기의 감정과 느낌마저도 볼 수 있다. '지금 나는 어떤 기분이지?', '어떤 느낌일까?', '이것은 어떤 감정이지?' 등 자기 안에 있는 느낌과 감정을 감지할 수 있다. 이 세 가지를 모두 더해보면 '자신은 현재 무슨 생각과 느낌을 가지고 어떤 자세로 존재하고 있는지?'를 볼 수 있다.

여기까지가 가능하다면 다음 단계로 넘어가 보자. 더 자세히 보면, '다른 사람이 그러고 있는 자신을 어떤 식으로 보고 있는지?'가 보일 것이다. 이어 '다른 사람이 자신을 보는 바에 대해서 자기가 어떤 반응을 하고 있는지?'가 보일 것이다. 다시 말하면, 자기 주변에서 형성되고 있는 분위기, 다른 사람들의 느낌, 기대, 맥락, 그리고 거기에 대한 자신의 반응도 알아챌 수 있다는 것이다. 이러한 자기 외부의 상황이 감지가 안 된다면, 분위기도 모르고 맥락도 모르는 '사오정' 같은 행동을 하게 된다. 수시로 자신의 생각과 감정을 알아차리고, 그것이 발생한 배경과 원인까지도 탐색이 된다면 자기의 정신 내부 관리의 중요 부분을 스스로 관장하고 있다고 볼 수 있다.

만약 그 방에서 나가야 한다면, 두 눈을 천정에서 떼어내 드론 날개를 달아 자신의 머리 위에 항상 동동 띄우고 다니면 된다. 이것이 바로 '드론아이(drone eye)'다. 자신의 감정을 볼 수 있는 능력을 숙달시키기 위해서는 드론아이를 수시로 가동해야 한다. 드론아이를 띄우는 연습이 숙달되면, 분노가 발생되는 초기 단계에서부터 감지가 된다. 그때서야 비로소 분노의 조절과 통제가 가능하게 되는 것이다.

분노의 발생이 감지되면, 그 정도를 수치화하는 작업이 가능해진다. 예를 들어 0점에서 10점까지 분노를 수치로 나타내 보자. 가령 머리 뚜껑이 확 열리는 앵그리맨 상태를 분노 수치 10점이라고 할 때, 화가 올라와 수치화한 점수가 8점이 되면, 분노 폭발이 우려되어 수치를 낮추는 것이 필요하다. 감지된 분노가 8점이라면 10점까지 근접해 위협을 느끼게 되니, 우선 1점만큼만 수치를 낮춰보자. 그것이 가능하다면, 2점 내리는 것도 가능해질 수 있다. 분노 수치 8점에서 3점만큼 내려온 분노가 차지하지 않은 여유 공간, 즉 5점의 공간에서 A씨는 비로소 분노의 원인을 따져 볼 수 있게 된다. A씨는 이미 알고 있듯이 상대가 내 마음대로 움직여 주지 않을 때, 상황이 내 뜻대로 움직여 주지 않을 때, 말은 안 했지만 상대방이 내 마음을 몰라줄 때도 화를 낼 필요가 없다는 평소 훈련된 신념에 따라 '이번에 난 왜 분노가 일어났지?'라며 분노의 근원을 따져 보았다. 어느 경우도 화를 낼 필요가 없다는 새로운 신념 덕분에 화를 추스를 수 있게 되었다. 그리고 그 상황에서 무엇이 필요한지 분노 에너지를 바꿔서 효율적인 행동으로 전용할 수 있게 된 것이다. A씨는 화에 사로잡혀 마구 분출하던 앵그리맨에서 비로소 자기가 감정의 주인이 되었고, 감정을 조절하고 통제할 수 있는 기능을 갖추게 되었다.

    A씨는 드론아이를 장착해 제대로 가동하는 것을 생활 장면

과 실전에서 꾸준히 연습해 나갔다. 지금도 A씨는 자신의 화난 모습과 행동이 주변 사람들에게 어떤 영향을 미치는지 제대로 알기 위해 직접 드론아이로 확인하고 몸으로 느끼는 작업을 끊임없이 해 오고 있다. 조금이라도 연습을 게을리 한다면, 예전의 '앵그리맨'이 언제 튀어나올지 모르기 때문이다.

상담사의 훈련에 따라 차츰 드론아이 띄우기와 운용법이 익숙하게 되자, 앵그리맨의 붉은 얼굴빛은 부드러운 빛으로 차츰 변화되기 시작하였다. 까칠한 머리카락은 포근하고 편안한 컬의 펌으로 바뀌었고, 마침내 앵그리맨은 사라져 버렸다. A씨 가정에는 평화가 깃들었으며, 가족들의 긴장은 편안한 웃음으로 대치되는 커다란 변화를 맞게 되었다.

뮤즈의 두 얼굴

뭣에 홀린 것 같았어요. 대학 강사인 내가… 지고지순한 아내와 두 딸을 둔 행복한 가장이던 내가… 그날이 그날 같은 무료함을 느끼던 차에. 탱고 리듬에 가슴이 방망이질 칠 줄이야…! 매주 금요일 밤. 탱고동아리 활동에 꼬박꼬박 출석하던 어느 날. 제 눈앞에 홀연히 '뮤즈(재능과 영감을 불어넣는 예술의 여신)'가 나타났어요. 몸에 찰싹 붙어 하늘거리는 빨간색 드레스를 걸친 뮤즈의 정열적인 자태에 숨이 턱 막혔답니다. 그녀는 탱고동아리 여신으로 통했고. 뭇 남성 파트너들의 뮤즈였답니다. 마침내 그녀랑 춤출 기회가 왔고. 몸이 밀착되어 스텝을 밟는데 가슴이 터져버릴 것 같았어요. 두 개의 심장이 하나로 겹쳐지고 네 개의 다리가 세 개(각자의 한 다리가 모여 춤출 때 중심축이 됨)가 되어 리듬을 탔답니다. 뮤즈의 몽환적인 눈빛에 사로잡힌 저는 점점 그녀의 포로가 되어버렸어요. 눈에 넣어도 아프지 않던 딸들도. 아내의 자장가 같은 잔소리도 깡그리 잊어버리고 그녀의 품속으로 사라져 버린 그날. 저는 아내가 던진 이혼 서류에 뒤통수를 세게 얻어맞고야 말았지요.

그래도 괜찮았어요. 뮤즈와의 달콤한 밀애는 제 인생 최고의 행복이었기에 지옥이라도 좋았어요. 끝내 브레이크 없이 폭주하는 기관차처럼 미련 없이 무미건조한 결혼생활을 청산하고야 말았습니다. 저는 몹시 흥분한 상태에서 앞으로 펼쳐질 뮤즈와의 행복한 시간만을 꿈꾸고 또 꾸었지요. 그러나 그것도 잠시. 이혼을 감행하고 살림을 합치자 사랑스러운 뮤즈는 간 곳 없고. 갑자기 '마녀'로 돌변해 버리더군요. 사실혼 관계로 버젓이 제가 있는데도 밤마다 동아리 남성들과 술이 떡이 되도록 마셔대고 널브러져 자는 건 다반사였고요. 어느 날은 그녀가 술에 취해 옆 테이블의 손님들과 시비가 붙어 제가 말리려 나섰는데. 순간 눈이 확 뒤집어지더니 우동사발을 그대로 던져버리더군요. 제 얼굴은 온통 우동사리와 국물로 테러를 당했고. 사발에 맞은 코뼈가 내려앉아 피가 마구 쏟아졌어요.

내 삶이 무너져 내린 걸 깨달은 어느 날. 그녀가 갑자기 돈을 요구하더군요. 자기와 같이 살려면 1억을 가져와라. 그렇지 않으면 대학 총장을 찾아가 모 교수가 춤바람이 나 가정을 깼다고 말하겠다고 협박을 하더군요. 그 말에 격분해 저도 모르게 주먹을 휘둘렀어요. 정신을 차리고 보니 경찰이 출동했고. 그녀는 병원으로 후송되고 있더군요. 제 인생이 어쩌다가 이렇게까지 되어 버렸을까요?

흙빛의 얼굴로 어깨가 축 처진 채, 인생 최고의 순간에서 바닥으로 추락한 '한여름 밤의 꿈'을 들려준 40대 후반의 남성 Z씨의 호소이다. Z씨는 눈을 감고 지난 시간들을 돌아보니, 그야말로 자기 인생이 '일장춘몽(一場春夢)' 같다는 생각이 들었다.

Ж

어린 시절 Z씨는 엄마와 단둘이 사는 작은 집에 웬 낯선 여자와 건장한 체구의 남자가 찾아와 어머니와 실랑이를 벌이던 첫 기억을 갖고 있었다. 낯선 여자는 어머니의 머리채를 힘껏 잡아채며 몸싸움을 벌였고, 남자는 살림살이를 마구 부숴버리고 무서운 표정으로 어머니를 협박하던 장면이 어제 일처럼 생생하였다. 알고 보니 아버지는 두 집 살림을 하였고, 낯선 여자와 남자는 아버지의 본처와 그녀의 친정동생이었던 것이다. 가끔씩 어머니를 찾아오던 아버지는 아예 발길을 뚝 끊어버렸고, 어머니는 다방을 운영하며 삶을 꾸려갔다. 성장하면서 Z씨는 어머니의 몇몇 남자친구들을 소개받았으나, 진짜 아버지 역할을 해 주는 이는 단 한 사람도 없었다.

고생하는 어머니에게 기쁨과 희망을 드려야겠다는 일념으로 열심히 공부를 하였다. 마침내 어머니께 졸업식장에서 금빛 가운과 박사모를 씌워드리는 영광의 순간을 선물해 드렸다. 당시 Z씨는 일생을 함께하고 싶은 여성과 열렬히 사귀고 있었는데, 어머니의 결사반대로 끝내 결혼까지는 이어지지 못했다. 어머니의 반대 이유는, 그녀가 학벌이 변변찮고 색기가 좔좔 흘러 아들의 장래를 망쳐놓을뿐더러, 사주에 이별수가 있기 때문이라고 하였다. 머리에 띠를 두른 채 드러누워 곡기마저 끊어버린 어머니를 차마 이길 수가 없었던 Z씨는 7년을 만나온 사랑하는 연인과 눈물의 이별을 고하고야 말았다.

이별의 아픔을 느낄 새도 없이, 어머니는 기어코 중매쟁이를 통해 교사 직업에 지고지순한 성격의 참한 아내감을 소개해 주었다. 맑고 순진한 외모에 고분고분한 성격은 어머니에게 그만이다 싶어 두말 않고 서둘러 결혼을 진행하였다. 아내가 어머니의 '아바타'처럼 느껴져 정도 안 가고 서먹하였지만, 부부 사이에 연년생 두 딸이 태어나면서 Z씨는 마음을 잡는 듯하였다.

공주처럼 어여쁘고 애교만점인 두 딸이 Z씨의 마음을 사로잡았으나 그것도 그리 오래 가지는 않았다. 결혼생활 15년을 넘긴 어느 날부터인가 Z씨에게 너무나 평온하고 잔잔한 결혼생활이 무료하고 답답해지기 시작하였다. 딸들도 사춘기가 되자 친구들과 대부분 시간을 보내니, Z씨의 마음은 더없이 허전하였고, 너무 순진하고 반듯해 집밖에는 모르는 집순이 아내는 미련스러워 보이기만 할 뿐, 더는 고마움을 느끼지 못했다.

겉잡을 수없는 공허감이 몰려오자, Z씨는 인터넷을 뒤졌고, 게 중 눈에 띈 탱고동아리에 가입을 감행했던 것이다. 동아리 등록 후 허허벌판처럼 휑~ 하던 마음에 짜릿하고 흥분되는 무엇인가가 똬리를 틀며 일어났다. 썰물처럼 쓸려 내려간 모래사장에 반짝거리는 아름다운 뮤즈가 나타난 것이다. 그러나 그것도 잠시, 유혹적이던 뮤즈는 마녀연인으로 둔갑하고 말았다. 마녀연인은 드디어 단란했던 가정을 부숴버렸고, 무리한 돈을 요구하였으며, 심리적, 신체적으로 상처만을 안겨 준 채 고소고발이 난무하는 민, 형사 법정 싸움으로까지 Z씨를 몰고 갔다.

Z씨는 어쩌다가 이런 지경에까지 다다르게 되었을까? 이 세상 모든 꿈과 행복을 죄다 안겨줄 것만 같았던 사랑하는 대상들(어머니, 아버지, 연인, 아내, 탱고 뮤즈)은 왜 Z씨 곁을 모두 떠나갔을까? Z씨의 본래 성격이 못됐고 죄질이 나빠서였을까? 재수 없는 사주팔자를 타고난 탓이란 말인가? 한결같이 무지갯빛 약속을 안겨주던 뮤즈들이 어느 날 갑자기 모든 것을 앗아가 버린 마녀연인으로 돌변해버린 것을 어떻게 이해할 수 있단 말인가?

아버지가 떠난 빈 침대에서 자신을 너무나도 사랑스럽게 끌어안고 얼굴을 비비대는 어머니가 Z씨에게는 어린 시절 둘도 없는 아름다운 여신, 곧 첫 뮤즈였다. 그러나 어머니는 Z씨 자신이 그렇게도 그리워했던 아버지를, 첫사랑이자 또 다른 뮤즈였던 연인을, 끝내 떠나도록 만들어버린 장본인이었다. Z씨는 여자 친구와의 이별을 미처 애도할 겨를도 없이 어머니 말에 따라 결혼을 함으로써 효도를 다하였으나, 그 텅 빈 마음을 메울 길은 없었던 것이다. 차마 표현은 못했으나, 어머니가 얼마나 야속하고 원망스러웠을까? 자신이 그토록 사랑했던 연인과의 사이에 어머니가 불쑥 끼어들어 억지로 갈라놓았으니, 얼마나 분노가 들끓었을까? 결국 뮤즈였던 어머니의 역할은 사랑하는 아버지와 첫사랑을 내쳐버린 마녀연인의 모습으로 드러난 것이다. 어머니가 직접 나서서 맺어준 아내는 새로운 뮤즈로 다가왔지만, Z씨에게는 아니었다. 그래서 어머니에 대한 분노를 표출할 길이 없었던 Z씨는 마침내 순진무구한 아내에게 분노의 방아쇠를 당겼는지도 모를 일이었다.

그렇다면 졸지에 남편의 외도로 배신을 경험한 Z씨의 아내는 또 무슨 날벼락이란 말인가? 헌신짝처럼 버려진 아내는 뒤도 돌아보지 않고 이혼을 감행함으로써 Z씨를 버렸다. 결국 Z씨는 아내에게마저 버려짐으로써 마녀연인을 다시 한번 경험하게 되었다. 한때 Z씨에게 행복과 기쁨을 선물하며 희망에 부풀게 했던 뮤즈들, 즉 어머니, 여자친구, 아내, 탱고 뮤즈 등은 언제 그랬냐는 듯 판을 뒤집어 그를 공격하고 파괴해 버리는 학대적인 마녀연인으로 돌변하고 말았다.

이와 반대로 뮤즈들에게 Z씨는 어떻게 비쳤을까? 상대방 입장에서 조금만 생각해 보면, 오히려 반대로 Z씨가 어머니에게는 세상 모든 행복을 안겨줄 것 같았을 테고, 연인에게는 달콤한 키스로 장밋빛 미래를 약속했을 것이며, 아내에게는 또 얼마나 최고의 남편으로 희망에 부풀게 했을 것인가? 그리고 탱고 뮤즈에게는 뭇 남성들과는 달리 Z씨가 얼마나 높은 품격의 황홀한 파트너로 비쳤을까? '딸 바보' 아버지의 사랑을 한 몸에 받던 두 딸은 또 얼마나 많은 친구들의 부러움을 샀겠는가? 누구의 잘못이든, 누구의 착각이든 간에 뮤즈들이 원하고 바랐던 Z씨 또한 그들의 욕구를 충족시켜주지 못한 악마로 돌변한 사실을 발견할 수 있을 것이다. 이런 측면에서 Z씨는 뮤즈들에게 가해자이기도 하고, 마녀연인들로 인한 피해자이기도 하다.

순수대상관계이론가인 Fairbairn(페어베언)의 입장에서 살펴본다면, Z씨는 어릴 적 자기에게 잘 해주고 든든한 울타리처럼 보호해 줄 아버지가, 즉 대상표상(object representation)이 흥분시키는 대상(exciting object)에서 사랑의 기대를 무산시키며 떠나버리는 거부하는 대상(rejecting object)으로 바뀌는 경험을 하였다. 가끔씩이나마 만날 수 있었던 아버지와의 관계가 어느 날 갑자기 단절되면서 버려지고 거부당하는 경험을 하였으니, Z씨는 얼마나 혼란스러웠을까? 이제는 기억에도 가물가물해져 버린 아버지, 원망스럽지만 이미 고인이 된 어머니, 소식조차 알 길 없는 첫사랑 연인, 두 딸과 함께 다른 길을 가고 있는 헤어진 아내, 지옥의 구렁텅이로 내몰아 떨어뜨린 탱고 뮤즈 등에 의해 Z씨에게는 잔뜩 희망을 품었다가 여러 경로로 상실을 경험함으로써 반복적으로 버려지는 존재로 전락해 버리는 life style이 반복강박적으로 적용되었다. 흥분시키는 대상의 어두운 뒷면에 거부하는 대상의 또 다른 얼굴이 숨어있음을 Z씨는 알지 못했던 것이다. 거부하는 대상의 경험이 커질수록 흥분시키는 대상에 대한 기대치가 높아져 더더욱 매달리게 된다는 사실도 Z씨는 미처 몰랐다. 특히 Z씨는 유혹적인 뮤즈 같은 대상에 대한 환상이 컸는데, 탱고 뮤즈의 유혹적인 자태 저변에 깔려있는 위험성, 즉 마녀적인 모습을 보지 못했던 것이다. 마치 장미의 매혹적인 자태와 향기에 취해 숨은 날카로움을 보지 못하다, 가시에 찔려 죽음의 지경에 이르러서야 비로소 장미의 실체를 알아보는 것에 비견할 수 있다. 반복적으로 버려지는 생활 경험이 관계 패턴이 되고, life style은 결국 내면화되어 희망을 걸었던 대상들이 Z씨를 버려버리는 존재로 경험되는 외현화로 나타남으로써 반복강박(repetition compulsion)이 되풀이 되어왔다.

모든 사건들이 쓰나미처럼 들이닥쳤을 때, 때늦은 후회를 한 Z씨는 상담사를 찾아와 아내와 두 딸에게 돌아가 용서를 빌고 화해를 요청하는 재결합이 필요하다는 것을 통감하였다. 아내의 바다와 같이 넓은 마음으로 안아주는 환경(holding environment)이 절대적으로 필요함에 회한의 눈물을 흘렸다. 몹시 뜨거워 데었다가 갑자기 버려져 싸늘해진 냉기, 즉 환상과 환멸 사이를 왔다 갔다 하던 Z씨에게는 이혼한 아내의 꾸준하고 변함없는 온기가 필요했던 것이다. 삶이란 뜨거워졌다가 차가워질 수도 있다. 그래서 둘 다를 감안한 것이 통합을 의미한다.

상담 장소에 초대되어 온 Z씨의 아내는, 비록 남편의 외도로 씻을 수 없는 큰 상처를 입었지만, 다시금 힘을 내어 자신에게 가장 필요하고 중요한 사람이 누구인지를 생각해 보았다. 생각에 생각을 거듭하며 머리를 흔들고 가슴을 쳐보았지만, 끝내 그 사람은 바로 자기의 남편이자 아이들의 아빠라는 사람, Z씨가 가장 중요한 대상이라는 것을 인정하게 되었다.

Z씨의 아내는 대상상실(object loss)로 인해 가정이 깨져버린 자신의 약점을 치유시키는 점에서, 배신에 대한 분노 때문에 망쳐지는 부분을 치유적으로 이끄는 현명한 선택을 하였다. 남편의 뒤통수를 치는 가장 보기 좋은 복수는 뒤통수의 뒤통수를 치는 것이라 생각하였다. Z씨의 아내는 복수가 복수를 치는 것이 아니라 자신에게 중요한 사람을 치유의 길로 이끌어 행복에 이르도록 돕고자 하였다. 이혼을 감행한 후 남편 Z씨와 떨어져 살며 깊이 생각해 보니, 세상에 태어나 이루는 삶의 성취가 엄청 위대한 것도 좋겠지만, 결별로 끝이 난 상처가 사랑의 성취로 이어지는 작업도 중요하다는 것을 깨닫게 되었다. 물론 아내도 남편이 왜 그런 행동을 했는가에 대한 이해가

절실히 필요하기도 하였다.

    앞으로 Z씨는 마주했던 뮤즈의 두 얼굴을 교훈 삼아 부부치료가 진행되어 가족을 바로 세워야 한다는 과제를 짊어지고 있다. '만인을 사랑하기보다 한 사람을 제대로 사랑한다는 것이 얼마나 가치 있고 힘든 일인가?'를 손꼽아 헤아려 봄직하다. 자신의 생활 경험으로 인해 오염된 자기표상을 본인의 피나는 의식적 노력에 의해 교정되는 경험에 박차를 가해야 한다. Z씨는 '나의 인생은 버리고 버림받는 life style이 반복되고 있었구나.'라는 반복강박의 늪에서 하루빨리 빠져나와야 한다. 보태어 '나는 사랑하는 두 딸의 아버지다. 고마운 아내 곁을 묵묵히 지켜내야 하는 남편이자, 너무나 중요한 가장이다.'라는 생각을 착실한 행동으로 옮겨야 한다. Z씨는 흠투성이가 된 자신을 받아준 아내를 평생 새로운 구원의 여신으로 여기며 살아가야 한다.

엄마! 청바지!!
OK! 1+1

"엄마~ 청바지! 엄마~~ 엄청 예쁜 청바지가 나왔어. 청바지 사줘요! 요즘 아이돌 전부 다 K-청바지 입는단 말이야!"라며 눈만 뜨면 청바지를 사달라니... 무슨 애가 청바지, 청바지! 하루 온종일 청바지 타령이냐고요. 청바지 못 입어 죽은 조상이라도 있나? 공부도 못하는 게 누구한테 잘 보이려고 난리 부르스를 떠는지... 보다 못해 제가 "네 옷장 좀 열어봐라. 정신이 있냐? 없냐? 도대체 청바지가 몇 벌이냐? 그저께 내가 세 보니까 긴 거 짧은 거 22개나 되더라. 대학생이나 되거든 네 돈 벌어 네가 사든지. 너도 염치가 좀 있거라. 기말고사를 이렇게 망쳐놓고도 청바지 사달란 말이 입 밖으로 나오냐? 새벽같이 일찍 나가 뼈 빠지게 일하는 네 아빠 보기 미안하지도 않냐? 너 지난겨울에도

김호순의 안아주기

갑자기 청바지에 꽂혀서 백화점 문 닫는 시간에 임박해서 사러 가자고 그렇게 졸라대더니... 빨리 안 사준다고 울고불고 집안을 발칵 뒤집어놓고... 내가 참 어이가 없어서... 뭐. 지금 또 백화점 가자는 심보는 도대체 뭔대? 저녁 준비해야 하는 엄마 입장은 눈곱만큼도 배려 없지? 엄마를 졸라대고 달달 볶아서 뭐 어쩌자는 건데? 또 한바탕 붙어 볼 참이야?" 이게 엊저녁에 있었던 일입니다.

중2 딸애가 시건방만 늘어가지고 아주 그냥 안하무인입니다. 제가 벼락같이 고함을 질렀더니 문을 쾅! 닫고 들어가 버리더군요. 찬찬히 달래도 보고. 으르며 협박을 해봐도 전혀 소용이 없네요. 저녁도 안 먹고 아침엔 눈도 안 마주치고 쌩하니 등교했어요. 정말이지 미치고 팔짝 뛰겠어요. 감당도 안 되고요... 청바지에 꽂힌 딸아이 고집을 꺾고 어떻게 하면 철 좀 들게 할 수 있을까요?

옷장 안에 청바지가 22벌이나 있는데 또 청바지 타령을 하고 있는 15세 여자아이를 둔 40대 중반 엄마 E씨의 속 타는 사연이다. 초등학교 때까지만 해도 군말 없이 엄마표 패션을 무던하게도 따라주던 아이였건만, 중학생이 되면서부터 옷에 관심이 많아지더니 청바지 수집에 열을 올리기 시작하였다. 설명절에 받은 세뱃돈, 친척들이 준 용돈, 주말마다 받는 용돈을 모두 모아 청바지 사는 데 털어 넣더니 급기야 생일선물도, 가당치도 않게 어린이날마저도, 모든 기념일을 죄다 끌어들여 청바지를 사달라고 요구하였다. 하지만 2살 위 언니는 그와는 반대로 청바지는 그저 여름용 하나, 겨울용 하나면 충분했다. E씨 자신도 어린 시절에 큰딸처럼 언니 옷을 물려받아 그냥 몸을 가리면 충분했고, 유행 따위는 먼 나라 이웃나라 이야기였기 때문에 둘째 딸의 요구가 전혀 접수되지 않았다. 그런데 둘째 딸은 스키니, 플레어 부츠컷, 보이프렌드 진, 맘진, 핀턱 데님, 밑단 커팅, 스트레이트 레그진, 찢어진 부츠컷 등 청바지의 유행이란 유행은 죄다 알고 있었고, 연예인 누가 누가 입었던 스타일이란 걸 훤히 꿰뚫고 있었다. 게다가 청바지 길이별로 롱컷, 부츠컷, 반바지컷, 숏팬츠컷 등 청바지의 디자인이 참으로 무궁무진하다는 것을 E씨는 둘째 딸을 통해 강제로 학습당하고 있는 중이었다. 영어 단어는 그렇게나 안 외워진다며 머리카락을 쥐어뜯더니, 청바지에 관한 한 박사급이었다. 교과서보다 패션잡지를 더 사랑하고 그중에서도 청바지 사랑은 거의 국보급이었다. 언니가 행여 남자친구를 만나러

간다는 말이 끝나기가 무섭게 언니의 청바지 코디에 열을 올렸다. "언니는 공부도 잘하고 모범생인데, 패션 센스가 없어." 자기 청바지를 입혀놓고는, "청바지가 주인 잘 못 만나 빛을 잃었어.", "몸매가 꽝이라 옷 태가 안 나."라며 놀려먹기 일쑤였다.

　눈뜨면 새 청바지, 계절 바뀌면 새 청바지, 패션 트렌드도 새 청바지, 아이돌에게서도 새 청바지, 잠자기 전까지 아니… 꿈속에서도 새로운 청바지를 찾아 헤매고 다니니, 엄마가 보기에 얼마나 한심스럽고 속이 터지겠는가! 헌데, 희한하게도 둘째 딸은 티셔츠나 잠바, 코트 등 다른 옷은 트집 잡는 게 별로 없었다. 음식에 관한 고집도 거의 없는 편이라 편식 없이 수월하였다. 비교적 잘 먹는 편이고, 친가 쪽 유전자의 힘인지 중학교에 와서 폭풍 성장한 결과, 벌써 172cm의 키를 자랑하게 되었다. 160cm로 성장이 거의 끝난 언니보다 기럭지가 월등히 우월해 청바지를 입었을 때, 언니의 질투와 부러움을 한 몸에 받았다. 엄마에게 "우리 딸, 이쁘고 멋있다!"라며 유일하게 칭찬받았던 순간은 청바지를 착용했을 때였다. 언니를 뛰어넘을 수 있는 단 하나의 우월감, 바로 청바지…! 이것이 진정 딸이 청바지만 고집하는 이유란 말인가? 엄마가 자식에게 영양가 있는 음식을 골고루 먹이고 싶어 하듯, 청바지에만 꽂혀있는 딸에게도 다양한 옷들이 눈에 들어오고, 손에 쥐어지길 바라는 마음이다. 그런 엄마의 마음과는 달리 왜 이 아이는 밤낮 청바지만 외쳐대는 걸까?

Ж

좀 더 깊이 생각해 본다면, 둘째 딸의 '청바지 고집'은 자신의 의지를 상대방인 엄마에게 관철시키려는 데서 나온다. 이때 엄마에 대한 존중이나 배려는 털끝만큼도 없다. 상대방을 자신의 일부라 생각하고 자신의 말을 듣지 않으면 우겨서라도 자기 틀 안에 집어넣으려는 고집을 부린다. 곧 엄마를 조종하려는 의도이다. 또한 상대방인 엄마에게 지배당하지 않고 회피하는 방법의 하나가 바로 '고집'으로 나타난다고도 할 수 있다. 역설적으로, 고집을 피우는 표면적 이유는 결국 엄마의 잔소리를 듣기 위해서이다. 말이 안 되는 것을 계속 요구해서 잔소리를 유발하고야 만다. 이것은 비록 부정적인 관심이지만, 엄마와의 심리적 연결을 성공시킬 수 있다.

더 심층적인 부분을 살펴보면, 청바지를 통해 엄마의 온전한 사랑을 받고 싶어 하는 딸의 무의식적 욕구가 숨어있다. 예를 들어 청바지가 10만 원이라고 가정해 보자. 딸이 "청바지 사줘!"라고 할 때, 무조건 "안 돼!" 하고 거부하면 청바지의 값어치는 8만 원으로 떨어진다. 그래도 애걸복걸하는 딸에게 조상 탓, 귀신 탓을 하면서 청바지 사주기를 두 번 거부한다면 청바지의 값어치는 5만 원으로 더 떨어지고 만다. "너 맨날천날 그렇게 낭비하고 살다간 거지꼴 난다. 아껴야 살지. 절대로 안 돼."라고 거듭 거부하다가, 딸의 고집이나 해악을 보다 못해 '에라 모르겠다. 옜다. 아이구! 골치야. 이거나 먹고 나가떨어져라.' 하는 식으로 청바지를 사주게 되면, 딸은 청바지를 획득하는 데 성공은 했지만, 청바지를 산 게 아닐 수도 있다. 딸은 여전히 새 청바지가 고플 것이다. 그래서 거울에 비친 청바지의 만족감이 채 가시기도 전에 또다시 새 청바지를 사달라고 떼를 쓸 것이다. 10만 원이 원하는 만큼의 엄마 사랑이라면, 딸의 입장에서는 단 한 번도 받아본 적이 없다. 온전한 엄마의 사랑을 받고 싶은 간절함만 있을 뿐이었다. 그야말로 전혀 손상 받지 않은 온전한 새 청바지를 갖고 싶었다.

청바지는 딸과 엄마의 '사랑의 매개체'라고 말할 수 있다. 버티고 버티다가 잔소리를 하면서 청바지를 사 주는 것은 풀죽고 낡아빠진 청바지를 얻어 입게 되는 꼴이다. 그렇게 얻은 청바지는 결코 산뜻하고 충만한 새 청바지가 아니다. 엄마의 충분한 사랑을 요구하는 것이 계속해서 새 청바지를 요구하는 것으로 나타나는 것으로 해석할 수 있다. 그렇다면 청바지에 꽂힌 고집스러운 딸을 어떻게 다뤄야 할까?

　이제 청바지에 고파하는 딸을 다르게 대해 보자. 딸이 "으응~ 엄마! 새 청바지 사러 가자!"라고 하면, "OK! 사러 가자." 하면서 딸의 말에 주저하지 말고 즉시 움직여준다. 처음에는 '오잉? 울 엄마 맞나?' 고개를 갸웃거리며 의구심이 생길 수도 있다. 청바지를 사 달라고 할 때마다 딸의 애간장을 태우며 못 사게 했던 엄마가 갑자기 순순히 말을 들어주면 어떤 일이 벌어질까? 지금까지 딸이 경험했던 엄마와는 달리 말 잘 들어주는 엄마를 경험하고 나면, 다시 말해 '고픈 엄마량'이 채워지고 나면, 아이 역시 엄마에게 전혀 다른 모습을 보여주게 된다.

　이제부터 오히려 흠집 나지 않은 '엄마 사랑주기 정책', 즉 엄마 사랑이 충분한 100% 온전한 청바지 사주기로 한 걸음을 떼어보자. 청바지 22벌을 거듭 거론하여 아이의 죄책감을 들춰낼 게 아니라, 백화점으로 즉각 달려가 딸이 원하는 청바지 한 벌을 흔쾌히 사주자. 그리고 청바지 하나 만큼은 최고의 패션 감각을 지녔다며 칭찬을 해주자. 뒤이어 엄마를 100% 내어 주는 목표가 가능하다면, "네 마음에 드는 것 한 벌 더 들고 와.", 아주 쿨하게 "이것도 같이 계산해 주세요." 하면 생각지도 못한 엄마의 모습에 충격을 받고 덜덜 떨면서 청바지 한 벌을 더 들고 올 수도 있다. 기왕 엄마를 줄 바에야 120%, 200%를 내어주자. 딸 마음에 들면 하나 더 사게 함으로써 청바지에 간당간당하던 갈급증을 충분히 공급해 주는 지혜가 바로 "OK! 청바지 1+1" 정책이다.

머지않아 엄마 E씨는 딸의 '욕구지연'의 현장을 발견할 수 있게 된다. 청바지에 대한 갈급증은 '고픈 엄마량'이었기 때문에 충분한 엄마를 만끽한 딸은 손사래를 치면서 "우리 엄마, 최고! 한 벌이면 충분해요."를 외칠 수도 있다. 그리고 어느 순간부터 청바지 타령은 쏙 들어가 버릴 것이다. "'청바지!' 하면 두 벌이나 사주는데요." 하면서 말이다.

엄마치마감옥

하나밖에 없는 울 아들 좀 살려주세요. 며칠 전. 신학교 교수님의 다급한 연락을 받고 허겁지겁 달려갔어요. 그런데 거기엔. 평소에 봐왔던 거룩한 아들이 아니라 술에 취해 눈이 풀어지고 완전 망가져버린 아들이 저를 노려보고 있더군요. 너무나 당황스럽고. 충격적인 모습에 그만. 한동안 잠잠하던 저의 공황장애가 다시 나타났죠. 저는 아들이 신학교에만 들어가면 모든 게 소원대로 술술 잘 풀릴 거라 생각했어요. 아들이 성직자가 돼서 신도들을 편안한 물가로 인도하는 모습을 수도 없이 바라고 기도해 왔는데... 아들의 눈을 딱 마주하는 순간. 마귀의 눈빛처럼 느껴져 섬뜩하기도 하고 하늘이 무너지는 것 같았어요. 결혼해 살아보니 남편이란 인간은 술주정에. 외도에. 돈까지 흥청망청... 하도 성질이 지랄 맞아. 울 아들만큼은 세상에 오염되지 않고. 순수하고 자애로운 성직자가 되기를 간절히 바랐지요. 오로지 아들

김호순의 안아주기

하나 잘 되기를 바라는 마음만으로 버텨온 내 인생인데. 하늘도 무심하시지... 아! 어떻게 이런 일이 제게 일어났을까요?

최근 환청과 환시에 시달리고 있는 20세 아들을 둔 엄마 O씨의 참담한 사연이다. O씨의 아들은 고교 졸업 후, 소외되고 고통 받는 사람들을 돕고 싶다는 일생의 소망을 실현하기 위해 원하고 원하던 신학교에 당당하게 입학하였다. 하지만 신도들과 가족, 친척들의 축하를 받으며 신학교에 입학한 지 겨우 몇 달 만에 그만 퇴학 통보를 받고 말았다. 중간고사가 끝나고 회식이 있던 날, 아들은 못 먹는 술을 진탕 마시고는 학생들과 교수에게 시비를 걸었고, 책상과 의자를 뒤집고, 기물을 마구 부수는 등 온갖 난동을 다부렸다. 신학교에서 쫓겨난 O씨 아들은 "자기야, 나 지금 너무 무서워. 남자들이 나를 자꾸 따라와. 어서 와서 구해줘."라는 여자 친구의 다급한 목소리와 "네 여자 친구를 구하러 가거라. 여자 친구가 납치당하고 있는데 꾸물대지 말고 빨리빨리 움직여라."라는 천사의 목소리가 환청으로 들리기 시작했다. 심지어 마을 뒷산을 걸어가고 있는데, 여자 친구가 꽃다발을 한 아름 안고 환하게 걸어오는 환상을 보기도 하였다. 그런데 아들은 단 한 번도 여자 친구를 사귄 적이 없는 모태솔로였다.

 엄마 O씨는 얼마나 참담했을까? 자식 하나 보고 깊은 신앙인의 자세로 정성 들여 길렀는데, 아들이 보여 준 이러한 모습에 엄마 O씨는 까무러칠 지경이었으리라 짐작이 된다.

※

 O씨는 딸만 일곱 있는 집의 맏딸로 태어났다. 동네 사람들은 O씨 집을 가리켜 '목수 집 칠 공주네'라고 불렀다. 아버지는 집을 짓는 소목수로 연장 다루는 솜씨가 뛰어나고 손끝이 야무져 여기저기 부르는 데가 꽤 많았다. 그런 아버지를 닮아 어린 O씨는 대부분 두세 살 터울로 태어난 동생들을 잘 건사하고, 바쁜 엄마를 대신해 작은엄마 역할을 당차게 해냈다. 어느 가을날 대청마루에서 무말랭이를 손질하다가 깜빡 졸았는데, 실수로 그만 발을 헛디뎌 댓돌 모서리에 떨어지는 사고가 발생했다. 그 바람에 O씨는 한 쪽 눈이 실명되는 장애를 갖게 되었다. 결국 의안을 하게 된 어린 O씨는 불안감이 극도로 높아져 매사에 조심하였고, 자신뿐만 아니라 동생들을 돌보는데

'사고가 나면 어떻게 하지?'라며 항상 가슴 졸이고 긴장하면서 살아왔다.

성인이 되어 혼기가 꽉 찬 O씨에게 아버지는 "모태신앙인이면서 부잣집 막내아들인데다 인품이 아주 넉넉하고 좋은 혼처가 있다."라며 혼인을 주선하였고, O씨는 순종하여 결혼이 일사천리로 진행되었다. 버글버글한 동생들 돌보는 데 진이 다 빠진 O씨 였기에, 슬하에 아들 하나면 충분히 만족스럽다고 생각하였다. 대신 한 아이에게 온전히 정성을 쏟아 "신 앞에 멋지게 키워내겠습니다."라며 결혼식에서 이미 서원을 하였다. 그렇게 O씨는 귀한 아들을 얻었고, 개구쟁이였지만 엄마 O씨의 넘치는 사랑을 듬뿍 받으며 무럭무럭 자라났다. 겉으로 보기엔 무탈하였지만, O씨는 아들을 귀하게 기른다는 것이 아이의 자발적인 몸짓에 응대하기보다는 본인이 이상적으로 생각하는 사고방식과 원하는 행동을 하도록 주입하였으며, 아들을 조종하는 방식으로 최선을 다해 키웠다.

행복했던 O씨의 결혼생활에 먹구름이 드리워지기 시작한 것은 아들이 초등학교 입학을 하던 바로 그해부터였다. 어느 날 우연히 들린 남편 사무실에서 O씨는 남편의 외도 장면을 목격하게 되었다. 그 후 남편은 "그 여자를 사랑하는 건 절대 아니다. 아무 관계도 아니다."라며 수도 없이 부인하고 이 사실을 무마하려 했지만, O씨의 마음에서 남편은 이미 삭제되고 말았다. 부잣집 막내아들로 돈 개념 없이 흥청망청 쓸 때만 해도 그나마 봐 줄 수 있었다. 가사나 육아에 전혀 관심 없고, 술 좋아하고 친구들과 놀기 좋아하는 부분도 아들의 아버지니까 눈 감아 줄 수 있었다. 그렇지만 "씨앗 싸움엔 돌부처도 돌아앉는다."라는 속담처럼 O씨의 마음에 더 이상 오염된 남편의 자리는 없었다. 남편의 외도 충격에서 벗어나지 못한 O씨는 급기야 공황장애 판정을 받고 약을 복용하기에까지 이르렀다.

이후 O씨는 남편을 투명인간 취급하였고, 아들과 남편의 만남과 접촉을 될 수 있는 대로 차단하려 애썼다. 남편은 아들과 짓궂은 장난치기를 좋아했고, 특히 아들과 함께 바다낚시를 가는 것이 유일한 아버지로서의 역할이었다. O씨의 분노는 시간이 갈수록 더 커져만 갔다. 밤새 잡은 물고기로 회를 떠주고 매운탕을 끓여주는 아버지와 아들의 소소한 행복마저도 차단해 버렸다. O씨는 "아버지란 사람이 채신머리없이 아들이랑 장난이나 치고, 물고기도 하나의 생명인데, 함부로 해치는 모습이나 가르치고, 이게 애비로서 할 짓이냐?"라며 사사건건 놓치는 법 없이 비난을 퍼부었다. 남편의 외도 사건 이후부터 O씨는 아들을 맑고 청정한 1급수 속에서 성장하도록 환경을 만들어 주고, '만인의 존경과 사랑을 듬뿍 받는 성직자 만들기 프로젝트'에 돌입하였다. 잠자리에 들기 전에는 반드시 성경을 읽어주어 암송하게 하였고, 성가대와 성경 반에 반드시 들어가도록 압력을 가했다. 한 번은 학교 앞 문구점에서 열심히 오락을 하고 있는 아들 엉덩이를 매몰차게 때리며 "영혼을 마귀로 물들게 하는 게임 따위는 꿈도 꾸지 말라. 이런 거 계속하면 너도 네 애비처럼 마귀 새끼 된다."라며 엄포를 놓은 적도 있었다. 수시로 아들에게 "절대 네 아버지 그림자도 밟지 말라. 돈, 술, 여자나 탐하고 속세의 온갖 추잡한 짓은 찾아가며 하는 네 아버지 말고 예수님을 꼭 닮아야 한다."라며 철저한 금욕주의자로 만들어 나갔다. 행여나 남편처럼 세상의 더러움에 오염될까 금이야 옥이야 키운 아들의 모습은 과연 어떻게 나타났는가? 아들을 깨끗하고 순수한 엄마의 치마 속에 온전히 잘 보호하려 했던 열망은 지옥 같은 '치마감옥'으로 변하고야 말았다.

상담이 시작되면서 점차 O씨 아들이 상담하려는 진짜 동기가 나타났다. 그는 엄청난 성적 수치심에 시달리고 있었다. 그는 초등학교 6학년 때부터 최근까지 심한 자위행위를 지속하였다. 하루에도 수차례씩 자위를 하였고, 그 양상은 거의 중독에 가까웠다. 급기야 알고 지내던 동네 형이 술을 먹이고 사창가에 데리고 가 "총각 딱지를 떼야 된다."라며 첫 성경험을 억지로 한 죄책감에 무척이나 시달려왔다. 엄마의 기대에 부응하려 아버지만큼은 절대 닮지 않겠노라 밤낮 다짐과 노력을 했건만, 생각과는 반대로 엄마가 가장 혐오하는 성적인 문제를 행동으로 분출하고 있으니, 이 또한 아들은 얼마나 괴로웠을까?

아들이 어릴 적, O씨는 아들을 대단한 아이로 대접하였다. 어머니는 다른 아이들보다 훨씬 성스럽고 거룩한 아이로 응대했고, 장차 성직자가 되실 분이라는 말을 끊임없이 들려주었다. 어느 정도 총명하긴 했으나, 아들이 그렇게 뛰어나단 증거는 어디에도 없었는데도 말이다. 그러나 어머니의 과분하게 이상화된 지지 속에 아들은 다른 아이들에 대해 점차 우월감을 느끼기 시작하였다. 게임이나 하고 시시껄렁한 농담을 해대는 친구들을 차원이 낮은 철딱서니 없는 놈들로 보는가 하면, 학교 공부도 아주 우습게 보았다. 주위 친구들과 보내는 일상생활에는 무관심해 하면서 종교적인 내용에만 흥미를 보였다. 아들이 자신을 높은 차원에 있다며 과시하는 모습을 오히려 어머니는 칭찬을 함으로써 더욱 강화시켜 주었다. 그러나 아들에 대한 어머니의 과도한 지지는 그가 어머니 말을 잘 듣고 순종하는 범위 안에서만 가능한 것이었다.

한편 O씨는 아들을 이상화한 것과 대조적으로 아들의 아버지, 즉 남편은 아주 대놓고 무시하였다. O씨는 '이상화'와 '평가절하' 이 둘로 분열되어 있었다. 남편의 외도를 목격한 이후, 남편을 아예 인간 이하의 쓰레기 취급을 하였다. O씨가 그렇게 함으로써 아들이 아버지를 사랑하고 그로부터 부성적 이상과 가치, 목표를 받아들이는 것을 어머니가 가로막은 것에 대한 아들의 분노는 알게 모르게 점차 쌓여만 갔다.

항상 어린 아들에게 O씨는 성경책을 읽어주곤 하였다. 성경을 읽어주며 O씨는 특히 모자관계를 강조하였다. 엄마의 무의식적 소망으로 볼 때 아들이 성직자가 되는 것은 어머니로부터의 독립을 포기시키는 것이고, 아버지와 같은 성인 남자로서의 성장을 부인하는 의미가 들어있었다.

그토록 바라던 신학교 입학 후, 난동을 부린 O씨 아들의 행동은 어머니가 요구하는 무의식적 기대를 뒤집어엎음으로써 그동안 어머니에게 순종할 수밖에 없었던 자신의 모습에 대한 분노를 표출한 것으로 볼 수 있다. '엄마치마감옥'으로 대변되는 엄마의 구속을 공격하고 반항하는 모습으로도 여겨진다. 결국 아들의 이 같은 행동에서 늪과 같은 '엄마치마감옥'으로부터 맹렬하게 탈옥을 감행한 숨겨진 의미를 엿볼 수 있다. 그렇게 행동화(acting out) 함으로써 아들은 어머니의 기대를 완전히 무산시켜 버렸다. 자기를 찾는 몸부림이란 것이 다른 정당한 방법을 경험하지 못하였기에 겨우 자기구속을 파괴시키는 데 몰입할 수 있을 뿐이었다.

그렇다면 O씨는 목숨처럼 사랑한 아들을 왜 '엄마치마감옥'에 가둬 놓아야만 했을까? O씨의 인간관계(친정어머니, 아버지, 남편)를 찬찬히 들여다보면 그 이유를 알 수 있을 것이다. O씨의 인간관계에 있어서 일관성을 발견할 수 있다. 거기에서 벗어나지 못하는 것은 바로 부모에게 순종한 자신처럼 아들에게도 순종하라는 가르침으로 나타난 것이다. 부모에게 순종하라는 미덕은 시나브로 '엄마치마감옥'이 되어 아들의 숨통을 옥죄어왔다.

마침내 어머니 O씨는 모자 상담 장면에서 아들의 속내를 듣게 되었고, 그도록 아들에게 좋은 것만 주려는 갸륵한 몸짓이 오히려 아들을 치마로 돌돌 말아 조이는 모양새가 되어버렸다는 것을 차츰 깨닫게 되었다. 비로소 O씨는 아들을 '엄마치마'에서 풀어 주었고, 자신의 진정한 삶을 살아갈 수 있도록 완벽한 어머니가 아닌 '충분히 좋은 어머니(good enough mother) 교육'을 받고 있다. 아들이 진정 좋아하고 되고 싶어 하는 것은 무엇인지, 따뜻하게 바라보고, 귀 기울여 듣는 연습을 하고 있다.

아울러, 자기 자신을 위한 넘치는 자식 사랑으로 '엄마치마감옥'에 가둘 게 아니라, 비록 서툴더라도 자식 입장에서 사랑받는다는 느낌이 들 수 있도록 아들이 원하는 게 무엇인지, 언제, 무엇을, 얼마나 해 주면 아들이 만족스러워 하는지, 또 어떤 방식으로 해 주면 좋을지를 물어보면서 그에 맞도록 진정성 있게 사랑을 전하는 방법을 배워 가고 있다.

등짝 스매싱의 열매

전화벨만 울리면 겁부터 나요. '또 무슨 일인가? 학교 선생님? 병원 응급실?' 얼마 전 일요일에는 모처럼 부모 노릇 한답시고 애를 데리고 대전과학관을 둘러보고 왔어요. 전시관 안이 답답했는지 밖으로 나오니 좋다며 다 큰 놈이 겅중겅중 뛰어다니더라고요. 휴일의 여유와 기쁨도 잠시. 지가 무슨 배트맨도 아니고... 갑자기 퍼덕! 하더니 순식간에 고꾸라지는 거예요. 뭔 일인가... 정신을 차리고 살펴보니 과학관 마당의 벤치를 뛰어넘다가 모서리에 걸려 넘어지는 바람에 턱쪼가리를 깬 거예요. 저는 번개같이 달려가 아이의 턱을 휴지로 감싸 지혈을 했지요. 낯선 타지에서 응급실이 있는 병원을 찾느라 우왕좌왕. 혼이 쏙 빠졌어요. 결국 아래턱을 일곱 바늘이나 꿰매고 부랴부랴 집으로 돌아왔답니다. 여행의 즐거움은 고사하고 밥도 쫄쫄 굶은 터라... 다들 터지는 화를 참느라 애를 먹었지요.

김호순의 안아주기

근데 선생님! 우리 집 애만 왜 이렇게 별난가요? 걸핏하면 다쳐 병원을 제집 드나들 듯하고. 사건사고를 달고 살며. 공부는 지지리도 못하니… 이러니까 모두 애를 안 낳으려고 하지요. 진짜 부모 노릇하기 힘듭니다. 뾰족한 방법이 뭐 없을까요?

아들의 발목 골절 깁스, 손목 성장 판 깁스, 이마 자창, 무릎 열상, 천식, 중이염과 열 경기 입원 등으로 하루하루를 아슬아슬하게 살아가는 어머니 J씨의 호소이다. J씨의 아들은 걸음마를 시작하면서부터 11살이 된 지금까지 걸핏하면 주변 사물에 자주 부딪쳤다. 조심성이 많고 걱정과 염려가 많았던 J씨는 문짝이나 서랍 문을 잘 잠가두었고, 식탁, 거실 탁자 모서리에도 모조리 안전장치를 해 두었다. 부디 아무 사고 없이 건강하게 자라기를 바라는 엄마의 염원과는 달리 아들은 저지레가 심했고, 행동반경이 넓어지면서부터는 밖으로 나가서 놀자는 생떼를 많이 부렸다. 잠시라도 한눈을 팔면 집 안팎에서 이마를 부딪치거나 손이 끼는 등 다치는 사고가 다반사였다. 그럴 때마다 어머니 J씨는 "야! 조심해. 정신 안 차릴래?"라며 큰

호통과 함께 아들 등짝을 짝짝 때리며 혼찌검을 내주었다. 단디 주의를 주고 정신을 바짝 차리도록 환기를 시켜주는 게 필요하다고 생각하였기 때문이었다. 아들은 자랄수록 운동량과 활동량이 많아졌고, 어머니의 잔소리와 아들의 등짝을 때리는 소리강도 또한 점점 세졌다. 아들의 산만한 정신을 단번에 깨워주려는 일념이 담긴 J씨의 등짝 스매싱이었다.

Ж

사실 어머니 J씨는 어려서부터 너무나 조심성이 많고 신중한 아이여서 사건사고 한 번 없이 자라났다. 두 살 어린 남동생이 개구쟁이리 항상 친정어머니의 근심을 샀기 때문에 J씨는 조심조심 또 조심을 하는 편이었다. 어린 J씨의 기억 속에 결코 잊히지 않는 장면 하나가 있었다. 남동생과 놀이터에서 놀고 있었는데, 미끄럼틀에서 떨어진 남동생의 이마에서 시뻘건 피가 온 얼굴을 타고 흐르는 장면을 목격한 것이다. J씨는 죽을힘을 다해 집으로 달려갔고, 혼비백산 뛰어온 친정어머니는 남동생을 택시에 태워 병원으로 향했다. 그 모습이 지금도 눈에 선하였다.

트라우마틱한 어린 시절의 사건은 어머니가 된 J씨에게 자신의 아들만큼은 안전하게 잘 키워야겠다는 굳은 결심을 다지는데 영향을 주었다. 또 공부 잘하는 아들로 키우기 위해 매사 조바심을 내며 살았다. 책상머리에 앉아 꾸벅꾸벅 졸고 있는 아들의 손등을 정신이 번쩍 들도록 맵싸게 때리거나, 꿀밤을 세게 쥐어박기도 하였다. 숙제를 한답시고 아들이 자기 방에 들어가 조용해지면, 몰래 살금살금 들어가 졸지 말고 집중하라며 갑자기 등짝 스매싱을 세차게 날리기도 하였다. 침을 흘리며 꿈나라로 빠져들던 아들의 까마득한 정신은 화들짝 놀라 현실 세계로 돌아오곤 하였다. 한 대 세게 얻어맞는 순간만큼은 부정적이지만 어머니의 관심을 찐하게 맛볼 수 있었다. 하지만 아들이 정신을 차리는 건 잠시뿐이었고, 다시 까무룩 하게 잠이 오면서 결국 집중력은 풀어헤쳐지고 말았다. J씨의 눈물겨운 노력에도 불구하고 아들의 학교 시험이나 과제의 수행 정도는 항상 기대 이하로 나타났다.

 어머니 J씨의 간절한 소원에도 불구하고 왜 아들은 이렇게 사건사고를 많이 일으키고, 공부에 집중을 잘 못하는 아이가 되어 버렸을까? 어머니의 실망과 좌절감은 무엇으로 위로가 되어준단 말인가? 이 세상 모든 어머니의 한결같은 바람이 있다면, 그것은 아마도 아이들이 건강하고, 공부도 잘하는 것일 게다. 무엇이 부족해 어머니들의 이런 간절한 기도가 잘 이뤄

지지 않는단 말인가?

　아이에게 제공하는 어머니의 정신적 에너지가 등짝을 때리거나, 날카로운 목소리로 제어하는 등 거칠고 난삽한 것은 결코 아이가 쓸 수 있는 안정된 에너지가 되지 못한다. 난삽한 에너지는 아이가 충동적으로 마구 뛰어넘어 돌진하거나, 주변 상황을 살피지 못해 넘어지고 다치는 행동의 에너지로 사용된다. 어머니 입장에서 아이에게 도움을 주려는 사랑의 등짝 스매싱은 어머니의 의도와는 달리 부정적 자극으로 받아들여져 오히려 자녀를 침범하는 사건과 사고를 유발하는데 기여하고 만다. 이 같은 침범(모성적 침범: maternal impingement)이 반복된다면, 어머니의 깊은 의도를 알 길이 없는 아이는 등짝 스매싱하는 어머니를 방어해야 할 위험한 존재로만 인식하기가 쉽다.

　자녀가 병원 신세를 지지 않고 공부도 잘 하기를 바라는 부모라면, 우리 아이에게 무엇을 어떻게 해야 할까? 이를테면, 아이가 저녁식사 후 피곤한 상태에서 공부를 하다가 졸고 있는 상황을 떠올려보자. 공부를 하기 위해서는 우선 책상 앞에 몸을 고정시켜야 한다. 계속 움직이려는 몸의 속성을 움직이지 못하도록 고정하는데도 에너지가 필요하다. 어쩌면 아이의 정신적 에너지 상태는 학교와 학원 스케줄을 처리하느라 탈탈

털리고, 공부 좀 해 보겠다고 책상머리에 붙어 있으려 해도 이미 에너지는 고갈 상태다. 없는 힘이라도 쥐어짜 몸을 고정시키는 데 쓰고 나니 에너지가 '0'이라 자연스럽게도 졸음이 온다. 순간, 그렇지 않아도 에너지가 모자라는 판에 엄마의 등짝 스매싱까지 보태지면, 각성은커녕 아픔과 놀람을 제어하는 데 또 에너지가 투입돼야 한다. 결국, 아이는 아무리 눈까풀을 까뒤집어 보아도 까무룩 하게 다시 잠 속으로 빠져들 수밖에 없다. 책상머리에 앉아 졸고 있는 아이의 등짝을 향해 확! 뽑아버린 엄마의 분노를 오히려 아이가 참아줘야 하니 그 얼마나 힘든 일인가? 그렇잖아도 없는 에너지를 쥐어짜서 공부 한번 해보려 애를 쓰고 있는 아이를 과연 어머니는 돕고 있는 것인가? 아니면 방해를 하고 있는 것인가?

그동안 아이의 졸음을 단박에 깨워주는 것이 엄마 노릇 잘하는 거라 생각할 수도 있었겠지만, 엄마의 등짝 스매싱이 아이를 돕는다는 망상에서 이제는 깨어나야 한다. 정신적 에너지가 부족해 졸고 있는 아이가 공부를 잘할 수 있도록 하는 뾰족한 방법이란 무엇일까? 아이가 공부를 잘 하게 하려면 등유 같은 저급한 에너지를 줄 게 아니라, 이와 줄 바에야 옥탄가 높은 고급 무연 휘발유 같은 좋은 에너지를 공급해 줘야 한다. 그 방법은 다름 아닌 어머니의 부드러운 손길과 눈길이다. 졸고 있는 아이에게 다가가 등을 살살 쓰다듬어주면서 "공부하는데 많이 힘들지?"라며 공감과 지지를 보내주자. 등짝 스매싱을 날리고 싶은데 참으려 애쓰는 수고를 어머니가 감내하는 것이 아이의 공부에 긍정적인 에너지를 주는 것이 된다. 어머니도 아이도 단 한 번에 잘 될 리 만무하다. 그럼에도 불구하고 어머니는 아이의 행동을 지적하기보다 잘 가르쳐 주고, 애쓰는 과정을 칭찬해 주고, 잘 될 때까지 잔소리를 닫고 기다려 주어야 한다. 그렇게 함으로써 차분하고 안정된 정신적 에너지가 충분해질 때, 아이는 자신과 신체에 대한 통찰이 가능해진다. 그리고 자기 몸의 운용과 신체와 정신의 협응을 제대로 모색할 수가 있다. 그렇게 된다면, 아이는 위험이나 주변 상황을 충분히 고려해 신중하게 행동할 수 있게 된다. 이렇게 정신이 신체에서 올라오는 느낌과 잘 만나고, 정신의 의도가 신체에 잘 전달된다면, 비로소 아이는 생애 최초에 출발시켰던 "내가 있다(I am~). 내가 이 세상에 존재한다(I am being~)."라는 존재의 연속성(continuity of being)을 회복함으로써 자신에게 도움이 되는 행동을 충분히 할 수 있는 준비를 갖추게 될 것이다.

인디언 기우제

언제까지 기다려줘야 하나요? 저는 오늘 상담에 꼭 오라 해서 오긴 왔습니다만. 솔직히 상담의 효과가 있을까? 하는 의구심이 듭니다. 선생님께서 시키는 대로 '잔소리'는 증상이 더 심해진다 하여 혀를 깨물고 안 하려고 노력했어요. 칭찬할 게 없어도 해 주라! 해서 마른 수건을 쥐어짜서라도 칭찬을 해주고. 죽을힘을 다해 저부터 달라지려고 얼마나 애를 썼는데요. 애가 며칠 동안 쪼매 나아지는 것 같더니만. 또다시 약속을 안 지키고 거짓말을 살살하네요. 아무 소용이 없어요. 걔는 절대로 안 변해요.

아무리 모른 척 넘어가 주려 해도 입이 근질근질해서 미치겠습니다. 머리에 든 폭탄이 곧 터질 지경이에요. 숨쉬기조차 힘듭니다. 이러다 제가 먼저 꼴까닥 넘어갈 것 같아요. 선생님 말씀 듣고 잔소리 튀어나오는 제 입에다 청테이프를 붙여라! 하기에 진짜 거의 2주를 입 꽉 다물고 지켜봤어요. 아이가 스스로 움직일 때까지 기다려 줘라? 에구... 어림 반 푼어치도 없는 얘기입니다. 지칠 대로 지쳐버렸어요. 저 혼자 허벌나게 노력하면 뭐 합니까? 애는 아무 노력도 안 하는데... 엄마가 먼저 믿어주고 또 믿어주라고 하셨지만. 도대체 언제까지 제가 이 짓을 해야만. 그날이 오겠습니까? 진짜 애가 달라지긴 할까요?

자녀가 게임에 빠져 시간 약속을 자주 어기고, 걸핏하면 학원도 빠지고, 손도 안 댄 숙제를 다 했다며 거짓말까지 해대는 13살 아들을 둔 어머니 S씨의 가슴 치는 호소다. 이러한 호소는 비단 S씨의 문제만은 아니다. 자녀나 배우자 등의 문제를 해결하고자 상담을 하는 과정 중에 나오는 흔한 질문과 하소연들이다.

Ж

이것은 자녀의 문제증상을 감수시키거나 극복하는 상담에서 특히 대상(어머니: object)을 중심으로 솔루션을 주었을 때,

이를 시행하는 과정에서 반드시 극복해야 할 문제들이다. 교정적 경험(corrective emotional experience) 과제를 수행할 때, 부모님들은 자녀들의 문제행동들이 마치 마법처럼 "뾰로롱! 펑!" 하고 단박에 괜찮아지길 기대한다. 물론 문제 증상에 따라 비교적 짧은 시간에 변화가 일어날 수도 있다. 하지만 그런 마법은 우리들의 현실에서 그리 쉽게 일어나지 않는다. 그것은 우리들이 살아온 날들 만큼의 깊은 뿌리를 갖고 있기 때문이다. 새로운 변화는 기존의 질서를 파괴시킨다는 것을 전제로 한다. 그렇기 때문에 아무리 긍정적인 변화라도 그 변화에 대한 저항은 알게 모르게 일어난다. 변화는 새로운 시도이기 때문에 변화 이후에 발생할 미래에 대한 불안한 마음은 누구에게나 생길 수 있을 것이다.

변화에 대한 저항을 좀 더 깊이 생각해 보면, 아이 입장에서 볼 때 자신은 '나는 잔소리 듣는 아이다.'라는 자기 이미지(자기표상)가 매우 익숙하다. 상담을 받고 집에 돌아온 어머니가 갑자기 잔소리를 멈추고 어색한 칭찬을 하니, 그것을 받아들일 내부의 준비가 되어있지 않은 아이는 혼란스럽기만 하다. 어머니의 생소한 칭찬을 간직하고 싶지만, 미처 준비가 되어 있지 못하다 보니 칭찬이 매우 어색하고 거북하다. 그래서 익숙하게 잔소리하는 어머니의 이미지(대상표상)로 되돌아오라는 뜻으로 잔소리 들을 짓을 벌리고야 마는 것이다. 한편, 어머니 입장에서 본다면, '나는 잔소리하는 엄마다.'라는 자기 이미지가 뿌리 깊다. 이것이 어머니 무의식의 정신세계 속에 내면화되어 있기 때문에 새롭게 태어난 '칭찬하는 어머니 이미지'가 좋은 것이지만 생소해서 불편하게 느껴진다. 그래서 기존의 굳건한 어머니 이미지가 아직은 여리여리하고 새싹같이 칭찬하는 어머니 이미지를 밀어제낌으로써 공격하고야 만다.

대상관계와 정신분석학파들 사이의 쟁점들을 다룬 책 『마음이 태어나는 모체』(토마스 H. 옥덴 지음)를 참고하자면, "저항은 환자가 무의식적인 내적 대상관계에 대한 자신의 병리적 애착을 포기하지 못하는 데서 비롯된다고 볼 수 있다. Fairbairn(페어베언)은 처음으로 이런 방식으로 저항을 이해했다. 그는 또한 저항과 나쁜 대상관계의 연결을 강조했다. 이러한 연결은 나쁜 대상을 자신이 바라는 그러한 사람으로 변화시키려는 욕구를 바탕으로 하고 있다(p.202)."라고 하였다.

이렇게 볼 때, 아이도 어머니도 꼼짝없이 과거의 자기 이미지(자기표상)를 버리기가 매우 어려운 게 현실이다. 그럼에도 불구하고 칭찬 과제를 꾸준히 해 나가야 한다. 칭찬하는 어머니 이미지와 칭찬 듣는 아이 이미지가 지속적인 현실의 경험을 통해서 좀 더 쌓이게 되면, 차츰차츰 새싹은 뿌리를 내리게 된다. 그 과정 중에도 아이는 행동이 다시 과거로 퇴행하는 순간이 되풀이되기도 한다. 행동의 변화는 반드시 선형적이지 않다. 실천적 행동이 잘 진행되다가, 안 되다가, 다시 변화가 진행되다가, 또다시 떨어지는 비선형적인 변화의 모습을 보여준다.

『마음이 태어나는 모체』(p. 205)에 따르면, "대상과 동일시(identification)된 자아의 하위 조직은 그 관계의 자기-요소로부터 좋은 대상으로 변하라는 계속적인 압력을 받는다. 대상-요소는 이러한 변화에 완강히 저항하는데, 왜냐하면 이러한 정체성의 커다란 변화는 자아의 측면에게 멸절(annihilation)로 경험되기 때문이다. 그 때문에 내적 대상관계는 두 가지 방향으로부터 자신을 방어한다. 자기-요소는 대상관계가 끊어짐으로 인해 발생하는 멸절의 위험을 감수하려고 하지 않는다. 그 대신 나쁜 대상을 좋은 대상으로 변화시키기 위해 노력한다. 동시에 대상-요소는 새로운 존재(좋은 대상)로 변화함에 따라 발생하는 멸절을 막으려고 한다."라고 서술하여, 그 변화가 얼마나 힘들고 어려운 과정인지 묘사하고 있다.

가뭄이 지속되어 비가 내리길 간절히 빌고 비는 '인디언 기우제'가 백발백중 효과가 큰 이유는 비가 반드시 내릴 때까지 기우제는 끝나지 않고 계속되기 때문이다. 부모는 이처럼 아이의 행동이 변화될 때까지 잔소리 금지와 칭찬하기를 일관되게 하는 것이 매우 중요하다. 설령 아이가 엄마 뒤통수를 치거나, 가끔 영웅본색이 되거나, "돌아오라. 쏘렌토로~"를 외칠지라도….

그럼에도 불구하고 지난한 실천의 길을 뚜벅뚜벅 걸어가 보자.

"언제까지?"

"될 때까지!"

자녀의 변화가 서로에게 행복을 주는 그날까지, 어머니들이여! 인디언 기우제를 꼭 기억하시길! 그러면 덤으로 어머니들은 긍정적으로 변화된 자기 모습을 기쁘게 만나볼 수 있을 것이다.

작가의 말

2009년, 우연히 필자의 손에 들어온 임종렬 박사의 저서『모신』은 필자의 운명을 바꿔 놓았다.『모신』을 읽으면서 그동안 품어왔던 질문들에 대한 답을 찾을 수 있겠다는 희망이 한줄기 빛으로 다가왔다. 그 책은 꼬리표처럼 따라다니면서 불행하다고만 생각했던 과거 원가족의 문제를 또 다른 측면에서 볼 수 있게 하였다. 게다가 독서치료사로 활동하면서 느꼈던 '아이들의 변화가 잠시 일어나다가 왜 자꾸만 원점으로 돌아가는 걸까?'라는 한계점에서, 공부의 돌파구를 마련해준 책이었다.

『모신』의 저자인 임종렬 박사를 찾아 대구가족상담센터를 방문했지만 이미 작고하신 터라, 대신 현재 필자의 스승이자 슈퍼바이저이신 김영호 박사와 인연이 되어 '대상관계 심리상담사 과정' 수업을 듣게 되었다. 특히 대상관계이론가 David P. Celani의 저서인『사랑의 환상』과『리빙홈(Leaving Home)』의 역자 직강을 들으면서 대상관계이론의 세계를 탐색하는 행운을 누릴 수 있었다. 대상관계이론의 임상에 적용하는 효율적 접근 방법론인 대상중심이론은 필자를 자연스럽게 상담사의 길로 이끌어주었다.

상담사로서 공부와 수련의 길을 걸으면서 불행했던 과거의 기억들을 버리고, 숨겨진 필자의 진솔한 얼굴을 볼 수 있게 되었고, 원 가족과의 관계를 회복할 수 있었으며, 현재 가족들과도 더 잘 지낼 수 있음에 감사할 따름이다. T. Ogden의 저서『마음이 태어나는 모체』에서 Bion이 "상담은 상담자와 내담자가 함께 추는 춤"이라 비유했다. 돌아보면 부족했던 필자의 성장과 발전에 오히려 큰 디딤돌이 되어 준 고마운 분들은 바로 내담자들이다. "고맙다."라며 전하는 그들의 따뜻한 안아줌이 필자에게 성장 동력을 제공한 것 같다. 참 감사한 일이다.

이 책을 쓰게 된 배경에는 요즘 출산과 양육을 기피하는 젊은 어머니들의 애끓는 하소연에 작은 보탬이라도 되고자 하는 마음이 컸다. 자녀를 건강하고 행복하게 길러내고 싶은 마음이 비단 상담실을 찾아오는 어머니들의 바람만은 아닐 것이다. 최근 출산율은 0.78명으로 줄어들었지만, 자녀 양육에 대한 부담만큼은 더욱 가중되고 있는 실정이다. 특히 MZ세대로 일하는 엄마들의 지나친 관심과 보호는 하나뿐인 자녀의 성장에 오히려 독이 되고 있다. 돌봄 공백으로 인한 자녀를 둘러싼 가족의 양육 환경이 과거보다 개선되기는커녕 열악한 상황으로 내몰리고 있는 게 현실이다. 양육에 대한 정보가 홍수처럼 넘쳐나 오히려 혼란스러운 가운데, 이 책을 읽는 어머니들에게 '어머니가 편해야 세상이 편하다.'라고 생각하길 바라는 필자의 마음이 전해지면 좋겠다.

　대상관계이론에 더하여 대상중심이론을 적용한 이 책을 준비하면서 기꺼이 감수를 해 주신 김영호 슈퍼바이저님께 깊이 감사를 드린다. 대상관계이론 실천가라 자처하는 만큼 이론 따로 몸 따로가 아닌, "대상관계이론을 생활 속에서 꼭 실천하라."라는 스승님의 가르침을 필자도 따라가려 한다. 전문상담사로서 끝없는 공부의 길을 뚜벅뚜벅 걷다 보니, 마침내 '사람들에게 도움 주는 책 출판하기'가 적힌 버킷리스트에 동그라미 하나를 치게 되었다. 상담사례들에 대한 깊은 고민과 토론으로 궤를 같이 하면서, 이 책을 함께 만들어간 도반들에게도 고마움을 표한다. 항상 안아주는 환경과 촉진적 환경을 제공해 준 가족들에게도 마음을 담아 사랑을 전하고 싶다. 책을 내는 데 문외한인 필자에게 출판이 되도록 세심하게 도와주신 달구북 출판사 대표님께도 감사드린다.

　끝으로, 부디 자녀를 훌륭하게 키우려고 노심초사하는 '엄마가 처음인 이 땅의 모든 어머니들'에게 이 책이 조금이나마 위로가 되고 힘이 되어주길 간절히 바란다.

김호순

산 좋고 물 좋은 경북 문경에서 태어났어요.
2녀 1남을 둔 39년 차 엄마이기도 하고요,
3년 차 행복한 할머니이기도 해요.
전문상담사, 대상관계심리상담사, 국제Thanatolosist, 독서치료사,
영남일보 시민기자로 활발하게 활동 중입니다.
상담, 부모교육, 생명존중교육, 독서, 지역저널리즘 실천에
관심을 두고 매진해 왔어요.
현재 대구에서 '김호순가족상담연구소'를 운영 중이며,
인스타그램에 'hosoonssaem'으로 육아책 스터디를 통해
육아에 진심인 어머니들과 행복한 세상을 만들어가고 있습니다.
상담심리학 석사, 국제 Thanatolosist, 대구가족상담센터 부소장 역임.

hosoo0312@daum.net

Part II

성귀자의
마주보기

엄마와의 경험에서 행복했던 순간에 느꼈던 정서가
아이에게 평생 영향을 미치게 된다.

내 아이의 '정서통장'엔 잔고가 얼마나 있을까?
혹시 마이너스(-)는 아닌지,
조금씩이나마 플러스(+)로 잘 채워지고 있는지
확인해 볼 필요가 있다.
스트레스를 받거나 에너지가 소진될 때
꺼내 쓸 수 있는 정서통장에
긍정 정서가 두둑하도록!

엄마만 최선인 엄마

아이를 출산하고 친정엄마가 몸조리해 주길 바랐지만, "바빠서 안 된다."라며 단호히 거절하여 시어머니가 산후조리를 도와줬어요. '농사일로 바빠서 그렇겠지.'라며 위안은 했지만, 많이 서러웠지요. 아이가 태어난 지 3일째 되던 날, 밤새 울어 포대기에 싸서 응급실에 다녀온 적도 있었지요. 건강에 이상은 없었지만 많이 놀랐어요. 팅팅 부은 몸으로 아이와 있으면서 너무 무섭고 불안했어요.

아이는 어릴 때부터 예민하고 낯선 사람이나 환경의 변화에 민감해 안정감을 찾는 데 시간이 필요했어요. 낯선 사람을 봤을 때 고개를 들어 쳐다보는 데까지 시간이 오래 걸려 '30분'이라는 별명을 지어줄 정도였으니까요. 한 번은 시어른께서 오랜만에 놀러 오셨는데 아이가 방 안에서 30분이 지나도 나오지 않는 거예요. 화가 나신 시아버지께서 아이 교육을 잘못시켰다며 저에게 화를 내셨어요. 안방에 숨어있던 아이가 할아버지가 가고 난 뒤에야 안심하고 나올 정도였어요. 그런 아이에게 저는 오히려 야단을 치고 훈계를 했지요. 아이의 두려움과 불안보다는 아이를 잘못 키운다는 말이 상처가 되었죠.

    저는 좋은 엄마가 되기 위해 아이가 어릴 때부터 질 좋은 음식을 먹이고. 옷도 폭폭 삶아 깨끗하고 정갈하게 입히며 최선을 다해 키웠어요. 유명 학원을 검색해 보내기도 하고 좋다는 체험학습도 다 보냈었죠. 아들에게 도움이 된다면 무리해서 시간과 노력을 제공했지요. 그런데 아들이 중학생이 되자 대화를 거부하고. 엄마는 자신의 말을 들어주지 않는다며 짜증을 내는 거예요. 그럴 때마다 아이의 눈을 똑바로 쳐다보며 귀를 쫑긋 세우고 단어 하나도 놓치지 않고 들으려 애를 썼어요. 그런데 늘 끝은 아들이 눈물을 흘리며 방문을 쾅! 닫고 나가버리는 것이었어요. 제 입장에선 최선을 다해 들어주려 노력하는데도 자신의 얘길 안 들어준다고 하니 억울하고 답답할 노릇이었지요. 우리 아이는 왜 자신의 말을 안 들어준다고 생각할까요? 어떻게 해야 자신의 얘길 들어준다고 느낄까요?

중학생 아들을 둔 엄마 P씨의 이야기다. 이것은 엄마 P씨만의 문제는 아닐지도 모른다. 어릴 때는 순종적이고 엄마 말을 잘 듣던 아이가 사춘기에 접어들면서 반항적인 태도로 부모를 당황스럽게 하는 경우가 자주 있기 때문에 많은 사람들이 내 이야기 같다고 공감할 수 있을 것이다.

Ж

P씨의 어린 시절, 그녀의 엄마는 늘 바빴다. 어린 P씨가 학교에서 돌아오면 집은 늘 텅 비어 있었고, 부엌에는 김치와 식은 밥에 널브러진 가사 도구만 있어 늘 허기지고 배가 고팠다. 전기 기구를 쓰지 못해 킵라면에 찬물을 부어 면이 불을 때까지 기다려 동생과 먹으면서 엄마가 올 때까지 기다리곤 했다. 집으로 돌아온 엄마는 짜증 섞인 목소리로 숙제를 했는지 안 했는지 다그치기 바빴고, P씨가 말을 하면 "시키는 대로 말 좀 들어!"라며 말문을 막아버렸다. 그런 엄마가 어려운 형편에도 초등학교 소풍날엔 항상 콜라와 계란을 챙겨줬다. 까맣고 톡 쏘는 콜라가 너무 먹기 싫었지만, "얼마나 좋은데! 소화가 잘 된다."라며 꼭 챙겨주곤 했다. 그때의 경험 때문인지 P씨는 지금도 콜라를 좋아하지 않는다. 지긋지긋하게 가난했던 부모는

자식들을 굶기지 않기 위해 최선을 다해 살았다. 남의 집 일까지 하며 바쁘게 살았지만, P씨가 중학교에 입학할 땐 교복조차 사 입힐 형편이 되지 못하였다. 새 교복을 입고 싶다는 P씨의 말에 엄마는 "돈이 어디 있어?"라며 냉정하게 무시했다. 남들은 다 깨끗한 새 교복을 입고 학교에 왔지만, P씨는 동네 언니한테 물려받은 허름한 체육복에 낡고 해진 운동화를 신고 교실에 앉아있었다. 너무나 창피하고 슬펐다.

그림을 잘 그린 P씨는 교내 미술대회에서 수상하기도 하며 재능을 보였지만, P씨의 엄마는 "여자가 그림 그리면 빌어먹는다."라며 그림을 쓰레기통에 집어던졌다. 번번이 좌절된 욕구에 자신의 처지를 탓하며 눈물을 흘리곤 했다. 자녀가 성장하는데 마땅히 제공되어야 할 따뜻한 보살핌과 편안한 환경, 정서적 지지와 공감은 받아본 적이 없었다.

이런 경험을 가진 P씨는 출산 이후, '나는 엄마처럼 살지 않겠다!'라는 다짐으로 아이를 열심히 양육했다. 하지만 아이가 성장할수록 짜증과 화가 많아지고 대화를 회피하며, "엄마는 내 말을 안 들어 줘.", "엄마 하고는 말이 안 통해."라며 휴대폰과 컴퓨터 게임에만 몰두하고 밥도 잘 먹지 않으며 엄마를 거부하기 시작했다.

엄마는 "아이 말에 귀 기울이고, 아이가 원하는 것을 최선을 다해 들어주었다."라고 하고, 아이는 "엄마가 자신의 말을 들어 주지 않았다."라고 한다. 엄마와 아이의 생각과 말이 서로 어긋나기만 한다. 누구의 말이 맞을까? 곰곰이 따져보면, 엄마는 아이를 위해 온 힘을 다해 정성껏 애를 썼는데, 아이는 엄마를 적대시하니 납득이 잘되지 않는다. 잘 못해 줘서 아이가 말을 안 듣고 삐뚤어졌다면 그나마 이해가 될 수 있겠지만 말이다.

2015년 10월 15일 자, <영남일보 오피니언>에서 김영호 교수는, '사랑은 도착주의'라는 말을 언급했다. 도착주의란, 상급기관에서 하급기관으로 공문을 발송할 때, 그 공문이 효력을 발생하게 되는 것은 발송한 시점이 아니라 하급기관에 도착해서 접수가 된 시점부터라는 것이다. 부모가 사랑을 보냈지만 아이가 사랑으로 받았다고 느끼지 못한다면 부모가 사랑을 제대로 주었다고 볼 수 없으니 이를 위해 상대에게 맞춰야 한다는 것이다. 사랑은 도착주의에 입각해서 주어야 한다는 것이다.

아무리 엄마가 최선을 다해 좋은 것을 주었다 하더라도 아이의 입장에서 원하지 않는 것이면 받았다고 느낄 수 없을 것이다. 아이가 자신의 말을 들어준다고 느끼려면 어떻게 해야 할까? 엄마 P씨는 아이와 심리적으로 융합되어 있다고 볼 수 있다. 아이를 자신의 일부로 느끼며 '내가 좋으니 너도 좋을 것이다.'라는 엄마의 무의식적 환상 속에서 아이의 입장과 생각은 고려하지 않은 채 엄마가 좋은 것을 일방적으로 아이에게 강요를 해왔던 것이다. 아이에게 도움이 되고 좋을 것이라는 생각에 마음을 졸이며 최선을 다했는데, 안 들어 준다고 하니 P씨의 입장에선 얼마나 답답하고 야속한 마음이 들었겠는가!

엄마의 무의식적 환상 속에 있는 아이를 현실 속으로 꺼내어 나의 일부가 아닌 존재 자체를 있는 그대로 바라보아야 한다. 먼저 눈을 맞추고 아이의 말에 귀 기울여 보자. 그리고 한 번 물어보자. 기분이 어떤지, 하고 싶은 건 무엇인지, 무엇이 먹고 싶은지를 말이다. 예를 들어 엄마가 생각하기에 괜찮아 보이는 '아웃O'에 가서 고기를 사주겠노라 하는 것보다, 같이 맛있는 음식을 먹고 싶은데 어디에 가고 싶은 지를 먼저 물어보고 아이가 원하는 곳에 가서 먹고 싶은 것을 사주면 된다는 것이다. 아이는 나와 다른 세상에서 다른 삶을 살아간다. 자신의 삶을 살 수 있도록 아이를 존중하는 태도가 필요하다. 엄마 마음대로 하는 엄마의 아이가 아니라, 아이 그 자체로 바라보고 원하는 것을 들어 줘야 한다. 기분 좋게! 쿨 하게!

집 밖은 위험해

엄마의 잔소리를 피해 도망치듯 결혼을 했어요. 남편과는 임신기간 내내 사이가 별로 좋지 않았죠. 남편은 아이의 울음소리가 들리면 예민해지곤 했어요. 그래서 퇴근시간만 되면 신경이 곤두섰어요. 100일도 안 된 아이가 보채고 울면 추운 겨울에도 들쳐 업고 밖으로 나가 달래곤 했어요. 밥을 먹을 때도 숟가락을 떨어뜨리거나 물 컵을 쏟으면 오히려 제가 더 크게 혼내고 야단을 쳤어요. "안 돼!", "하지 마!" 소리를 달고 살았어요. 남편의 변덕스럽고 신경질적인 화를 자극하지 않으려고 온 신경을 써야 했어요.

아이는 늘 불안한 모습을 보였고, 혼자 있을 때면 자꾸 손톱을 물어뜯어 여태껏 자란 걸 본 적이 없을 정도였어요. 집 밖에 나가기를 유난히 싫어했고. 주변을 두리번두리번 살피면서 저한테서 떨어지려고도 하지 않았죠. 다른 아이들은 하교 후 친구와 뛰어놀기에 바빴지만. 우리 아이는 혼자 집에서 지내는 것을 좋아했어요. 밖에 나가는 것을 위험하다고 느끼던 아이가 6학년이 되자 아예 등교를 하지 않는 거예요. 아이와 실랑이하는데 지쳤지만. 그래도 초등학교는 졸업해야지 싶어 겨우 수업일수를 맞췄지요. 중학교도 가기 싫다고 해서 안 보냈더니 하루 종일 집에만 있는 거예요. 어두컴컴하게 커튼을 치고 창문을 꽉 닫아 두어서 사람이 지나가는 소리만 간간이 들릴 뿐 적막할 정도예요. 반려묘 '껌딱지'와 휴대폰만 곁에 두고서. "밖에 나가면 사람들이 쳐다볼 것 같아 무서워."라며 대문 밖도 나가기 힘들어해요.

엄마 K씨는 혼자서 외출도 하지 못하고 집에만 있는 아들로 인해 괴로움을 호소했다. 14살 아들은 하루 종일 대문 밖을 나가지 못하고 하염없이 퇴근하는 엄마를 기다리곤 했다. 막상 집에 오면 아이는 오히려 엄마를 외면하며 짜증과 화를 냈다. "엄마, 언제 와? 무서워, 빨리 와!"라며 하루에도 열두 번 전활 걸어 애걸할 때는 언제고, 막상 집에 오면 찬바람이 쌩하고 부니 부아가 치밀지만 내색하지 않으려 외면했다. 혼자서는 편의점도 가기 힘들어해 K씨가 퇴근길에 편의점에 들러 원하는 것을 사 오는 경우가 많았다. 덩치가 K씨보다 큰 아들은 왜소한 엄마에게 껌딱지처럼 붙어 겨우 외출할 때도 있었지만, 늘 시간이 짧고 여유가 없었다.

Ж

K씨는 어릴 때부터 엄마의 지나친 관심과 통제로 인해 숨 막히는 생활을 했다. 술 좋아하고 사람 좋아하는 아버지는 늘 밖으로 돌아다녔고, 그런 남편 때문인지 K씨의 엄마는 딸에게 지나치게 집착을 했다. 학교에서 조금만 늦어도 수십 통씩 전화를 하는 엄마로 인해 친구들과 논다는 것은 생각도 할 수 없을 정도였다. 엄마는 "이상한 놈 만나면 안 된다."라는 소리를 어릴 때부터 입버릇처럼 했다. 성장할수록 K씨는 엄마의 잔소리로 숨이 막힐 지경이었다. 엄마의 지긋지긋한 잔소리에서 벗어나려 중학교 동창과 혼전임신으로 결혼을 하게 되었지만, K씨는 하루에도 수십 번 친정엄마와 통화를 했고, 엄마 또한 K씨가 걱정이 되어 연락이 왔다. 지금까지도 K씨는 출퇴근을 하거나 식사 시간이 되면 아들보다 먼저 자신의 엄마에게 전화를 해 하루의 안부를 묻곤 한다.

K씨는 친정엄마와 물리적으로는 떨어졌지만, 심리적으로

는 분화(differentiation)되지 못했다. 엄마가 주는 공생 경험의 결핍으로 인한 유기불안(anxiety of abandonment)이 하루에도 수십 통의 전화를 걸게 하였고, 친정엄마와의 통화는 서로 연결되어 있다는 안정감을 느끼게 했을 것이다. K씨의 유기공포(fear of abandonment)가 결혼 후에는 대상이 전이(transference)되어 남편에게 버려지지 않기 위해 살았다. 남편의 신경질적인 성격으로 인해 늘 긴장하며 눈치를 봐야 하는 상황에서 아이에게 안정적이고 편안한 공생 경험을 제공하기란 무척 힘들었을 것이다.

엄마가 기쁘고 안정되어 있을 때 아이의 욕구에 민감하게 반응하고 안정된 보살핌을 제공할 수 있다. 그 반대 상황일 때, 아이는 자신의 불편함을 감수해야 할 뿐만 아니라 때로는 생존에 위협을 받을 수도 있다. 그래서 아이는 생존과 결부된 엄마의 감정을 자신의 필요에 의해 살필 수밖에 없다. K씨는 아이의 자연스러운 성장 욕구에 적절하게 반응하고 공감하기보다는 통제하고 금지하기에 급급했다. 아이의 감정보다는 남편에 대한 유기불안이 우선시되어, 아이에게 안정되고 만족스러운 엄마와의 따듯하고 편안한 관계 경험을 줄 수 없었다. 이러한 결함이 있는 양육 태도가 아이의 현실을 처리할 수 있는 능력을 박탈하는 결과를 가지고 왔다고 볼 수 있다.

안정된 공생적 경험의 박탈은 현실에 대한 자신 없음과 불안을 야기해 현실 대처를 회피하는 행동으로 나타나고 있다. 집 안을 어둡고 조용하게 하여 외부 자극을 약하게 유지하는 것도 어쩌면 엄마의 자궁과 같이 편안했던 기억을 되살려 안정감과 편안함을 얻고 싶기 때문일 것이다. 어린 시절부터 울음도 마음대로 울지 못하고 눈치를 봐야 하는 환경으로 인해 아이는 자신의 안정감을 확보할 수 있는 만족적인 경험이 많이 부족한 채 성장하였다. 자신의 욕구가 노출되면 공격받을지도 모른다는 불안이 내재화되어 '집 밖은 위험해!'라는 공포감에 사로 잡혀 집 안 생활만 고집한 것으로 보인다.

D. Winnicott(위니콧)은 아이가 정서적으로 건강하게 성장하기 위해서는 무엇보다 양육자의 '안아주는 환경(holding environment)'이 필요하다고 말한다. 어릴수록 신체적인 안아주기가 중요하다. 낯설고 불편한 느낌에 마구 울어대는 말 못 하는 아기에게 토닥토닥 괜찮다고 해주는 엄마로부터 아기는 안전함을 경험하면서 불안한 마음을 진정시킬 수 있다. 안아주기(holding)라는 것은 애초부터 엄마가 너를 보호하고, 감싸주고, 만족시켜주는 것이라고 한다. 안아주기는 아이가 클수록 조금씩 달라진다. 청소년이 되었을 때는 적정한 거리를 유지하고 믿어주는 안아주는 환경이 필요하다. 이를테면, 중학생 아들

을 엄마가 신체적으로 안아주기란 쉽지 않다. 애정표현의 방법은 바뀌어야 한다. 엄마에게 안겼을 때 느낄 수 있는 안정감을 공급해 주는, 믿어주고 감싸주는 안아주기 환경이 필요하다. 자녀와 대화 시간을 자주 갖고, 충분히 이해하며, 아이가 요구하는 바를 흔쾌히 들어주는 것은 어린 시절의 안아주기와 동일한 개념으로 볼 수 있다.

K씨의 아들은 안전하고 편안한 안아주기 환경의 경험이 부족했다고 할 수 있다. 엄마와의 관계에서 안전하고 편안한 관계 경험이 우선 충족되어야 한다. 하루 종일 퇴근하는 엄마를 기다리고 있는 아들에게 따뜻한 말과 표정으로 다가가 아이의 투정을 공감하고 담아줘야 한다. 이 또한 안아주기의 한 부분이다. 예를 들면, 아이가 휴대폰을 하고 있는 것은 흥미와 재미를 충족하기 위해서이기도 하지만 현실과의 경험을 쌓고 있는 것이기도 하기에 아이가 편안하게 탐색적 욕구를 충족할 수 있도록 기다려줄 필요가 있다. "그만해!", "하루 종일 휴대폰만 하니?" 등 엄마의 잔소리가 계속되면, 아이는 엄마를 피해 휴대폰에 더 몰입하게 된다. 그런 아이를 엄마가 보기에는 하루 종일 휴대폰만 만지고 있는 것으로 생각할 수도 있다. 엄마가 주도적으로 통제하기보다는 아이 스스로 사용 시간을 계획하고 실천하도록 할 필요가 있다. 이때 노력에 대한 칭찬은

필수적이다.

  엄마와의 편안하고 안전한 관계 경험에서 '정서통장'에 안정감과 만족감이 충분히 채워질 때 새로운 환경에 호기심을 가지고 도전할 수 있다. 내 아이의 정서통장에는 잔고가 얼마나 있나요? 혹시 마이너스(-)는 아닌지, 조금씩이나마 플러스(+)로 잘 채워지고 있는지 확인해 볼 필요가 있다.

착한 아이의 결말

둘째 딸은 예쁘고 착해요. 어릴 때부터 무척 순한 아이였어요. 엄마 말을 잘 듣고 눈치가 빠르며 동생을 잘 챙기는 딸이었지요. 가지고 싶은 것이 있어도 "다음에 사자."라고 하면 한 번도 떼쓴 적이 없어요. 반면에 큰딸 아이는 하루가 멀다 하고 말썽을 부려 우리 부부를 힘들게 했어요. 큰딸 문제로 남편과 고함을 지르며 싸우는 일이 잦았는데. 그럴 때마다 작은딸이 울고 있는 나에게 다가와 "엄마 좋아하는 거."라며 자주 마시는 믹스커피를 타 주곤 했죠. 얼마나 기특하고 예쁜지… "내가 너 때문에 산다."라는 말을 자주 했지요.

대학 졸업하자마자 취업이 되어 얼마나 야무지게 직장 생활을 하는지. 내 딸이지만 기특하고 대견스러웠어요. 그렇게 착한 딸이 요즘 들어 어릴 때도 안 하던 투정을 자주 해요. "엄만 나를 안 좋아해. 언니만 챙기잖아."라면서요. 그럴 때마다 "내가 너를 제일 좋아하는데."라고 하면, "거짓말!"이라며 애처럼 토라지는 거예요.

최근에는 잘 다니던 직장을 꼴 보기 싫은 사람이 많다며 가기 싫어하기도 하고. 회사에서 겪은 일로 저한테 자꾸 화를 내니 엄마로서 어떻게 해야 할지 모르겠어요. 하루는 동료들이 마실 커피를 자기 업무가 아닌데도 매번 해놓는다는 거예요. 한두 번 알아서 하다 보니 이제는 당연히 자신이 하는 일처럼 되어버렸고. 커피가 떨어지기라도 하면 자기가 일을 제대로 안한 것 같아 괜히 눈치가 보인다는 거예요. 그 말을 듣고 달래주려, "누가 하면 어때. 그런 것 가지고 그러니!"라고 말했다가. "사람이 잘해주면 고마운 줄 알아야지!"리며. 저에게 버럭 화를 내는 거예요. 요즘은 딸한테 말도 못 붙이겠어요. 착하디착한 딸이 지금까지 군말 없이 잘 하다가 왜 그렇게 내게 화를 내는 건지 도무지 이해가 안 돼요.

엄마 O씨는 출근하기 싫다며 짜증을 내는 둘째 딸로 인해 가시방석이다. 곧 나이 서른을 앞둔 말 잘 듣던 착한 둘째 딸이 실업자가 될까 봐 노심초사다. O씨에게 둘째 딸은 기특하고 예쁜 딸이었다. 첫째가 워낙 속을 썩여 둘째 딸 덕분에 산다고 할 정도로 O씨의 마음에 꼭 드는 딸이었다. 결혼 후 줄곧 직장 생활을 한 O씨는 손이 야무지고 정확해 직장에서 일 잘한다는 소리를 들으며 지냈다. 직장 동료들에게 일 못한다는 소리를 듣기 싫어 감시당하듯 긴장하며 일을 했다. 퇴근 후 집에 돌아오면 지치고 힘들어 아이가 가까이 와도 "혼자 좀 놀아라."라며 외면한 적이 많았다. 워낙 까탈스럽고 예민한 언니에 비해 무던했던 둘째는 마냥 고마운 딸이었다. 중학생이 된 큰딸이 자퇴에 가출까지 하자 여기저기 찾으러 뛰어다니느라 정신이 없어서 둘째는 사춘기가 왔다 갔는지조차 모르고 키웠다. 사람들에게 우리 둘째는 사춘기도 없다며 자랑을 했고, 지인들은 그런 딸이 어디 있느냐며 부러워했다.

Ж

5남매의 맏이인 O씨는 아픈 엄마로 인해 10살 때부터 집안일과 동생들을 챙기기 시작했고, 14살 중학생 때는 제수 준비까지 혼자 도맡아 했다. 우울증에 몸이 아픈 친정엄마는 아버지에 대한 불만과 하소연을 O씨에게 자주 넋두리처럼 풀어 놓았고, 그런 엄마를 위해 온갖 애교를 떨며 기분을 좋게 해주었다. 퇴근하는 아버지의 표정을 살펴 좋지 않을 기미가 보이면 눈치 빠르게 밥상을 차리거나 재떨이를 챙겨 아버지의 화가 엄마에게 가지 않도록 했다. O씨는 엄마에게 한 번씩 "난 착한 딸이지?"라고 물었고, 무뚝뚝한 엄마는 "안 착한 딸이 어디 있어?"라며 O씨의 노력을 애서 아무것도 아닌 것처럼 취급해 실망감을 안겨주었다.

O씨처럼 어린 시절부터 아이답지 않게 말 잘 듣고 눈치 빠르며 알아서 잘 하는 아이를 '착한 아이 어른(Children Adult)'이라고 부른다. O씨는 어릴 때 받아야 할 따뜻한 돌봄과 사랑을 제대로 받지 못하고, 아픈 엄마의 넋두리를 들으며 엄마의 일을 대신해 주는 착한 아이로 성상했다. O씨는 둘째 딸을 볼 때마다 기특하고 예쁘기도 하지만, 자신의 어린 시절을 보는 것 같아 애틋함을 느끼기도 했다. 둘째 딸은 언니가 반항과 일탈로 부모의 관심을 집중적으로 받는 것을 보고 언니와 다른 방법으로 살아남기 위해 순응적인 착한 아이를 선택했다고 볼 수 있다. 부모의 말을 잘 듣지 않으면 자신을 사랑하지 않을지도 모른다는 불안감으로 내면의 욕구를 억누르고 부정적인 생각이나 정서를 감추면서 지내왔던 것이다.

그렇게 성장한 착한 아이는 어린 시절 마땅히 받아야 할 양육을 통한 사랑과 돌봄을 충분히 받지 못한 채 어른이 되었기 때문에 수시로 이러한 욕구를 채우고자 하는 행동을 하게 되는 것이다. 둘째 딸이 자신이 하지 않아도 되는 커피 구입을 스스로 알아서 하다가도 자신이 원하는 인정이나 관심이 오지 않으면 어린아이처럼 보채는 행동을 보이기도 한다. 이처럼 내면은 무시한 채 외부의 기대에 부응하다 보니 자신도 모르게 유아기 때 욕구를 주장하는 모습을 표출하게 되어 사회생활과 대인관계에서 어려움을 보이는 경우가 많다.

O씨는 자신도 어린 시절 부모에게서 제대로 받지 못한 사랑을 어떻게 자녀들에게 줘야 하는지 모를 수밖에 없을 것이다. 둘째 딸이 예쁘고 기특하지만, 사랑을 주는 방법을 몰랐기에, "엄마는 나를 좋아하지 않아."라는 둘째 딸의 투정에도 그 마음을 알아주기보다는 외면하였고, 오히려 자신의 마음을 몰라주는 딸이 섭섭했을 것이다. 자신의 마음처럼 굳이 말하지 않아도 알 수 있으리라는 융합 관계에서 오는 무의식적 믿음으로 말이다.

'착한 아이 어른'이 성장하면 '어른 아이(Adult Children)'가 된다. 아이 시절에 욕구가 충족되지 않은 채 성장한 착한 아이가 자라서 착한 어른이 되어야 하는데도 불구하고 어른이지만 아이처럼 행동하는 '어른 아이'가 되는 것이다. 어른이 되었지만 아이처럼 자신의 유아적 욕구를 해결하려고 미성숙한 행동을 하게 된다는 것이다. O씨도 어린 시절 부모로부터 충분한 사랑을 받지 못했기에 기특하고 예쁜 둘째 딸에게 마음속 깊은 사랑을 전해주지 못했다. 또한 둘째는 언니에 대한 엄마의 생각과 태도를 가까이에서 보았기 때문에 자신을 보호하고 생존하기 위해 알아서 어른 역할로 맞춰 살았다고 볼 수 있다. 그 상황이 어린아이로서는 받아야 될 것을 희생하고 연기시킨다고 여겨져 어른이 된 후, 그걸 돌려받기 위해 미숙한 방법으로 표현하고 있는 것이다.

예를 들면, 자신이 구입한 커피를 맛있게 마시는 직원들을 보며 기뻐하고 만족하기보다는 왠지 손해 보고 희생당한 기분이 들어, 직접적인 표현과 보상이 없으면 "사람이 잘해주면 고마운 줄 알아야지!"와 같은 식의 억울함과 분노를 표출하게 된다. 만약 성숙한 어른이라면 커피재료 구입에 대한 합리적인 방법을 찾아보거나 달달한 커피를 맛있게 마시는 동료들의 표정을 보며 자신의 행동에 대한 만족감과 성취를 느낄 수 있을 것이다.

어른 아이의 내면에 있는 결핍된 유아적 욕구를 어떻게 충족시켜 줘야 할까? 외형적으로는 직장 생활 잘하는 어른이지만, 내면에는 결핍된 어린아이가 자신의 결핍을 충족하려고 하기 때문에 그 욕구를 잘 들어주는 것이 하나의 방법이다. 29세 딸로 보는 것이 아니라 결핍된 어린아이로 바라보고 그 아이가 요구하는 대로 들어주어야 한다는 것이다. "다 큰 게, 애처럼."이라며 나무라거나 핀잔을 주는 것은 또 다른 상처를 줄 수 있다.

어릴 때 잘 받아들여지지 않고 주장할 수 없었던 욕구를 미성숙한 방법으로 표현을 하더라도 잘 받아들여지는 경험을 해야 한다. 때론 부정적인 감정을 쏟아내도 당황하거나 '별것 아니다.'라는 식으로 가볍게 여기기보다는 충분히 들어주고 공감해 주는 자세가 필요하다. 어른이 아닌 내면에 있는 아이의 요구를 즉각 기분 좋게 들어주는 방법이 제일 효과적이라 할 수 있다.

선생님이 엄마처럼 무서워요

　우리 엄마는 예쁘고 착해요. 요리도 잘하고 청소도 잘해요. 그런데 갑자기 기분이 나빠지면 훅! 화를 내요. 아빠가 엄마를 슬프게 해서 화가 난다고 했어요. 그건 제 잘못이 아니잖아요. 엄마가 소리치고 혼내면 무서워서 조용히 방에 틀어박혀 있어요. 내가 쓸모없는 사람 같고 엄마가 나를 싫어하는 것 같아서 슬퍼요. 그런 생각을 하다 보면 눈물이 나고 화도 나요. 그럴 때 제일 빨리 잊는 방법이 잠을 자는 거예요. 자고 일어나면 잊어버리거든요.

　엄마가 언제 화를 내나 자세히 지켜봤어요. 아빠하고 싸울 때 화를 내고. 아줌마들을 만나고 오는 날이면 더 화를 내요. 그런 날은 잔소리도 엄청 심해져요. 한 번 말해도 알아듣는데 같은 말을 또 하고 또 하고 지겹게 해요. 잔소리가 심한 날은 조심해야 돼요. 왜냐하면 내가 학원 숙제를 하기 싫어 미적거리면 갑자기 훅! 하고 화를 내거든요. 학원 숙제는 내가 알아서 할 수 있는데 매일 확인하니까 하고 싶지 않아요. 숙제 다 하고 나면 게임해도 된다고 해 놓고선. 진짜 게임을 하면 또 화를 내요.

사실... 우리 반 담임선생님도 엄마처럼 저한테 화를 낼까 봐 무서워요. 친구들이 장난을 쳐서 반 아이들 모두 선생님께 꾸지람을 들었는데. 저만 쳐다보며 혼내는 것처럼 느껴졌어요. 저는 아무것도 안 했는데 말이에요. 선생님이 자꾸 무서워지기만 해요. 우리 엄마처럼요. 그래서 모둠수업시간에도 가만히 있고. 쉬는 시간에도 자리에 꼼짝 않고 앉아 있을 때가 많아요. 괜히 돌아다니다가 또 혼나면 안 되잖아요. 괜히 혼나면 집에 가서 엄마한테 또 혼나거든요.

엄마가 화를 낼 때마다 마음이 슬퍼요. 엄마는 동생만 예뻐 하는 것 같아요. 전 엄마를 화나게 하는 나쁜 아들인 것 같아요. 우리 엄마를 한 달에 한 번만 화낼 수 있게 해주면 안 될까요? 제발요...!

초등학교 5학년 L군의 호소이다. L군은 세심하고 언어 표현이 풍부하며, 활발하고 친구와 축구를 좋아하는 지극히 평범한 남자아이다. L군은 엄마를 너무 좋아하지만, 갑자기 훅! 화를 내는 엄마가 무섭다고 한다. 엄마가 화나지 않게 착한 아들이 되려 하는데도 자꾸 실수를 하거나, 친구와 싸우는 일이 생긴다고 했다. 마치 자기도 모르게 엄마가 화내주기를 바라는 것처럼…. 더욱이 5학년이 되어서는 담임선생님도 자신을 미워하고 혼낼 것 같아 학교 가기가 무섭다고 한다.

Ж

L군의 엄마 S씨는 삼 남매의 맏이로 늘 동생과 비교되면서 성장했다. 유독 아버지를 닮았다는 이유로 S씨의 친정엄마는 자기를 닮은 동생과 눈에 띄게 차별을 했다. 엄마에게 칭찬받기 위해 최선을 다했지만, 돌아오는 것은 늘 타박과 지적이었고, 끝없이 움츠러들기만 했다. 친척들이 집에 오는 날이면 엄마는 보란 듯이 S씨 앞에서 동생 칭찬을 늘어놓았고, 그럴 때마다 S씨는 잘 하는 게 없는 자신을 부끄럽게 생각했다. 그럼에도 결혼 후에 친정에 무슨 일이 생기면 만사를 제쳐두고 달려가 마음을 썼다. 하지만 고마워하기는커녕 늘 못마땅한 표정을 짓는 친정엄마를 보면서 학가 치밀었다. 그럴 때미디 '내가 잘 못하니까!', '잘하는 것이 없으니까!'라며 자신의 부족

함을 탓했다. 게다가 남편에게까지 별것 아닌 취급을 받을 때면, 각박한 남편을 만난 자신의 부족함을 탓하며, '내 팔자가 그렇지 뭐.'라며 팔자타령으로 애써 스스로를 격하시켰다.

L군은 이전 학교에서 또래들과 잦은 갈등으로 도망치듯 새 학교로 전학을 왔다. 전학 이후 한두 달은 잘 적응하나 싶었는데 또다시 선생님이 자신만 혼낸다거나, 친구들이 자꾸 놀리고 욕을 한다며 다툼이 잦아 담임에게 전화가 오는 경우가 많았다. S씨는 휴대폰 진동소리만 들려도 깜짝 놀라고 가슴이 두근거릴 정도가 되었다. 지인들이나 학부모들 사이에는 성격 좋은 사람으로 통하는 S씨가 유독 자신의 아들에게는 엄격하고 실수를 용납하지 않으며 칭찬에 인색한 엄마였다. 자신도 왜 그런지 모르겠다며, 화를 내고 나면 후회가 되지만 그 순간을 참을 수가 없었다. 전학 오고 난 후부터는 학교 가기 전, "친구들이 장난을 걸어도 모른 체해라. 만나서 놀지 마라." 등 끊임없이 당부를 했다. L군이 친구들과의 일을 이야기하면, 엄마 S씨는 "네가 행실을 잘못해서 그렇지!"라며 L군을 탓하거나, "친구들한테 무시 안 당하려면 공부를 잘해야 한다"라며, 학원을 무려 다섯 곳이나 등록시켰다. 모든 것이 L군을 위한 것이라며….

S씨의 친정엄마는 남편에 대한 분노를 자기도 모르게 어린

S씨에게 투사(projection)했다고 보여 진다. S씨는 이유도 모른 채 친정엄마의 미움과 차별을 받으며 자랐다. 사랑을 받기 위해 애쓰고 노력할수록 돌아오는 것은 잔소리와 차갑고 냉담한 반응뿐이었다. S씨는 부모와의 관계에서 충분한 돌봄과 사랑을 받기보다는 거부당하거나 비난을 받으며 괴로움을 주고받는 관계 경험이 내면화(internalization)되었다. 이러한 부정적인 관계 경험은 자신에 대한 생각, 느낌, 태도에 대해 부정적인 자기 이미지(self representation)를 형성하게 되어 자녀와의 관계에서도 괴로움을 주고받으며 갈등을 지속시키는 관계 패턴을 반복하여 재현시키게 되는 것이다.

 S씨는 아이를 누구보다 잘 키우고 싶었을 것이다. 어디에서든 사랑받고 인정받는 사람으로 키우겠다는 다짐 하나로 L군에게 잔소리를 해댔다. 미워하고 혼을 내는 경험이 내면화된 S씨는 아이를 잘 키우겠다는 마음과는 달리 친정엄마가 자신에게 했던 것처럼 아이의 행동을 지적하고 비난하는 모습이 겉으로 드러났다. L군은 엄마의 지적과 잔소리를 들으며 자신은 잘못하고 혼나는 사람으로 자기 이미지가 형성되어 자신도 모르게 미움 받고 혼나는 경험이 익숙하게 되었다. '엄마'와 같이 친근한 관계를 맺는 사람과는 지금 엄마와의 관계처럼 괴로움을 주고받는 관계 방식을 적용하게 되는 것이다. 그

래서 L군은 5학년이 되고부터 새로운 친구들과의 관계에서 친밀하고자 했던 행동이, 오히려 친구를 툭툭 치거나, 선생님으로부터 혼이 나서 괴로워하거나, 상대가 싫어하는 행동으로 관계를 맺는다거나 하여 갈등 상황을 지속시켜 온 것이다. 새로운 담임교사와의 관계에서도 선생님은 혼을 내고 L군은 혼이 나는 패턴으로 적용되어, 선생님이 반 전체 학생들에게 훈계를 하는데도 자신을 보고 혼내는 것처럼 느끼는 것이다. 자신도 모르게 혼을 낼 것 같은 불안과 두려움이 결국 혼을 나게 하는 익숙한 행동으로 이어지게 되어, 새로운 사람이든 그렇지 않은 사람이든 중요한 사람과 관계를 맺고 유지하는 방식으로 적용되고 있는 것이다. 자신에게 영향력이 큰 엄마와의 불편한 관계가 담임교사에게도 똑같이 적용되어 나타나는 현상이라고 볼 수 있다.

이러한 미움, 불안, 갈등을 주고받는 관계 경험에서 벗어나려면 어떻게 해야 할까? 혼나는 것이 익숙한 아이들은 엄마가 혼내지 않으면 마치 혼내는 엄마를 다시 찾으려는 듯 더 혼이 날 수 있는 행동을 하는 경우가 있다. L군의 엄마 S씨는 혼내고, 야단치고, 지적하는 행동을 멈추고, 아이를 긍정적으로 바라보려는 시선과 노력을 우선시하여야 한다. 올바른 관계 경험을 알려주고 가르칠 수 있는 계기를 마련해야 한다. 지금까지 경험한 혼나고 혼내는 경험을 상쇄하고도 남을 정도의 충분히 좋은 경험이 아이에게 필요하다. 엄마랑 같이 살고 함께 있는 공간이 혼날까 봐 두렵고 긴장되는 곳이 아니라, 항상 편안하고 즐겁고 보람된 곳으로 느낄 수 있도록 해주어야 한다. 아이가 엄마를 정신적으로 차지하는 경험이, '혼이 남'으로써가 아닌, '칭찬과 인정을 받음'으로써 이루어질 수 있도록 하면, 관계 패턴이 긍정적으로 내면화될 수 있다.

공부만 잘하면 뭐해요

아들은 하루 종일 집에만 있어요. 방학이 돼도 만나거나 찾아오는 친구가 하나도 없어요. 하루에 열두 편의 웹툰을 보고 컴퓨터게임만 해요. 그래도 타고난 머리는 좋은지 공부는 잘해요. 눈을 씻고 찾아봐도 잘하는 건 공부밖에 없는 것 같아요. 학원에서도 친하게 지내는 친구는 없는 것 같아요. 날마다 뒹굴뒹굴... 에휴~ 꽉 닫힌 방문을 보면 속이 터질 것 같다니까요. 쟤가 왜 저러나 싶어요. '나를 닮아 사회성이 부족해서 그런가... 닮을 게 없어 이런 걸 닮았나...' 그런 생각에 원망스럽기도 하네요.

다른 사람들은 공부 잘하는 아들 둬서 좋겠다며 부러워하지만, 그런 말은 하나도 안 반가워요. 혼자만 저래 지내면 얼마나 외롭겠어요? 방학이 돼도 만나는 친구가 있기를 하나. 휴대폰이 있어도 카톡이 오기를 하나. 휴~ 정말 답답해요. 제가 아들에게 바라는 건 딱 하나예요. 두런두런 친구들을 데리고 와 떡볶이를 해달라거나. 집에서 하룻밤 같이 자고 간다거나. 그러면 정말 좋겠어요. 공부만 잘하면 뭐해요. 사회성이 좋아야죠.

실은 저도 밖에 나가는 걸 싫어하고. 사람 만나는 게 두렵고 신경이 쓰여 잘 나가지 않다 보니 동네 친구도 하나 없거든요. 그래서 초등학교 학부모 모임에도 나가질 않았어요. 사람을 만나는 게 그리 힘들더라고요. 아들에게 친구를 만들어 주고 싶어 힘들지만 한 번씩 나갔다 오면 지쳐서 며칠을 누워 있을 정도였어요. 동네 아줌마들이 카페에 모여 수다를 떨고 있는 모습을 보면 정말 부러워요. 그들 사이에 끼고 싶지만. 한 번도 해보질 못 했어요. 아무래도 아들이 이런 저를 닮았나 봐요. 너무 속상해요.

M씨는 친구 하나 없이 방학 동안 종일 집에만 있는 아들로 인해 걱정이 태산이다. 다른 집 아이들은 친구들을 만나 논다고 집에 있을 시간이 없다는데 아들은 찾아오는 친구 한 명이 없으니 답답할 따름이다. 사회성이 부족한 자신을 닮아 그런가 싶어 미안하기도 불쌍하기도 하고, 속이 터질 것 같이 화가 나기도 한다.

Ж

　M씨는 어릴 때부터 조용하고 내성적인 성격이었다. 삼 남매의 막내인 M씨는 태어날 때부터 나약하고 왜소했으며 잦은 병치레로 부모의 걱정이 많았다. 언니들은 자기주장을 잘 하고 친구들도 많았지만, 나약한 M씨는 늘 혼자였다. M씨는 엄마와 언니들이 웃으며 대화를 나누는 모습을 볼 때마다 '우리 집은 나만 없으면 행복할 거야.'라는 생각을 하며 자신을 원망하기도 했다.
　엄마는 M씨에게 자신의 죄책감의 무게만큼 과도한 사랑을 주기도 했다가, 때론 한숨과 눈물을 흘리며 버거움을 표현하기도 했다. 그랬던 M씨가 중학교에 올라가 중간고사에서 1등을 하면서부터는 상황이 달라졌다. 무관심하던 엄마가 얼굴에 화색을 띠며 끌어 안고 뽀뽀를 하며 기뻐했다. 엄마는 M씨가 성적이 우수할 땐 '예쁜 내 새끼~!'라며 극렬한 애정과 관심을 쏟아냈다. '공부 잘하는' 엄마의 딸이 된 것이다. 엄마가 원하는 만큼의 결과가 나오면 엄마의 딸로 사랑을 받은 경험에 M씨는 엄마의 사랑을 잃지 않기 위해 공부에 매진할 수밖에 없었다. 엄마의 조건적인 사랑이 언제 사라질까 가슴 졸이면서 말이다.

외롭기만 했던 학교생활도 공부 잘하는 아이로 관심을 받으면서부터 중·고등학교까지 그리 외롭지만은 않았다. 그런데 대학 진학 이후는 달랐다. 성적이 드러나지 않는 대학 생활은 외롭고 힘든 나날이었다. 입학한 지 몇 개월이 지나도 친구를 제대로 사귀지 못해 혼자 다니는 시간이 길어졌다. M씨는 아침마다 '오늘은 혼자라도 잘 견딜 수 있어!' 다짐을 하며 학교에 갔다. 이런 얘기를 어렵사리 엄마에게 하면, "다 큰 게 아직도 친구타령이니?"라며 예전에 보였던 관심과 사랑은 온데간데 없이, 한심스럽다는 듯 혀를 차기만 했다.

 M씨의 내면화된 관계 경험은 아들을 키우는 데도 그대로 적용이 되었다고 볼 수 있다. 생후 36개월 때 일찍 한글을 깨치는 등 영특했던 아들을 공부 잘하는 아들로 키우는 것은 그리 어렵지 않았다. M씨는 자신의 바람을 채워주는 아들을 보면 기쁘기보다 '다행'이라는 마음이 들었다. 공부 외에는 보통의 엄마와 아들처럼 투닥투닥 싸우거나, 오순도순 다정하게 지내는 경험은 많지 않았다. 아들이 달려와 안기거나 놀이터를 가자고 조르면 놀이 기구를 대여해 집에서 놀도록 했고, 레고를 사주면서 하루 종일 혼자 놀도록 할 때도 많았다. 보채지 않고 잘 노는 모습을 볼 때마다 자신을 버겁게 하지 않는 아들이 너무 고맙고 대견했다. 간혹 마트에 갈 때 엄마와 아이들이

삼삼오오 모여 놀고 있는 모습을 멍하니 서서 부럽게 바라보는 아들을 볼 땐 잠시 미안한 생각도 들었지만, 아이 손을 끌다시피 집에 돌아오기 바빴다.

어릴 적 M씨는 공부를 잘해 엄마의 관심과 사랑을 받았지만, 한편으론 그 사랑을 잃을까 봐 무척 불안하고 두려워했다. 시험이 다가오면 마음속을 가득 채웠던 불안과 초조함을 어느 누구도 알지 못했다. M씨는 '엄마 사랑'의 조건을 충족하기 위해 '엄마 공부'를 한 것이다. 엄마의 사랑을 잃지 않기 위해 엄마가 원하는 조건을 만족시킬 수밖에 없었다. 학교생활에서도, 친구들과의 관계에 있어서도, 공부를 잘하지 않으면 받아들여지지 않을지도 모른다는 불안감에 '인정받기 위한 공부'에 매진할 수밖에 없었다.

M씨는 자신의 존재를 인정받았던 유일한 방법인 '공부'를 아들에게도 적용하여 그 바람은 이룬 셈이 되었다. 하지만 기쁨보다는 다행이었다. 자신의 경험으로 인해 공부를 잘할 경우 따르는 보상을 알고 있기에 안심되는 마음이 앞서는 것이다. M씨는 아들에게 공부와 관련된 학원이나 학습 방법에 대해서는 똑 부러지게 지도했지만, 그 외의 다양한 사회적 상황에 노출시켜 타인과의 상호작용의 경험을 실질적으로 할 수 있는 기회는 주지 않았다. 아들이 집에서 편안하게 있으면,

"맨날 집에만 있니?"라며 아들을 못마땅하게 바라봤고, 모처럼 친구들과 어울리다 늦게 들어오면 반갑게 맞이하기보단 학원 숙제를 물으며 온갖 잔소리를 쏟아냈다. 공부할 때는 나가서 친구 좀 만나라 하고, 막상 친구랑 놀다 늦게 들어오면 숙제는 언제 하고, 밀린 공부는 언제 하느냐며 눈치를 주는 비일관적이고 이중적인 태도를 보였다. 아들은 엄마의 잔소리를 듣느니 차라리 엄마가 원하는 공부나 하자 생각하여, 점점 사회성이 결핍된 사람으로 성장하게 되었다.

'공부만 잘하는 아들'보다 '공부도 잘하는 아들'로 키우고 싶다는 엄마 M씨는 지금부터 어떻게 해야 할까? M씨는 자신의 대인기피증으로 인해 아들에게 사람과 잘 지내는 경험을 촉진시켜주지 못했다고 볼 수 있다. 지금에 와서 다 큰 중학생 아들을 아기처럼 안아주거나, 따라다니면서 대화를 시도하거나, 싫다는 것을 억지로 할 수는 없을 것이다. 정체감을 형성하는 사춘기 시기에 자신에 대해 긍정적인 자기상을 갖도록 하는 것이 스스로 자신감을 갖고 폭넓은 대인관계를 형성할 수 있는 바탕이 된다. 그러하기에 아주 사소한 것부터 엄마와의 따뜻하고 긍정적인 관계 경험을 쌓아갈 필요가 있다. 아들이 선택하는 곳으로 함께 여행을 가거나, 좋아하는 음식을 만들기 위해 같이 장을 보거나, YouTube, 음악, 영화 등 관심 분야를 공유하는 것도 긍정적인 상호작용의 경험을 쌓는 데 도움이 된다. 자칫 대화를 한다고 하면서 엄마 말만 하거나, 필요 이상의 설명만 늘어놓고선 깊은 소통을 했노라 자기 식대로 만족해 버리는 경우도 있다. 엄마의 이야기보다는 아들의 관심을 따라가다 보면, 처음엔 어색하고 서툴지만 곧 소통의 양이 풍부해지지 않겠는가! 엄마와의 관계 경험이 모든 사회적인 관계에 기본이 되는데도 불구하고, 그것이 누락되거나 충분하지 않기 때문에 대인관계에 어려움을 겪게 된다.

특히 사춘기 남자아이의 경우, 아버지와의 관계가 더 큰 의미를 갖지만, 그 관계가 잘 성숙하려면 엄마와의 관계가 우선되어야 한다. 그러므로 엄마와 아들 사이에 일어나는 관계의 즐거움, 또는 보람되고 긍정적이며 편안한 관계를 지속적으로 경험시키는 것이야말로 공부도 잘하고 대인관계도 잘하는 남부럽지 않은 아들로 키우는 길이 된다.

속 터지는 엄마

딸아이가 너무 미워요. 중1인데도 당연히 해야 하는 일도 스스로 못하니 속이 터져요. 아침만 되면 저도 출근시간에 쫓겨 정신이 없는데. 옷에 묻은 먼지를 털어 달라. 양발을 챙겨 달라. 에휴~ 정말 한숨만 나와요. 어떤 날은 꼼짝 않고 소파에 앉아 발만 내밀고 있는 애를 보면 부아가 치밀어요. 아무리 잔소리를 쏟아내도 느릿느릿 움직일 뿐이니... 생각만 해도 열불이 나요.

어릴 때는 너무 예뻤어요. 자는 아이를 보면 너무 빨리 자라는 것 같아 빨리 안 컸으면 하고 바란 적도 있어요. 6개월쯤인가? 모유를 떼려고 생각하니 눈물이 핑 돌았어요. 나한테서 진짜로 떨어지는구나 싶어서요. 누구보다도 예쁘게 잘 키우고 싶었어요. 입히고 싶은 원피스에 예쁜 핀을 꽂은 딸아이를 보면 그렇게 흡족하고 만족스럽더라고요 크면 입히고 싶어도 못 입힌다 싶어 원 없이 사다 입혔어요. 엄마 말은 또 얼마나 잘 듣는지. 학습지 하라 하면 학습지 하고. 만지지 마라 하면 절대 만지는 법이 없었어요.

그랬던 딸아이가 초등 5학년이 되면서부터는 사춘기가 빨리 왔는지. 뭘 시키면 느릿느릿 한 템포가 느려졌어요. 책가방을 방에 갖다 두라고 수천 번을 말해도 현관 앞에 툭! 던져두고는. 한 번 더 크게 "가방 갖다 둬야지!" 해야 가지고 간다니까요! 큰소리로 시키지 않으면 당연히 해야 하는 것도 멍하니 기다리고만 있으니... 성질이 급한 내가 아이가 할 때까지 기다리지도 못하고 빨리빨리 다 해치웠지요. 말을 하면 대답이라도 빨리하던가! 밥을 먹어라 불러도 함흥차사일 때가 많아요. 화가 나서 꾹 참고 있는 제 얼굴을 보고도 아기처럼 "엄마. 왜 그래?" 하며 애교를 떨 땐. 정말 얘가 왜 이러나 싶어요.

그런데 아이의 행동에서 점점 미운 시누이 모습이 보여요. 그 씨가 어디 가겠어요? 안 그래도 시누이 때문에 시댁과 연을 끊다시피 하고 살고 있는데. 애가 어쩜 자기 고모를 저렇게 닮아가는지 모르겠어요. 마흔이 넘도록 시집도 안 가고. 자기 엄마 속 터지게 하는 시누이를 볼 때마다. '애를 도대체 어째 키웠길래.'라며 시어머니 흉을 봤는데. 휴~ 제가 그 업보를 받는 것 같아요. 잘 키운다고 키웠는데 왜 저 모양인지....

엄마 S씨는 딸아이로 인해 화병이 날 것 같다며 답답함을 호소했다. 눈치가 빠르고 손이 야무진 S씨는 어딜 가든 일 잘하는 사람으로 인정을 받는다. 작은 체구에도 어디서 그런 에너지가 나오는지 잠시도 가만히 있질 않는다.

Ж

S씨는 6남매의 다섯 째로 태어났다. S씨의 엄마는 아들을 낳기 위해 임신 열 달 동안 오른쪽으로만 누워 잘 정도로 온 힘을 쏟았다. 한 살 터울로 귀남이 남동생이 태어나면서 아들에게 터를 팔았다며 친정아버지는 S씨를 유난히 예뻐해 걸음마도 겨우 걷는데 세발자전거를 미리 사다 놓을 정도였다. 그리 넉넉하지 않은 형편에 자매들끼리는 서로 시기와 질투로 하루도 편할 날이 없었다. 등교할 때 누가 먼저 예쁜 옷을 입고 가면 그날 아침엔 난리가 났다. 서로 마음에 드는 옷을 쟁취하기 위해 일찍 일어나야 했다. 둘째 언니의 결혼식 날, 넷째가 먼저 옷을 차지하는 바람에 입을 옷이 없다는 이유로 결혼식도 가지 않았다. 자기 몫을 누가 챙겨줄 때까지 기다리고 있다간 아무것도 얻을 수가 없었다. 언니들은 그런 S씨를 보며 "독하다! 못됐다! 어디 가서도 굶어죽진 않겠다!"라며 혀를

내둘렀다. 6남매를 키우며 시아버지까지 모셔야 했던 친정엄마를 대신해 큰언니가 엄마 노릇을 하며 S씨를 돌봤지만, 엄마 노릇을 대신해야 하는 언니의 억울하고 힘든 스트레스를 그대로 받아내야만 했다. 또 S씨는 남동생이 대학에 가야 한다는 이유로, 자기가 하고 싶었던 공부를 포기해야만 했다. 너무나 억울하고 속상했지만 대학에 보내달라는 투정조차 하지 못했다. 그래봐야 소용이 없다는 걸 알았기에….

엄마의 곁을 차지하고 있는 남동생을 바라보는 어린 S씨의 마음은 어땠을까? 아무리 큰언니가 돌봐주었다고는 해도 엄마가 아닌 언니가 엄마 노릇을 한다고 해서 엄마가 될 수는 없는 것이다. 큰언니는 엄마의 힘듦을 도와주고자 동생을 돌보기는 했지만, 얼마나 버겁고 하기 싫었겠는가!

S씨는 자기 것을 챙기기 위해 독하다는 소리를 들을 정도로 투쟁하듯 살아왔다. 남들이 보기에는 자기 일을 알아서 잘하는 독립적인 사람일 수 있으나, 그것은 외형적으로 나타나는 S씨의 방어적인 행동일 뿐이었다. 어린 시절 마땅히 받아야 할 것을 제대로 받지 못한 S씨는 혼자 있는 시간이 되면 내면의 공허감이 자신을 에워싸 외롭고 서글펐다. 그런 마음을 회피하기 위해 잠시도 자신을 가만두지 않는 부지런한 사람, 아니 부지런해야만 하는 사람이 되었던 것이다.

그런 S씨에게 딸아이는 자신을 전적으로 필요로 하며 존재감을 느끼게 하는 소중한 대상이라고 할 수 있다. 마치 자기의 일부처럼 생각하고 자신이 원하고 받고 싶었던 것을 해주는 대체 대상으로서의 '또 다른 자기'였던 것이다. 크면 입히고 싶어도 못 입힌다 싶어 자신이 마음에 드는 옷을 원 없이 사입혔던 것은 주로 엄마 S씨의 욕구를 충족시키기 위해서였다. 딸아이는 어쩔 수 없이 그런 상황을 받아들여야 되는데, 그 한쪽에는 자기 마음대로 원하는 것을 선택하지 못하는 답답함이 있었다. 엄마가 사준 원피스는 엄마 마음에 예쁜 것이고 아이가 원하는 것이 아니기 때문에 어쩔 수 없이 만족해야 하는 답답함이 쌓여 엄마를 공격하게 되는 요인이 되는 것이다. S씨는 아이의 자발적 성장 욕구와 몸짓에 대해 적절한 반응과 경험을 제공해 주기보다는 내가 받고 싶고 하고 싶었던 것을 해주면서 자신의 욕구를 충족하는 수단으로 아이를 사용했다고 볼 수 있다.

아이는 자신의 욕구가 좌절되고 하고 싶은 것을 하지 못할 때 분노가 일어난다. 비단 아이뿐이겠는가! 어른들도 마찬가지일 것이다. 딸이 느릿느릿 반응하거나 수천 번 얘길 해도 행동이 변화되지 않는 것은 자기도 모르게 아이를 사랑한다고 하면서 자기가 못 받은 것을 아이한테 해주는 것 때문에 생긴

아이의 답답함을 엄마에게 돌려주는 현상이다. 자신에게 소중한 대상인 엄마를 직접적으로 공격하는 것은 위험하므로 우회적으로 엄마의 화를 유발함으로써 수동공격(manual attack)적인 행동으로 분노를 표출하고 있다고 볼 수 있다.

   속은 누가 터져야 하는가? 자기 일을 알아서 하지 못할 때 엄마가 속 터지는 것이 아니라 아이가 자신의 행동에 대해 걱정하고 답답해하며 속이 터져야 하는 게 맞는 말이다. 자기 문제에 대해 오히려 아이는 느긋하고 아무 생각이 없는데 그것을 지켜보는 엄마가 속이 터져 잔소리를 쏟아낸다고 해서 아이의 행동이 변화되겠는가. 그렇지 않다. 아이의 속 터지는 문제를 엄마가 다 가져와 대신 속이 터지고 있는데 아이의 입장에서는 걱정을 할 필요를 느끼지 못할 것이다. 지각을 하더라도 아이가 등교 준비를 할 수 있도록 해야 하며, 느릿느릿 시간 개념 없이 여유를 부리면 출근시간이 바쁜 엄마는 먼저 출근을 하면 된다. 화나 짜증을 내며 재촉한다고 해서 아이의 행동이 달라지기는 어렵다. "엄마 먼저 간다. 준비해서 학교 잘 다녀와!" 하고 아무렇지 않게 나가면 된다. 중학교 1학년이 양말을 신든지, 맨발로 가든지, 스스로 알아서 하도록 해야한다. 대학생이 되어서도 등교 준비를 해 줄 수는 없지 않은가! 본인이 불편함을 겪어봐야 스스로 할 수 있는 능력이 생기는 것이다.

 딸아이의 수동공격적인 행동을 멈추기 위해서는 엄마를 수동공격할 원인이 없어져야 한다. 그러려면 딸아이가 혼자 할 수 있는 것은 혼자 처리할 수 있도록 뒷받침해 주고 기다려줄 필요가 있다. 그리고 부모의 도움이 필요한 것은 즉각 들어줘서 엄마가 고맙고 좋아야 한다. 엄마가 아이를 위해 해주고 싶은 것이 있으면 엄마 마음대로 해줄 것이 아니라, 아이에게 먼저 물어보고 원하는 것이 있으면 그것을 해주면 된다.

 아이의 입장에서 들어주고 요청하는 것이 아이가 자기 나이에 맞게 당연히 해야 할 일을 스스로 고민하는 사람으로 성장하도록 도와주는 것이다.

엄마 밥! 마누라 밥!

마누라가 밥을 안 해줘요. 저는 아무것도 필요 없어요. 밥만 있으면 되거든요. 즉석밥은 왠지 성에 안 차요. 양이 얼마 안 되잖아요. 밥통에 밥이 가득하면 세상 기분이 좋아요. 반찬은 김치나 김만 있어도 돼요. 저는 밥이 있어야 돼요. 밥이…. 퇴근하고 집에 가면 배가 엄청 고프거든요. 근데 밥통에 밥이 없으면. 확! 열 받는다니까요! 배는 고프지. 열은 받지. 술이 안 땡기겠어요! 밖에 나가 막걸리 한잔 시원하게 마시고 나면 열은 좀 삭히는데. 마누라가 이뻐 보일 리가 있겠어요? 술 먹고 있으면 술 먹는다고 전화는 또 얼마나 오는지... 제발 잔소리 좀 안 하면 좋겠어요. 성질이 나서 욕이 저절로 나온다니까요!

(남편 A씨)

아이고. 또 밥 타령! 밥을 내가 하나 밥솥이 하지! 밥이 없으면. 손이 없나 밥솥이 없나 쌀이 없나! 자기가 하면 될 걸 가지고 맨날 밥 타령이니 이젠 지긋지긋해요. 도대체 왜 저러는지 모르겠어요. 한번은 술 먹고 다쳐서 난리가 났잖아요. 3개월을 입원해 있는 동안 내가 수발한다고 얼마나 힘들었는데… 어휴~. 도대체 속을 모르겠어요. 사람이 그만큼 말을 하면 알아들어야 하잖아요. 짐승보다 말귀를 못 알아듣는 것 같아요. 제발 그놈의 술을 먹었으면 조용히 집에 들어오면 좋겠어요. 계단 오를 때부터 욕을 해대며 온다니까요. 동네 창피해요. 그런 사람한테 제가 밥을 해주고 싶겠어요? 이쁜 짓을 해야 밥이라도 해주죠. 저도 식당일 다니느라 바쁘거든요. 먹은 걸 치우기를 하나. 쓰레기를 내다 버릴 줄을 아나. 사람이 퇴근해서 오면. "힘들었지? 밥은 먹었어?" 하고 말을 할 줄 아나. 지 배고픈 것밖에 모른다니까요! 동네 지나가는 놈팽이가 부르듯 "야. 아줌마!" 이렇게 부른다니까요! 우에 마누라한테 저러는지 모르겠어요. 불쌍해서 결혼해 줬더니만. 굶어 죽든지 말든지 모른 척하지 못한 내가 내 발등을 찍었지. 누굴 탓해요!

(아내 Y씨)

밥 때문에 부부 싸움을 한바탕하고 이혼을 하니 마니 하며 누가 잘못했는지 상담을 받아보자며 내방한 40대 부부의 대화다. 앉자마자 '밥 타령'을 해대는 남편의 말이 끝나기도 전에 악을 쓰며 남편의 험담을 쏟아내는 아내. 그 옆에서 묵묵히 듣고 있던 남편이 버럭 화를 내며, "밥만 있으면 된다니까!"라며 소리를 지른다.

Ж

아내 Y씨는 제법 큰 식당에서 서빙을 하면서 A씨를 만났다. 택배 일을 하던 A씨는 밥때가 한참 지나 식당을 찾았고, Y씨는 자신이 내어준 밥을 복스럽게 뚝딱 비우는 A씨에게 애틋한 마음이 들었다. 4살 아래지만 덩치가 듬직하고 서글서글하며 말 없는 모습이 좋아 보였다. 왠지 모르게 챙겨줘야 할 것 같은 마음이 들어 A씨가 식당에 오지 않는 날이면 굶을까 봐 애가 타기도 했다.

A씨는 식당에 갈 때마다 고봉밥을 가득 담아 주는 Y씨가 좋았다. 좋아하는 반찬을 어떻게 알았는지 갈 때마다 살뜰히 챙겨주는 두툼한 손이 예뻐 보이고 정이 갔다. 집에서 라면과 같이 먹으라며 김치도 챙겨주고, 쌀밥도 가득 담아주는 모습

에, '이 여자랑 살면 밥 걱정은 안 하겠다.'라는 생각에 마음이 훅 갔다.

어린 시절 남편 A씨의 엄마는 늘 집에 없었다. 종교에 푹 빠진 엄마는 자식보다는 포교활동에 더 많은 시간을 보냈다. 집에 오면 반찬이 없어 간장에 밥을 비벼 먹을 때가 많았지만, 그것도 밥이 있을 때 이야기였다. 밥이 없으면 동생과 컵라면을 먹을 때가 많았다. 또래보다 덩치가 큰 A씨는 엄마가 없는 것보다 배가 고픈 것이 더 싫었다. 어느 날 학원을 마치고 지친 몸으로 집에 오니 현관에서부터 구수한 밥 냄새가 났다. 신발을 헐레벌떡 벗어던지고 주방으로 가보니 엄마가 있었다. 너무 반갑고 좋았다. 갓 지은 밥에 돼지고기가 듬뿍 들어간 김치찌개로 차려진 밥상은 세상에서 제일 맛있는 한 상이었다. 그때부터인지 어린 A씨는 현관에 들어서면 킁킁거리며 냄새를 맡는 버릇이 생겼다. 밥 냄새만큼은 기가 막히게 알아차렸고, 그런 날은 밥통에 흰 쌀밥이 가득 있었다. 엄마가 자신을 위해 해놓은 밥이라는 생각에 눈물이 핑! 돌 정도로 좋았다. A씨는 어른이 되어서도 사람들이 '개코'라고 놀릴 정도로 냄새를 잘 맡는다.

아내 Y씨는 6살 때 엄마가 집을 나갔다. 할머니에게 맡겨진 Y씨는 하루가 멀다 하고 할머니의 욕받이가 되어 편한 날이 없었다. 눈칫밥을 먹으며 집 나간 엄마를 원망하기도 했지만, 얼굴조차 기억나지 않는 엄마를 무척 그리워했다. 누군가 따듯한 말과 손길을 보내면, 한없이 고마워 앞뒤 가리지 않고 베풀곤 하였다. 이런 Y씨는 A씨가 자신이 차려준 밥을 맛나게 먹어주는 모습이 너무 좋았다. 무뚝뚝하지만, 간혹 좋아하는 빵이라며 카운터에 툭 던지고 가기라도 하면, 심장이 요동쳐 일을 제대로 할 수 없을 정도였다. 하루는 진상 손님이 Y씨를 괴롭히자, A씨가 나서서 편이 되어주어 마음이 뭉클하기도 했다.

둘은 그렇게 결혼을 했고, 1년 정도는 그럭저럭 잘 지냈다. 하지만 이내 Y씨의 지나친 챙김이 A씨에게는 잔소리로 다가왔고, 갈등이 시작되었다. "언제 오냐?", "어디 가냐?", "몇 시에 올 거냐?" 꼬치꼬치 물어대기 일쑤였고, 남편을 생각해 갖은 반찬을 해놓았지만 술자리가 있다고 늦게 들어오는 날이면 자신의 존재가 거절당한 것만 같아 분노가 치밀었다. 연애 때는 듬직하고 말 없는 모습이 진국처럼 생각됐지만, 결혼 후에는 그런 모습이 답답하고 둔하게만 느껴지고, '저리도 사람 마음을 모르나.' 싶어 불만이 쌓여만 갔다.

하루는 집을 정리하다가 쇼핑백에 든 남편의 온갖 영양제를 보고 부아가 치밀었다. 식당일로 손이 통통 부은 것을 보면서도 자기 것만 챙기는 남편의 태도에 화가 났다. 자기밖에 모른다고 잔소리를 했더니, 오렌지를 담은 검은 봉지를 누워있는 얼굴에다 툭 던지고 가버렸다. 아, 정말… '당신 생각해서 사 왔어.' 그 한마디면 감동해서 떡 벌어진 밥상을 차려줄 텐데… 밥 얻어먹을 짓을 할 줄 모른다며 혀를 찼다.

A씨에게 있어 '밥'은 과연 어떤 의미일까? A씨에게 하얀 쌀밥은 그냥 밥이 아닌, 자신의 '엄마'였던 것이다. 현관에서부터 쿵쿵거리며 밥 냄새를 맡는 것은 밥을 찾는 것이라기보다는 보고 싶고 그리운 엄마를 찾고 있었던 것이다. 종교에 정신이 팔려 볼 수 없던 엄마를 유일하게 느낄 수 있는 것은 밥통에 가득한 하얀 쌀밥이었던 것이다. 그 밥이 A씨에게는 얼마나 중요하고 간절했을까. 배부르게 밥을 먹고 나면 고팠던 엄마의 사랑이 가득 채워지는 만족감에 외롭지 않았다.

연애시절 A씨는 Y씨의 두툼한 손등에서 고픈 엄마를 찾을 수 있겠다는 무의식에 끌려 결혼을 했다. 결혼생활이 익숙해지면서 A씨는 아내가 매일 차려주는 밥이 별것 아닌 것처럼 당연하듯 느껴졌고, 어느 순간부터 내면화(internalization)된 버림받는 심리 패턴이 자연스럽게 나타났다. A씨는 엄마로부터 방임되었던 불쌍한 자기 모습에서처럼 아내와의 관계에서 반복하는 모습을 보여주고 있다. 어릴 적 엄마와의 관계 경험이 부족하기 때문에 사랑을 받는 방법도, 주는 방법도 무척 서툴다. 기껏 아내를 위해 마음을 쓴다는 것이 빵이나 과일을 툭 던지듯 어설프게 주는 것이다. 좋아하는 마음은 있으나 제대로 전달하는 방법을 모르기 때문이다.

Y씨가 남편 A씨의 밥 타령으로부터 벗어나려면 A씨의 내면에 있는 고픈 엄마를 충분히 채워줄 필요가 있다. 연애시절 A씨에게 밥을 차려줄 때의 애틋한 마음에 아내의 정성을 한 스푼 더 얹어 고슬고슬하고 따뜻한 밥을 차려준다면, 밥만 먹어 배가 부른 것이 아니라 허기진 마음까지도 채워지는 효과가 나는 것이다. 귀찮아 마지못해 차려진 밥은 진수성찬이라도 고픈 엄마가 담겨지기 만무하니 아무리 먹어도 마음의 허기는 채워지지 않는다.

아내 Y씨는 자신이 바라는 사랑을 주지 못하는 남편 A씨를 탓하고 비난하기보다는, Y씨 자신이 받기 위해서 남편에게 구체적인 방법을 가르쳐 주고 원하는 행동을 요청해 보는 것이 바람직하다. 정성껏 차려진 밥을 맛있게 먹는 남편을 통해 Y씨 자신의 허기진 마음의 챙김 또한 채워가는 것이 필요하다. 내가 잘 받기 위해서는 먼저 잘 주는 것이 중요하다.

A씨도 Y씨의 바람을 잘 받아들여 행동으로 옮기는 것이 필요하다. "결혼 사유가 이혼 사유"라는 말이 있다. 남남이 만나

같이 사는데 어떻게 모든 것이 내 맘에 들 수 있겠는가! 요청하고 주고받을 수 있는 관계가 되도록 서로 노력해야한다. 실천만이 변화를 이끌어 낼 수 있다.

후시딘 엄마

혼자 있는 시간이 너무 힘들어요. 아무도 나한테 관심이 없는 것 같아요. 예전 초등학교 친구들과 매일 2시간씩 통화를 해요. 유일하게 저를 이해해 주는 친구들이거든요. 친구들이 전화를 안 받으면 나만 소외되는 것 같고, 버려지는 것 같아 불안하고 초조해져요. 그런 기분이 드는 날은 나도 모르게 자해(self harm)를 하게 되는 것 같아요.

중1 때 엄마와 같이 살려고 친구들이 있는 도시를 떠나왔어요. 엄마와 살고 싶기도 했고, 이모와 외할머니에게서 벗어나고도 싶었거든요. 너무 보고 싶은 엄마였는데... 막상 함께 있으니 어색하고 불편해요. 엄마에게 먼저 말을 걸고 다가가고 싶지만, 왠지 무서워요. 바쁘다며 거절할까 봐 두렵고 망설이게 돼요. 밤 낮으로 돈을 벌기 위해 일하는 엄마를 보면 괜스레 내가 짐이 되는 것만 같아 스스로가 너무 싫고 미워져요. 저 자신이 너무 쓸

모없는 사람처럼 느껴져 화가 나서 미쳐버릴 것만 같았어요. 밤 늦게까지 그런 생각에 빠져 울다가 화내다가 정신을 차려 보면 손목에 피가 흐르고 있었어요. 손목에서 느껴지는 쓰리고 아픈 고통에 기분이 후련해지고 시원해졌어요. 자해를 하고 나면 끓어 오르는 슬픔과 불안이 잔잔히 가라앉고 마음이 평온해져 잠이 잘 오거든요. 자해 자국이 보일까 봐 학교 갈 때는 긴 옷을 입고 다녔어요. 더울 때도 검은 후드티를 입고 다녔지만. 엄마도 선생님도 학교 친구들도 관심이 없었어요. 자해를 하고 나면 엄마에게 미안한 마음이 들어 다가가기가 더 힘들어져요. 엄마 마음을 아프게 하고 싶진 않은데… 자해를 멈출 수가 없어요!

엄마 D씨의 손에 끌려 상담을 온 중3 A양의 호소이다. 야구 모자를 푹 눌러쓰고 검은 마스크로 얼굴을 가린 A양은 한 번씩 고개를 들 때만 눈맞춤이 조심스레 이뤄졌다. 검은 반팔 티셔츠를 입은 왼쪽 팔엔 흰색 토시가 손등을 반이나 덮고 있었고, 검지에는 밴드가 칭칭 감겨 있었다. A양과 달리 엄마 D씨는 숏커트에 깔끔한 파랑 정장 차림으로 당당하고 다부져 보였으며, 표정의 변화 없이 A양의 자해에 대해 설명하며 "제가 애한테 잘못한 게 많아서...."라며 말끝을 흐렸다.

Ж

엄마 D씨는 22살 어린 나이에 혼전임신으로 결혼식도 올리지 못한 채 시댁에서 함께 생활했다. 동갑인 남편은 D씨의 갑작스러운 임신 소식에 반가움보단 당황스러워하며 아이를 원하지 않았다. 중절수술을 생각했지만 겁이 나서 할 수가 없었다. 배가 부른 D씨를 보고, 아들 발목 잡았다며 낙심하는 시모의 눈치를 받으며 출산을 했지만, 몸조리는 사치였다. 경제력이 없는 남편으로 인해 시댁에서 분유와 기저귀를 사다 줬지만 그조차 헤프게 쓴다며 못마땅해 했다. 시어머니의 구박은 참을 수 있었지만, 남편이 줄곧 "내 새끼 맞나?"라며 아이 자체를 부정할 땐 더 이상 참을 수가 없어, 100일도 채 안 된 아이를 안고 도망치듯 친정으로 갈 수밖에 없었다.

포대기에 싼 아이를 안고 있는 D씨를 보자 친정엄마는 방바닥을 치며 동네 창피하다며 통곡을 했다. 입양을 보내자는 친정엄마의 설득에도 아랑곳하지 않고 양육에 대한 의지를 다졌다. 하지만 아이가 커갈수록 미혼모에 대한 주변의 따가운 시선과 경제적인 어려움에 지쳐갔다. 그때쯤 재력 좋은 혼처가 나왔다며 아이는 내가 키울 테니 팔자를 고쳐보라는 친정엄마의 설득에 못 이긴 척 재혼을 했다. 그렇게 아이를 두고 홀연히 떠났다. 두고 온 아이가 눈에 밟혔지만 새로운 가정에 충실하려고 한동안 보러 가지 않았다. 남편에게도 전처에게서 둔 아이들이 있었기에 최선을 다해 보고자 했지만, 남의 자식 키우기가 마음처럼 쉽지 않았고, 시어머니의 의심과 남편의 폭언으로 몸도 마음도 병들어, 결국 이혼을 하고 친정으로 돌아왔다. 떠나온 지 5년 만이었다.

엄마를 봐도 머뭇거리며 남 보듯 하는 딸을 겨우 설득해 자신이 살고 있는 곳으로 데리고 왔다. 떨어져 산 세월 때문인지 어색하고 불편했다. 딸과 지낸시 얼마 안 돼 옷 속에 얼핏 보이는 붉은 자국을 알았지만, 무언지 확인하기가 조심스럽고 두려워 묻지 않았다. 잠든 딸의 팔을 걷어보니 오래전 자해 자국은 나무껍질처럼 거칠하고 꺼뭇꺼뭇했다. 손목에 가까울수록 최근 자해를 했는지 선명한 붉은 자국과 상처 딱지가 보였다. 자해 자국에 후시딘을 발라주며 복받친 설움에 눈물을 쏟았지만, 어떻게 해야 할지 몰라 답답할 뿐이었다. 팔에만 있던 자해 자국이 최근에는 손등, 손가락에까지 옮겨왔다. 오히려 아무렇지 않게 드러내 놓을 땐, 울면서 화도 내보고 달래도 봤지만, 딸아이의 자해는 멈추지 않았다.

　A양이 초등 1학년 때 수업을 일찍 마쳐 기분 좋게 집으로 돌아왔는데, 엄마가 없었다. 전날 엄마는 유달리 A양에게 잘해줬다. 좋아하는 피자도 사주고, 가지고 싶었던 운동화도 흔쾌히 사줬다. 기분이 너무 좋아 생일 같다고 생각했다. 엄마가 사준 그 운동화를 신고 신나게 집으로 왔으나… 엄마는 없었다. 깜깜한 밤이 돼도 엄마는 오지 않았다. 밤새 울면서 엄마를 찾았지만, 외할머니는 "계속 울면 고아원에 데리고 갈 거야!"라는 말만 수차례 되풀이하였다. 그 말에 울음을 뚝 그쳤다고 했다. 외할머니의 눈을 피해 엄마가 두고 간 초록색 줄무늬 가방을 끌어안고 밤새도록 운 적이 많았다. 시집 안 간 큰이모가 A양을 키웠지만, 성질이 불같은 이모는 자기 마음대로 되지 않을 땐 다그치듯 따지고 몰아세워 늘 무섭고 두려웠다. 학교 준비물이 있어도 이모 눈치를 보느라 제대로 챙겨가지 못해 담임선생님이 이모에게 전화하는 일도 잦았다. 이모는 A양을 앞에 두고 "답답아! 답답아!"라며 짜증 섞인 목소리로 땅이 꺼져라 한숨을 내쉬었다. 그래도 외할머니의 잔소리에 비하면 이모는 견딜만했다.

　초등 4학년 때 하교 후 지친 몸으로 자고 있는데 외할머니의 불호령에 잠을 깼다. 양손에 짐을 한가득 들고 있는 외할머니는 얼굴이 붉으락 거리며 화를 주체하지 못해 숨을 헐떡였다. "등신도 저런 등신이 어딨어! 말귀를 못 알아들어! 니가 사람이가!"라며 동네 떠나가듯 언성을 높이며 폭언을 퍼부었다. 자다 깨 멍한 얼굴로 쳐다보는 A양을 향해 "답답해! 답답해! 느려터져선!"을 반복했다. 생각해 보니 전날 저녁 외할머니가 하교 후 버스정류장으로 마중 나오라고 신신당부한 것이 떠올랐다. 그것을 깜빡 잊고 잠을 자버렸으니 외할머니의 화가 저리도 뻗쳐대는 것이었다.

초등 6학년 2학기가 시작될 즈음 엄마가 집에 왔다. 너무 그립고 보고 싶었던 엄마였는데, 선뜻 다가가지 못하고 쭈뼛댔다. 엄마가 A양을 안으며 중학생이 되면 같이 살자고 했다. 친구들과 떨어지는 것이 고민되긴 했지만, 두말없이 따라나섰다. 엄마와 같이 살게 되면 무서운 이모와 외할머니에게서 벗어날 수 있어 마음 편하고 좋을 줄 알았다. '내 엄마니까….'

그런데 엄마와 둘이 있으면 그렇게 어색할 수가 없고 눈치가 보였다. 차라리 이모와 외할머니의 잔소리가 났다는 생각이 가끔 들 정도였다. 엄마가 친절하게 다가왔지만, 되려 부담스러웠고 불편했다. 엄마는 엄마 방에, A양은 A양 방에 있는 경우가 다반사였다. 같이 운동 가자, 쇼핑 가자 해도 왠지 어색하고 불편해서 집에 있겠다고 했다. 혼자 있는 시간이 되면 외롭고 서글퍼 눈물이 났다. 그럴 때마다 예전 초등학교 친구들에게 전화를 해 하소연을 했다. 그런 A양에게 친구들은 엄마랑 친해지라며 조언을 해주었지만 아무런 도움이 되질 않았다. 그런 날 밤은 쉽게 잠들 수가 없었다. 자신의 처지에 대한 비참함, 미래에 대한 절망감에 휩싸여 끝내 칼을 찾게 된다. 팔에 난 선명한 붉은 자국을 확인하는 순간, 부풀은 풍선에 바람이 빠지듯 쓰나미 같은 감정이 지나고 나면 아린 고통이 찾아왔다. 하지만 그 고통쯤은 후련함으로 덮을 수 있었다. 그제야 나른함이 몰려오며 잠이 들 수 있었다.

자신을 두고 어느 날 갑자기 사라진 엄마를 찾고 있는 어린 A양의 두려움을 한번 상상해보자. 엄마의 남겨진 가방을 안고 밤새 눈물을 흘리며 떠난 엄마를 찾고 있는 어린아이는, 세상과 사람이 얼마나 무섭고 두려웠겠는가! 엄마가 자신을 버렸다는 사실만으로 세상엔 그 누구도 없을 것이며, 자신의 존재 역시 무가치하다고 느꼈을 것이다. 어린 시절 유기공포(fear of abandonment)를 경험한 사람은 타인과 세상을 온전히 믿을 수가 없다. 자신을 낳은 엄마에게도 버려졌는데 어떻게 엄마 아닌 사람들을 믿을 수가 있겠는가! 사람에 대한 불신은 관계에서 일정한 경계를 두고 마음을 내놓지 못한다. 버려질 것 같은 두려움보다는 외로움을 견디는 것이 차라리 나을 수 있겠다고 생각하는 것이다.

　A양은 그토록 보고 싶어 하던 엄마와 함께 살게 되었지만, 마음이 편하지 못했다. 피곤에 지쳐 퇴근하는 엄마를 보면, 자신이 짐이 되는 존재가 아닐까 하는 불편한 마음이 생겼다. 혹여라도 엄마가 연락이 안 되면 또 나를 두고 떠났나 싶어 극도의 불안이 밀려와 스스로를 진정시키기 힘들었다. 이모와 외할머니와 지낼 때는 외롭지만 보고 싶은 엄마에 대한 그리움으로 버틸 수 있었는데, 혼자 있는 시간이 되면 그 억압된 유기공포의 감정이 쓰나미처럼 밀려와 자신을 삼켰다. 엄마를 원망할 수도, 이모와 외할머니에게 분노를 표현할 수도 없었던 A양은 가장 쉽게 스스로를 처벌하는 행위로 자신의 몸에 얇은 칼끝으로 상처를 냈다. '엄마도 나를 버렸는데 누가 나를 좋아하겠어.'라고 생각하며, 마치 사랑받지 못하고 무가치한 자신에게 벌을 주는 것처럼... 피부에서 전해지는 쓰라린 고통이 느껴지는 순간, 살아있음이 확인되며 팽배했던 슬픔과 분노가 바람 빠지듯 빠져나가고 나면 다시 죄책감이 밀려와 자책했다.

　'자해'를 하나의 요인으로 설명하고 판단하는 것은 대단히 위험할 수 있지만, A양의 경우에는 버려질 것 같은 유기공포가 느껴질 때 불안과 긴장을 해소하기 위한 자기 처벌적인 행동의 하나로 볼 수 있다. 자살을 할 의도는 없지만 스스로 피부에 상처를 냄으로써 무가치하고 사랑받지 못하는 자신을 처벌하는 의도와 피부 면에 상처를 줌으로써 자기의 경계를 확인하고 살아있음을 느끼는 행위, 팽배한 부정적인 감정을 해소하기 위한 행동화(acting out)로 볼 수 있다. 강렬한 감정이 밀려올 땐 자기와 자기 아닌 경계가 불분명해져 혼란스러운 감정일 때 피부 표면에 상처를 주어 존재하고 있음을 확인하는 순간이 되는 것이다.

A양의 유기공포를 진정시키기 위해서는 우선 엄마와 연결되어 있다는 안정감이 내면화(internalization)되어야 한다. 엄마가 보이지 않으면 또 버려질 것 같은 유기공포가 안개가 피어오르듯 A양의 마음을 덮어버리게 되어 현실을 객관화하여 바라보고 판단하는 데 어려움을 겪게 된다. 지금의 A양은 예전 엄마가 자기 곁을 떠날 때의 어린 나이가 아님에도 당시의 공포와 두려움으로 인해 스스로를 유지하고 진정시키는 데 어려움을 보이고 있는 것이다.

우선 엄마 D씨는 출근할 때 정확한 귀가 시간과 행선지를 미리 알려주고, 귀가 시간은 무슨 일이 있어도 정확히 지켜 A양을 안심시켜주는 것이 필요하다. 엄마의 말과 행동이 일치하는 경험이 쌓이게 되면 엄마에 대한 신뢰가 내면화되어 A양은 엄마가 보이지 않아도 연결되어 있다는 믿음으로 인해 자기에게 집중할 수 있다. 그러기 위해서 엄마가 일하고 있는 식당을 둘러보고, 엄마가 요리한 음식을 먹어보는 것도 하나의 좋은 방법이 된다.

이러한 노력에도 불구하고 A양의 내면화된 유기공포는 학교 및 사회적 관계에서는 깊은 영향을 미칠 수 있다. 유기공포에 대한 두려움이 다양한 관계상황에서 자극을 받게 되면 익숙한 방법(자해)으로 불안을 해소하게 된다. A양은 자신의 상처를 수용하고 스스로를 진정하기 위해 노력할 필요가 있다. 긍정적인 방법을 활용해 자신을 보호하고 감정을 해소하는 방법을 찾아 실천해 보는 것이 도움이 될 수 있다.

살맛 나는 관계

아직까지 손이 벌벌 떨려요. 생각할수록 믿기지 않아요. 둘째 보고 산다고 할 정도로 의지를 많이 하고 있었는데. 어떻게 저한테 그럴 수 있는지 모르겠어요. 중학교 입학하고 나서는 자주 뚱~ 하고 말을 해도 틱틱거려 사춘기겠거니 했어요. 그래도 늦게 다니는 게 걱정돼서 "학원 마치면 바로 집에 와라." 하면서 달랬거든요. 근데 11시가 다 돼 가도 연락이 되지 않는 거예요. 휴대폰은 꺼져 있지. 나쁜 생각이 들면서 무슨 일이 생겼나 싶어 마음이 진정이 안되더라고요. 같이 다니던 친구 이름은 생각나는데 휴대폰 번호는 모르지. 사는 곳도 모르지. 어떡하겠어요. 다급한 마음에 앞뒤 분간이 되지 않았어요. 학교 담임선생님께 연락을 해서 사정을 얘기했더니. 선생님께서 이리저리 알아보시고는 같이 있는 친구의 휴대폰 번호를 알려주셔서 그 애한테 전화를 했어요. 아들이 전화를 받더니 깜짝 놀라는 거예요. 어떻게 알았냐고....

여차저차 사정을 이야기하니 소리를 꽥! 질러 귀청이 떨어지는 줄 알았어요. 현관에 들어서자마자 입을 꾹 다문 아들을 보니 열이 오르지 않겠어요! "너는 늦으면 늦는다고 연락을 주던가! 휴대폰은 먼 짓 한다고 꺼놨어!"라고 다그치자. "에이 씨!" 하며 식탁의자를 발로 차버리더군요. 의자 한 쪽이 박살이 나 버렸어요. 저는 너무 놀라 심장이 멎는 것 같았어요. 그 순간! 아들의 모습에서. 눈이 뒤집어지며 화를 내던 이혼한 전 남편의 얼굴이 떠올라 무섭더라고요! 큰아들이 하도 애를 먹이고 주먹질을 해댔어서 둘째는 절대 안 그럴 줄 알았는데... 그 후로 아들에게 말 걸기조차 너무 무서워저요. 둘째 아들까지 왜 이럴까요'?

깡마른 체구에 말이 빠르고, 초조한지 손을 잠시도 가만두지 못하고 꼼지락거리며, 쉴 새 없이 말을 늘어놓는 엄마 K씨의 모습이다. 두 아들을 둔 K씨는 큰아들이 하도 말썽을 많이 피워 둘째만은 형을 닮게 하지 않으려 노심초사, 애지중지 키웠다. 18세인 큰아들은 잔소리를 조금이라도 하면 듣기 싫다며 손에 잡히는 건 무엇이든 집어던져 거실 바닥 한 쪽이 움푹 팬 곳도 있고, 화장실 문짝도 너덜너덜하였다. K씨는 큰아들이 집에 있는 날이면 늘 무섭고 두려웠다. 그러던 아들이 고등학교에 입학한 지 석 달도 안 돼 자퇴를 하고 집을 나가더니, 잊을만하면 한 번씩 들어왔다 나갔다를 반복한 지 1년이 넘었다. 큰아들이 눈앞에 안 보이니 걱정이 되긴 했지만, 할 만큼 했다는 생각에 거의 포기 상태였다. 다행히도 둘째는 말을 잘 듣고 착해 마음에 위안을 얻을 수 있었다. 그렇게나 착했던 둘째가 중학교에 가더니 무슨 말만 하면 짜증부터 내니, 아들의 눈치를 보기 일쑤였다. 이가 아프다고 하길래 매일 저녁 양치질을 하느냐 물으면, "내가 애가!"라며 문을 쾅! 닫고 들어가 벽에다 대고 마구 주먹질을 해대 손에 상처가 나기도 했다. 첫째가 중1 때부터 그랬었던 기억에 화들짝 놀라 달래면서 해달라는대로 다 해줬는데도 갈수록 삐딱선만 타는 둘째 아들이었다.

Ж

엄마 K씨는 자신의 어린 시절을 생각하면 억울하고 분통이 터졌다. 초등학교 6학년 때 아버지가 막노동을 하다가 낙상사고로 허리를 다쳤다. 아버지는 허리를 다친 후 경제적인 활동이 어려워 집에만 있었고, 부모님은 하루가 멀다 하고 고함과 욕설을 하며 싸우기가 다반사였다. 자식들에 대한 배려나 눈치는 전혀 없었다. 오히려 엄마는 자신의 울분을 죄다 K씨에게 쏟아부었다. 남들은 하나 있는 딸이면 금지옥엽 키운다고 하는데, K씨의 엄마는 자신의 박복한 삶에 대한 넋두리와 분노를 쏟아내는 대상으로 딸을 대했다. 중학교 1학년 때쯤 "밥 해 먹고 학교 다닐 수 있지?"라는 말을 남기고 엄마는 재택 요양보호사로 일을 한다며 집을 나갔다. 어쩌다 한 번씩 집에 오는 엄마는 K씨에게 고생한다며 선물을 사 오기도 했고, 머리를 쓰다듬으며 눈물을 흘리기도 했다. 그랬던 엄마가 중학교 3학년이 된 K씨에게 고등학교 진학을 하지 말고 지인이 하는 식당에 가 돈을 벌어오길 권유했다. 형편이 어려우니 돈을 벌어 오빠와 동생 공부시켜야 된다면서. 기가 막히고, 억울하고, 너무 서러웠다. 지금도 그때 생각만 하면 화가 머리끝까지 솟구쳤다. 엄마가 딸에게 어떻게 그런 말을 할 수 있는지 이해가 되지 않았다.

시름시름 앓던 친정아버지가 돌아가신 후, 집에는 오빠와 남동생, 그리고 K씨만 남겨졌다. 하교 후 집에 돌아와 아무도 없으면 혼자 있기 무서워 4살 위 오빠에게 언제 오냐며 전화를 했고, 오빠를 졸졸 따라다니며 "양발 바로 벗어라!", "책상 정리 좀 해라!", "일찍 들어와라!" 등 쉴 새 없이 재잘거렸다. 오빠가 하지 말라고 하면 잠시 멈추던가 자리를 피하면 될 것을, 굳이 한 대 맞으려고 옆에 있는 것처럼 오빠의 화를 돋구기도 했다. 그러다 결국 타작하듯 오빠에게 맞기 일쑤였다. 오빠는 화가 나도 때렸고 기분이 좋을 때도 K씨의 볼때기를 찰싹찰싹 때리고는 씨익 웃었다. 손이 먼저 올라가는 오빠였지만, K씨가 친구들과 싸워 씩씩거리고 오면 누구보다도 불같이 화를 내며 K씨의 편이 돼 주었다. 늦은 밤에 뭘 사러 나갈 일이 있으면, 귀찮아 투덜거리면서도 여자 혼자 다니면 안 된다며 오빠가 대신 다녀오기도 했다. 그럴 때면 '나를 생각해 주는 건 오빠밖에 없어!'라는 마음이 들면서 좋았다.

그러다 말 없고 듬직하며 화 한 번 내는 걸 본 적 없는 오빠 친구와 22살 이른 나이에 결혼을 했다. 첫 아들을 낳고 100일이 지날 즈음, 회식이 있다고 한 남편이 12시가 넘어도 들어오지 않았다. 불안하고 초조한 마음에 50통이 넘게 전화를 해도 받지 않아 어린 애를 들쳐 업고 남편이 있는 술집으로 찾아갔다. 그때 당황하고 놀란 남편의 눈동자를 잊을 수가 없다. 집으로 돌아오는 택시 안에는 아이의 칭얼거리는 소리와 남편의 깊은 한숨 소리만 가득했다. 집에 와서도 남편은 침묵으로 일관했다. 답답하고 묵직한 침묵을 견딜 수 없어 막힌 마음을 쏟아내며 서럽게 울어도 남편은 외면했고, K씨는 억울하고 화난 마음에 악을 쓰듯 소리를 지르며 다그쳤다. 그 순간, 왼쪽 볼이 번개가 치듯 번쩍! 뒤이어 엄청난 고통이 느껴졌다. 결혼 후 남편의 첫 번째 손찌검이었다. 무서운 침묵 속에 싸움은 일단락되었고 아무렇지 않은 평화가 잠시 찾아왔지만, 한 번 시작된 폭력은 남편이 술을 마시고 오는 날이면 K씨의 불평 어린 잔소리와 함께 어김없이 반복되기 일쑤였다. 눈동자가 부리부리해지면서 분노와 멸시를 가득 담아 쏘는 시선은 엄청난 공포와 두려움으로 다가왔다. 소스라치게 놀라 악을 쓰며 소리를 지르면 둔탁한 매질이 시작되었고, 집안은 또다시 난장판이 되었다. 마치 비명을 지르며 맞아야 끝이 나는 것처럼….

오랜 시간 켜켜이 쌓여온 K씨의 외로움과 애씀이 참으로 불쌍하고 애처롭게 느껴진다. K씨는 어린 시절 가장 중요한 대상인 엄마와의 따뜻하고 만족스러운 관계 경험보다는, 거부당하고 무시당하며 처벌받는 관계 경험이 많았다고 볼 수 있다. 남편의 사고로 인해 경제적으로 궁핍했고, 어린 자식들과 가정 살림을 돌봐야 했던 엄마의 막막하고 암담한 마음이야 이루 헤아릴 수 없겠지만, 그렇다고 해서 K씨가 엄마의 버거운 삶을 들어줄 도우미가 되어서도 안 될 일이었다. 엄마에게 있어서 K씨는 그저 박복한 삶에 대한 억울함과 버거움을 쏟아버리는 '감정 쓰레기통'의 역할로 사용되었다고 볼 수 있다. 오빠 또한 동생들과 남겨져 버려짐에 대한 두려움과 공포를 K씨에게 쏟아냈고, 때론 죄책감으로 잘해주기도 하는 갈팡질팡 오빠였다. 차라리 100%로 나쁜 엄마나 나쁜 오빠였다면, K씨 역시 미워하고 포기했겠지만, 가끔씩 선물을 사오는 엄마에게서 가뭄에 콩 나듯 엄마 사랑을 찾았고, 어쩌다 챙겨주고 돌봐주는 오빠의 행동에서 그나마 자신을 생각해 주는 건 오빠밖에 없다는 간헐적 위로를 받았던 것이다.

사실은 85%의 나쁨을 경험시키면서 이랬다저랬다 간헐적 위로를 주는 15%로 좋은 엄마, 좋은 오빠였음에도 K씨는 사랑을 갈구하는 마음이 더 컸다. 일반적으로 나쁜 대상은 100%가 나쁘기보다는, 대략 85%의 나쁨과 15% 정도의 좋은 측면을 가지고 있는 속성이 있다. 15%의 긍정 요소로 인해 85%의 부정 요소를 견디면서 지냈고, 그 결과 좋은 것보다는 나쁜 게 더 많이 경험되고 내면화(internalization)되었던 것이다. 그것이 엄마 K씨가 두 아들을 기를 때 똑같이 적용되어, 15%의 좋은 것을 명분 삼아 85% 나쁜 것을 자녀들에게 부여하고 있었다고 볼 수 있다.

David P. Celani(셀라니)의 『사랑의 환상』에서 아동은 부모의 대상 이미지(대상표상, obiect representation)가 85%는 거부하고, 15%는 만족시켜주는 대상(object)으로 각인되면, 그 아동은 성인이 되어 나쁜 대상을 추구하는 전형을 보이게 된다고 했다. (김영호 등 공역: 한국가족복지연구소 출간, 2006.2.25.)

K씨는 둘째 아들만큼은 첫째처럼 되지 않으리라는 기대를 하면서, 15%의 좋은 부분을 하나의 포장지로 씌워 좋은 엄마 이미지라는 명분을 주고자 하였다. 하지만 사실은 요란하고 실속 없이 빈약한 내용물처럼 자녀들에게 관계에서 만족감을 주지 못했던 것이다. 그 결과, 둘째 역시 첫째 아들처럼 사춘기가 되어 힘이 생기자 엄마의 '좋음'을 별것 아닌 것처럼 취급하며, 내면화된 부정적인 관계 경험을 엄마에게 다시 되돌려 주고 말았다.

지금까지의 익숙한 부정적 관계 방법으로는 현재 경험하고 있는 자녀와의 관계 변화를 바라기는 어렵다. 이제까지 경험한 85%의 부정적인 나쁨을 상쇄할 수 있을 정도의 충분한 좋음을 주어야지 새로운 관계 변화를 기대할 수 있다. 순하고 말 잘 듣는 둘째 아들이 큰아들처럼 되지 않도록 하기 위해선 지금부터라도 K씨는 85% 이상의 좋음을 아들에게 줄 수 있는 엄마로 변화되어야 한다.

우선 엄마 K씨는 자녀들이 내면화된 부정적인 관계 경험으로 괴롭히고 폭력을 행사하더라도 거기에 상응하는 부정적 응대를 하기보다는 자녀의 격렬한 감정이 가라앉도록 다독거려 좋은 마음으로 돌려주는 것이 필요하다. 이러한 K씨의 양육 태도가 85% 이상의 좋음을 경험하게 하는 엄마의 역할이라 할 수 있다. 잔소리하고 비난하며, 벌주고 때리는 내면화된 나쁜 내용물에서, 칭찬하고 그냥 넘어가 주고 잘할 수 있을 때까지 기다려주고 격려해 주는 내용물로 충분히 채워 나가야 한다.

예를 들어 아이가 시간에 맞춰 집에 오지 않으면 그 상황을 파국적으로 그리며 불안에 휩싸여 감정을 조절하지 못하기보다는, 상황을 있는 그대로 받아들이고 일어나지 않는 일에 대해선 극도의 불안을 야기하지 않도록 하는 연습과 노력이 필요하다. 물론 젖은 도화지에 물감이 번지듯 퍼져나가는 불안한 생각을 멈추기란 쉽지가 않다. 그럼에도 불구하고 둘째 아들이 표출하는 분노가 K씨를 자극하더라도 부드럽고 따뜻한 방법으로 무해화시켜 담아주려는 노력과 시간이 필요하다.

둘째 아들이 좋은 관계 경험과 일에서의 성취를 맛봄으로써 내면화된 나쁜 내용물을 극복할 수 있도록 엄마 K씨는 좋은 마음과 바람직한 행동의 모범을 보여 주어 그것이 경험으로 옮겨갈 수 있도록 해야 한다. 이러한 경험이 85% 이상 충분히 채워질 때 저절로 좋은 것을 주고받을 수 있는 관계 변화를 기대할 수 있다.

엄마! 찜닭! 찜~닭!!

애가 갑자기 자퇴를 하겠다고 선포하듯 말하고는 그때부터 학교를 가지 않고 있어요. 너무 당황스럽고 놀라 이유를 물어봐도 입을 꾹 닫고 말을 안 하니 답답해 미치겠어요. 며칠 결석을 하니 담임선생님이 연락이 왔더라고요. 학교에서는 특별한 일이 없었다며 달래서 보내 달라고 했어요. 친하게 지내는 친구들에게 물어봐도 "왜 그런지 몰라요."라고만 하니 어쩌면 좋아요. 자퇴만은 안 된다고. 그럴 거면 보따리 싸서 집 나가 너 하고 싶은 대로 하고 살라고 했어요. 이유도 없어요. 무조건 자퇴를 시켜달라네요. 애들 아빠가 고함을 치고. 제가 애 앞에서 울어도 봤는데. 도무지 꼼짝을 안 해요. 하도 답답해 상담을 받아보자고 하니 "내가 미치지도 않았는데 왜 상담을 받아야 하는데!"라며 미친 사람 취급한다며 또 난리를 쳐대니 그런 난리가 없었어요.

애가 태어나 100일 때부터 내 품에서 키우지 않아 미안한 마음에 초등학교 때부터는 학교 행사에 학부모 모임에 부모교육까지 다 다니며 애 학교일이라면 소홀한 적이 없었어요. 그런 고생도 몰라주고 이제는 자퇴를 하겠다니… 다른 사람들이 저를 어떻게 생각하겠어요. 유별나게 하더니 꼴좋다고 쑥덕쑥덕거릴 걸 생각하니 아무도 만나기 싫고. 누가 알까 봐 무섭기도 해요. 회사에 출근해도 일이 손에 안 잡혀 하루가 어떻게 지나가는지 모르겠어요. 남편은 남의 편인가 봐요. 딸 때문에 이리 난린데도 자기 일만 바쁘다며 출장이다 외근이다 한밤중에 들어오니 제대로 대화도 못 해요. 다들 두려워하는 중2도 무사히 넘겼는데 졸업을 한 학기 남겨두고 저러니 기가 막혀요. 제발 자퇴만은 안 할 수 있도록 도와주세요!

퇴근 시간이 훌쩍 지난 시간에 누가 봐도 마지못해 따라 온 중학생과 함께 초조한 모습으로 상담실에 들어선 엄마 J씨의 간절한 하소연이다. J씨의 딸 M양은 1주일 전부터 자퇴를 하겠다고 선언한 뒤 학교를 가지 않고 있다. 억지로 등교를 시키면 자퇴할 건데 왜 학교를 가야 하나며 집으로 되돌아온다.

"상담을 받아보자! 자퇴가 필요하면 시켜 줄게!"라는 말에, "딱 한 번만 갈 거야!" 하고 따라왔다. 참으로 난감할 노릇이다. 딱 한 번의 상담에 자퇴 여부를 결정할 거라니… 상담자 입장에서는 큰 부담이 아닐 수 없다.

단독 상담에서 M양은 졸업까지 한 학기를 앞두고 자퇴를 하겠다는 이유에 대해 "학교 가기 싫으니까요."라며 퉁명스럽게 말을 했다. 중학교는 의무교육이라 자퇴에 필요한 절차, 자퇴 이후 검정고시를 칠 수 있는 조건 등에 대해 자세히 설명하고 난 뒤, 지금 자퇴를 하면 친구들이 중학교 졸업하는 시점에 M양은 아직 초등학교 졸업으로 남게 된다고 설명했다. 그렇게 집으로 돌아간 M양은 '자퇴'라는 말이 쏙 들어갔다. 엄마 J씨는 너무 신기해하며 도대체 상담실에서 무슨 일이 있었는지 궁금해 했다. "아이에게 물어보지 그랬어요?"란 질문에 딸아이가 도대체 말을 안 한다며 땅이 꺼져라 한숨을 내쉬곤 이내 눈물을 흘렸다.

Ж

엄마 J씨는 삼 남매의 둘째로 특히 아버지의 기대를 많이 받고 자랐다. 아버지는 직업 군인으로 엄격하고 정확했으며,

차갑고 냉정한 사람이었다. 아버지는 무엇보다 학생은 학교를 잘 다니는 게 본분이자 할 일이라며, 지각, 결석, 조퇴는 아무리 아파도 할 수 없다고 하셨다. 통금 시간을 정해 두어 밤 9시 넘어 친구를 만나거나 밖에 있는 건 결코 있을 수 없는 일이었다. 그렇게 엄격한 아버지로부터 벗어나기 위해 J씨는 일찍 결혼을 했다.

딸아이 출산 후 경력단절이 걱정되었던 J씨는 육아휴직을 마다하고 딸이 100일이 되자 친정에 아이를 맡기고 직장 생활을 지속했다. 1주일에 한 번, 바쁠 때는 2주일에 한 번씩 아이를 보러 갔다. 첫째가 7살 때 계획에 없던 둘째 출산으로 육아휴직을 하게 되었고, 친정에 있던 첫째 딸을 초등학교는 엄마 품에서 보내자 싶어 데리고 왔다. 내 품에서 키우지 않아 그런지 첫째는 왠지 어려웠다. 친정에 있을 때는 그렇게 엄마 집에 갈 거라며 울어대던 딸이, 함께 살고부터는 엄마인 J씨 보다 외할머니, 외할아버지를 더 찾았다. 이런 첫째 딸을 보면 마음이 짠하면서도 섭섭한 마음이 들었다.

왠지 어색하고 불편한 첫째 딸과는 달리 J씨는 자신도 모르게 둘째가 하는 짓은 예쁘게만 보였다. J씨가 빨래를 개고 있으면 조잘조잘 거리며 옆에서 같이 빨래를 개며 예쁜 짓을 했고, 피곤해 누워있으면 옆에 와 안기며 "엄마 아파?"라며 위안을 주기도 했다. 하지만 첫째는 그저 멀뚱히 적당한 거리를 둔 채 피하기만 했다. J씨는 첫째 딸에 대한 죄책감을 만회하기 위해 초등학교 입학 이후부터는 학부모 모임이나 학교 행사에 적극적으로 참여했다. 좋다는 학원은 물론이고, 방과 후 수업, 갖가지 부모교육에는 연차를 내서라도 꼭 참가해 첫째에게 소홀하지 않는 엄마로 인정받기 위해 최선을 다했다. 그렇게 시간에 쫓겨 가며 노력하는데도 살갑지 않게 대해주는 첫째 딸에게 가끔씩 미안하기보다는 화가 나 자신도 모르게 퉁명스럽게 대했다. 그럴 때마다 M양은 "난 엄마 딸이 아니지?", "동생이 안 태어났으면 집에 데리고 오지도 않았을 거야!"라며 친정에 맡겨둔 것에 대한 원망을 쏟아 냈다. 밤새 열이 난다고 연락이 오면 한밤중에 걱정을 가득 안고 달려갔다가, 곤히 잠든 아이를 두고 올 땐 미안한 마음이 북받쳐 많이도 울었었는데... 그런 엄마의 진심을 몰라주고 원망만 쏟아 내는 첫째 딸에게 J씨는 미운 마음이 점차 물들었다.

상담자는 J씨에게 담임교사를 만나 수업일수, 수행평가, 행정적인 부분 등에 대해 도움을 받도록 했다. M양은 상담을 받고 난 후론 자퇴를 한다는 말은 하지 않았지만, 여전히 등교는 거부했다. J씨는 상담자의 조언대로 아이의 행동에 잔소리를 하지 않고, 요청하는 것에 대해 즉시 흔쾌히 들어주며 첫째 딸과 친밀해지기 위해 노력했다.

　J씨가 달라지자 M양은 눈치를 보듯 자신이 원하는 것을 요구하기 시작했다. 간장찜닭을 시켜달라는 것이었다. J씨는 "네가 먹고 싶다면 먹어야지."라며 즉각 시켜주었다. 사실 간장찜닭은 친정아버지가 제일 좋아하는 음식 중 하나다. 짭조름하게 졸인 찜닭을 갈기갈기 찢어 간장에 조물조물해서 먹는 요리로, 친정가족 모두가 즐기는 음식이다. J씨가 중3 때쯤 감기로 입맛을 잃어 밥을 못 먹고 있을 때, 아버지는 짭조름한 간장닭을 내밀었고, 그 순간 비릿한 닭 냄새가 후각을 자극해 구토가 나올 것 같았지만, 아버지의 애절한 눈빛을 거절할 수 없어 억지로 먹어 삼켰다. 그 후 간장찜닭을 보면 그때 느꼈던 닭 비린내가 느껴져 일부러 찾아서 먹지 않아 왔었다. 헌데 하필이면 내가 안 좋아하는 찜닭을 갈구하듯 사달라는 것이 아닌가!

　딸은 다음 날도 간장찜닭, 그다음 날도 간장찜닭을 줄곧 시켜달라고 했다. 삼 일째 되는 날엔 찜닭이 배달 오기도 전에 먹기에 질린다며 자기 방으로 휙 들어가 버렸다. 기가 막혔다. 시켜달라고 할 땐 언제고 배달이 오기도 전에 차버리다니! 흔쾌히 수용해 주라는 상담자의 말을 실천하려고 했지만, 이건 아니다 싶었다. 화도 나고 짜증도 나면서 이게 맞나 싶은 생각에 마음이 갈팡질팡했다. 그날은 화를 누르며 비닐봉지도 뜯지 않은 채 배달된 찜닭을 냉장고에 넣으며 '참자! 참자!'만 수없이 되뇌었다. 나흘째 되는 날도 간장찜닭을 시켜달라고 했을 땐, 더 이상 참지 못하고 잔소리가 폭발했다. "야! 너는 먹지도 않을 거면서 왜 그러는데! 엄마 놀려? 니 눈에는 돈이 남아도는 것 같아!"라며 담아 뒀던 말들을 토해냈다. 분을 못 참은 엄마의 폭풍 잔소리를 듣고 있던 M양은 "그러면 시키지 말던가!" 하고는 쾅! 방문을 닫고 들어가 버렸다. 그 순간 참을 걸 하는 후회가 밀려왔다.

　마음이 가라앉은 후, 엄마 J씨는 진심을 다해 딸에게 사과를 했다. 엄마가 잘못했다고, 어렸을 때 엄마를 기다리게 해서 미안했다고, 일찍 데려오지 않아 미안했다고, 그러곤 딸을 꼭 안아주었다. 조용한 방안이 엄마의 눈물과 아이의 흐느낌으로 가득 채워졌다. 그 일이 있은 후에도 M양의 자질구레한 요구사항은 여전히 계속되었다. 단, 찜닭을 시켜달라고 하진 않았다.

　태어나 100일 때부터 외갓집에 맡겨진 M양은 동생이 태어나서야 비로소 엄마 아빠와 함께 살게 되었다. 동생 덕분에 함께 살게 된 것이다. M양 입장에선 엄마가 내 엄마가 아니라 동생 엄마로 느껴졌을 것이다. 엄마 J씨는 딸과 같이 살게 되면서 자신의 죄책감을 건드리는 딸에게 미안하면서도 한편으로는 화가 나는 양가감정(ambivalence)을 느꼈다. 엄마 J씨는 딸에 대한 죄책감을 만회하고 좋은 엄마로 인정받기 위해 직장생활로 바쁜 와중에도 학교의 부름에 빠짐없이 참석하여 누가 봐도 딸에게 최선을 다하는 엄마로 보이길 원했다. 무리해서라도 좋은 학원을 보냈고, 중학교 때는 교복을 세탁소에 맡겨 늘 새것처럼 입혀 보냈다. M양은 엄마가 원하고 바라는 학교생활을 열심히 해드렸다고 볼 수 있다. 학교에 가는 것과 공부하는 것을 엄마가 중요하게 생각하고 강조했기 때문에 M양은 엄마의 사랑을 받기 위해 엄마 말을 고분고분 들어 드렸던 것이다. J씨는 자신의 죄책감을 면피하고 좋은 엄마로 보상받기 위해 아이를 사용했다는 것을 인정하기 어려울 것이다. 어린아이를 친정에 맡기고 일을 해야 하는 J씨의 입장에서는 안타까운 일이지만, M양의 입장에서 바라보면 엄마에게 버려진 것이다. 동생 덕분에 엄마 아빠와 같이 살게 되었지만, 또다시 버려지지 않기 위해 엄마가 중요하게 생각하는 학교와 공부를 열심히 해 드렸던 것이다.

그러한 노력에도 엄마를 충분히 차지할 수 없었던 M양은 사춘기에 접어들이 신체적, 심리적으로 힘이 생기면서 마음에 들지 않는 엄마 말을 점점 들어주고 싶지 않게 되었다. M양이 자퇴를 선언한 것은, 결국 마음에 들지 않는 엄마 말을 더 이상 따르지 않겠다는 뜻을 품고 있었다. 사실 지금까지 학교 가기를 절실히 바란 것은 M양이라기보다는 엄마 J씨였다.

   M양이 찜닭을 시키는 것은, 엄마와의 불편하지만 익숙한 갈등관계를 유지하고자 하는 무의식적 욕구의 표현이다. 찜닭을 시켜달라고 했을 때 행동으로는 즉시 들어 주었지만, 순간 일그러진 표정은 숨길 수가 없었고, 그 모습을 본 M양은 엄마를 조정할 수 있는 재료로 찜닭을 사용했다. 잘 해주는 엄마보다는 못 해주는 엄마가 더 익숙하기 때문에 잘 해주는 엄마를 파괴시켜 다시 못 해주는 엄마로 되돌리려고 하는 무의식적 시도인 것이다. 이렇게 내면화된 것은 안정된 상태를 유지하려는 심리적 항상성(homeostasis)이 있기 때문에 변화시키기는 것이 상당히 어렵고 끈질긴 저항에 부딪힌다. 간혹 단기 상담으로 표면적 행동이 변화될 수는 있으나, 상담이 끝난 후 얼마 지나지 않아 문제행동이 다시 나타나고 반복되는 경우가 많다. 따라서 긴 시간 끊임없는 인내와 노력이 필요하다.

   엄마 J씨는 그럼에도 불구하고 딸의 공격성에 파괴되지 않고 끝까지 살아남아야 한다는 상담자의 설명에, 자신이 원하고 바라는 것이 아니라, 딸이 원하고 바라는 것을 들어주려고 노력했다. 딸에게 중요한 대상인 엄마의 변화는 시간이 지남에 따라 차츰 딸의 변화로 나타나기 시작했다. 더 이상 찜닭을 시켜달라고 하지 않았고, 투덜대면서도 여름방학이 끝나고 등교를 시작했다. M양의 자질구레한 요구사항과 수시로 쏟아 올리는 분노가 엄마 J씨를 지치게 하기도 했지만, 자퇴를 하겠다는 말로 엄마를 자극하지는 않았다.

그 다음해 벚꽃이 만개한 어느 봄날, 엄마 J씨에게서 한 통의 문자가 왔다. 고등학교 교복을 입은 M양의 뒷모습과 함께 "저와 아이 마음을 키워주셔서 감사드립니다."라고….

M양을 본 건 단 한 번이라 얼굴이 가물가물하지만, 엄마 J씨의 하염없이 흐르던 눈물과 애씀은 오래도록 기억에 남아 있다.

작가의 말

아들의 사춘기를 경험하면서 어떻게 대처해야 할지 막막함에 상담실 문을 두드린 동기가 상담에 입문한 계기가 되었다. 전문상담사 수련을 시작하면서 대구가족상담센터를 찾게 되었고, 그곳에서 대상관계이론과 김영호 교수님을 만난 건 내 인생 최대의 수혜가 아닐까 싶다. 교수님을 만나기 전과 후 내 인생에서 엄마로서의 역할에 크나큰 변화를 가져왔고, 아이를 제대로 이해하고 사랑할 수 있는 방법을 알게 되었으며, 무엇보다 나를 진정으로 사랑할 수 있게 되었기 때문이다.

대상관계이론 수업을 들을 때마다 엄마로서 아이에게 제대로 된 양육을 하지 못했다는 죄책감에 한없이 미안해지기도 하다가 때론 억울한 마음에 분노가 차오르기도 했다. 나름대로 노력을 하는데도 불구하고 도돌이표처럼 올라오는 갈등에 "언제까지 해야 되느냐?"고 반문하면, "그럼에도 불구하고 될 때까지."라는 교수님의 말씀에 그놈의 될 때까지가 언제냐며 혼잣말로 중얼거리면서도 다시 마음을 다잡기도 했다.

1급 수련과정 중에 책을 함께 써 보자며 김호순 선생님이 손을 내밀어 주었지만, '내가 책을 쓸 수 있을까?'라는 두려움에 며칠을 고민해도 도저히 용기가 나지 않아 망설이고 있는 필자에게 할 수 있다며 용기를 주고 지칠 때마다 준 응원이 마지막 편까지 쓸 수 있는 원동력이 되었다. 첫 편을 시작할 때의 두려움은 벼랑 끝에 서 있는 기분이었다. 다른 사람들이 보기엔 늘 씩씩하고 밝게 보이는 이면에는 눈치 보고 살피는 불안과 두려움이 글로 나를 드러내는 것에 대한 두려움으로 다가왔다. 한 편 한 편 글을 쓰면 쓸수록 가벼워지기보다는 산 넘어 산이 갈수록 높아지고 있다는 막막함에 버거움과 좌절감으로 포기하고 싶은 마음이 많았다. 아마 혼자라면 포기했을지도 모르겠다. 마지막 편을 쓰고 난 뒤 느껴지는 절망감과 수치감으로 눈물을 쏟는 필자에게 교수님은 자신이 모르는 걸 깨닫기 때문에 그러한 감정이 더 느껴진다며 필자를 다독이시며 한 걸음 앞으로 나아갈 수 있도록 자신을 돌아보게 하셨다.

　요즘처럼 상담에 대한 프로그램이나 방송이 많은 시절이 있었나 싶을 정도로 TV나 유튜브 등에서 다양한 양육 정보가 넘쳐나고 있다. 하지만 엄마들을 만나보면 지식은 많으나 막상 내 아이에게 어떻게 적절하게 적용하고 실천해야 되는지에 대해서는 잘 모르고 있는 부분이 많다. 청소년상담사로 수많은 아이들을 만나면서 아이를 사랑스럽게 바라보는 엄마의 눈빛이 상처받은 아이들의 마음을 위로하고 치유하는 것을 보면서 아이들에게는 엄마가 정말 중요하다는 것을 새삼 느낄 수 있었다. 아이를 잘 키우기 위해 애쓰고 노력하는 엄마들에게 이 책이 작은 보탬이 되었으면 하는 마음이다. 아울러 세상 모든 엄마들에게, "이미 당신은 충분히 좋은 엄마다."라는 응원을 보내고 싶다.

또, 상담 공부를 시작하는 후배들과 자기에 대해 깊이 고민하는 사람들에게 스스로를 믿고 나아가시라 응원하고 싶다. 아무리 훌륭하고 능력 있는 사람도 마음의 힘듦과 괴로움은 혼자 해결할 수 없다고 했다. 시작은 분명 혼자이나 혼자가 아닌 함께하는 도반들로 인해 치유가 되기 때문이다.

평소 글을 써 본 경험이 없는 필자가 만들어낸 미숙한 글을 매 회기 감수해 주신 김영호 교수님의 깊은 사랑에 감사드리며, 김호순 선생님, 이수영 선생님에게 함께이기에 할 수 있었다는 말과 고마움을 전하고자 한다. 미숙한 엄마의 사랑을 잘 받아주고 멋지게 성장해 준 사랑스러운 아들에게 너의 엄마라는 게 자랑스럽다고, 진심으로 사랑한다고 전하고 싶다. 언제나 그 자리에서 큰 바위처럼 묵묵히 버텨주고 든든한 울타리가 되어준 남편에게도 진심으로 사랑과 고마움을 전하고 싶다.

성귀자

별빛이 아름다운 경북 영천에서 태어났어요.
28년 차 엄마로 1남을 두었습니다.
가정폭력행위자 상담을 하면서 가정의 중요성과 청소년 시기의 중요성을
크게 인식하게 되었고, 청소년 상담에 관심을 가지게 되었어요.
대구시 학생상담 자원봉사, 중학교 위클래스 상담,
대구시청소년상담복지센터를 거쳐
현재는 대구시중구청소년상담복지센터에서 자살, 자해, 자퇴, 우울, 불안 등
다양한 어려움을 호소하는 아동, 청소년, 부모 상담을 하고 있습니다.
상담심리학 석사(가족부부학 전공), 전문상담사, 대상관계심리상담사,
임상심리사, 청소년상담사, 직업상담사, MBTI 일반강사 등의
자격을 갖추고 있습니다.
guktae0229@daum.net

Part III

이수영의
함께하기

사랑은 '도착주의'다.
엄마가 아이에게 해 주고 싶은 걸
자기 마음대로 '사랑'을 주는 게 아니라,
엄마의 사랑이 아이에게 사랑으로 도착하게 하려면
아이에게 맞추어야 한다.

그러기 위해서 부모는 아이가 원하는 것을,
아이가 원하는 때에, 아이가 원하는 만큼,
아이가 원하는 방법으로
진정성을 담아 줄 수 있어야 한다.
이렇게 할 때 엄마의 사랑은
아이에게 잘 도착되고
서로의 사랑을 충분히 누릴 수 있을 것이다.

17살 섬 집 아기

이제 고2가 된 딸이 있어요. 밤이 되면 함께 자기 시작한 것이 벌써 2년이 넘었네요. 물론 혼자 잘 때도 있지만. 혼자 자다가도 무섭다며 제 옆에 와서 자기도 해요. 중2 겨울부터인가 밤이 되면 무서운 영화 본 게 생각난다고도 하고. 어떨 땐 그냥 무서워서 혼자 못 자겠다고 하더라고요. 그때부터 같이 자기 시작했어요. 귀찮고 싫을 때도 많았지만요. 집에서 늦게까지 일을 할 때가 많다 보니. 딸아이가 먼저 잘 때도 있어요. 그때는 방문을 열어놓거나 스탠드를 꼭 켜놓고 자요. 잠들 때까지 시간도 걸리는 것 같고요. 같이 잘 때는 "안아줘.". "뽀뽀해 줘.". "엄마는 나를 사랑해?" 이런 유치한 질문도 해요. 어떨 땐 "섬 집 아기 불러줘."라며 자장가까지 부르라 한다니까요. 그럴 땐 마치 서너 살짜리 아이 같아 얼마나 짜증이 나는지 빨리 자라며 소리치게 되고. 일하고 있을 때면 옆에 와서 다 큰 애가 뽀뽀도 몇 번이고 해 달

이수영의 함께하기

라 하는데. 그걸 어디 다 해 줄 수가 있나요? 바빠서 못 해 주기라도 하면 "엄마는 나를 싫어하지?"라며 유치원 아이처럼 토라져 가 버리고. 다 큰 딸에게 언제까지 뽀뽀해 주며 함께 자야 하나요? 이제 곧 대학생이 될 텐데. 무서움이 많은 딸이 집을 떠나면 혼자 잘 수 있을까요?

고등학교 2학년인 딸에 대한 고민으로 상담실을 방문한 엄마 L씨의 호소이다. 혼자 자는 것을 무서워하는 딸에 대한 고민을 이야기하던 중 임신하기 전에 있었던 트라우마에 대해 들을 수 있었다.

Ж

남편이 대학원 졸업을 앞둔 어느 날, 시어머니로부터 전화가 걸려와 "내일 집에 갈 테니 미역국 좀 끓여 놓거라." 하시고는 전화를 끊으셨다. L씨는 영문도 모른 채 다음날 미역국을 끓여 놓고 시어머니를 기다렸다. 벨소리에 문을 열어보니 시어머니와 함께 동행한 사람이 있었으니, 그 사람은 바로 어머니가 잘 가는 점집의 무당이었다. 시어머니는 아들의 취업이 걱정되어 L씨 부부와 상의도 없이 굿을 하기 위해서 집으로 무당을 불러들였던 것이었다. L씨는 너무나 무서웠지만, 무당과 어머니가 시키는 대로 이 방 저 방으로 옮겨 다니며 차려놓은 음식 앞에 절을 하였다. 굿이 끝나갈 무렵, 무당은 거실에 부부를 꿇어 앉혀 놓고 큰 칼을 몸 가까이 갖다 대며 귀신을 쫓는 행위를 했다. L씨는 극도의 공포와 두려움에 떨며 견뎌내야만 했다. 순종적인 남편은 어머니에게 아무 말도 하지 못했고, L씨는 굿에 대한 공포와 시어머니에 대한 복종에 따른 분노를 내면 깊이 억압해 둘 수밖에 없었다.

그로부터 1년 뒤, 시어머니는 L씨를 불러 둘째 아이를 가지기 위해 또 굿을 하자고 했다. 그때의 충격이 되살아난 L씨는 시어머니의 요청을 거절하였고, 이 일로 시어머니의 폭발적인 분노를 받아내야만 했다. 다음날 L씨는 정신적인 충격으로 응급실에 실려갔고, 병원에서의 일들은 새까맣게 잊어 기억상실이 되었다.

L씨는 그 충격을 극복하지 못한 채 친정에서 지내게 되었다. 일주일쯤 되던 날, 아파 누워있는 L씨의 방에 교우들이 우르르 들어오더니 한 시간 넘게 기도를 하였다. 천주교 신자였

던 친정어머니가 답답하고 불안한 마음에 기도를 요청했던 것이었다. 물론 그 또한 상의 없이 이루어진 일이었고, 굿판에서처럼 꼼짝할 수 없었던 상황이 그대로 재현되었다.

이러한 일들은 엄청난 트라우마로 남아 불안한 날을 보내던 중, L씨는 기다리던 둘째를 가지게 되었다. 6년 만에 어렵게 임신을 하여 태교에 정성을 기울이고자 했지만, 밤만 되면 당시의 무서움이 되살아나 두려움에 떨었고 남편의 사업까지 어려움을 겪고 있던 터라 L씨는 이중고를 겪어야만 했다. 그래서인지 아기는 2.5kg으로 한 달이나 일찍 태어났고, 백일이 지나서야 겨우 두려움과 공포는 조금씩 옅어졌으나, 여전히 불안이 내재된 채로 아기를 양육하게 되었다. 불안한 엄마에게 양육된 아이는 엄마와 유사한 불안한 모습으로 자라고 있었다.

L씨는 미신적, 종교적 상황에서 겪게 된 트라우마를 통해 불안을 안은 채 임신과 출산을 하였고, 내재된 불안은 아이에게 전위(displacement)된 양상으로 보인다. 이후 L씨는 점집 간판만 봐도 그때의 악몽에 사로잡혀 몸이 먼저 반응하였고, 아무도 없는 집에서는 혼자 잠을 잘 수도 없었다. 딸이 초5 때, L씨는 교육을 받기 위해 서울에 간 적이 있었는데, 모텔 앞까지 갔다가 혼자 잠을 잘 용기가 없어 결국 동생이 사는 평택까지 택시를 타고 간 적도 있었다. 엄마가 겪은 과거의 일들을 지금의

딸에게 물려준 셈이 되었다. 딸이 보이는 수면 양상은 L씨의 불안이 딸의 불안으로 세대 간 전이(intergeneration transference)된 모습이다. 이것은 엄마로부터 받은 불안이 딸의 수면 양상에 강력히 작용하고 있는 현상으로 볼 수가 있다.

엄마의 안정된 정서는 자녀에게 안정된 양육 환경을 제공한다. 하지만 불안이 높았던 L씨가 자녀에게 안정감을 공급하며 몰입한다거나, 필요한 것을 제때 제공하기란 쉽지 않았을 것이다. 이로 인해 아이는 엄마로부터 충분한 안정감을 공급받지 못해 자기를 지탱하는데 어려움이 있었던 것으로 보인다.

사춘기 나이가 되어서도 혼자 잘 수 없다는 것은 어렸을 때 엄마와 함께 있는 충분한 만족감과 안정감이 부족했다고도 볼 수 있다. 이를 개선하기 위해서는 지금부터라도 엄마와 함께하는 충분히 만족하는 경험이 필요하며 엄마와 함께하는 모든 시간에 편안하고 안정감을 느끼는 것이 필요하다. 예를 들면 딸이 엄마와 함께 지낼 때 만족스럽고 편안한 환경을 제공해주어야 한다. 엄마의 따뜻한 품을 내어주고, 부드러운 목소리로 대하여 엄마와 함께하는 공간에서 안정된 정서를 느낄 수 있도록 하여야 한다.

딸은 잠자기 전 '섬 집 아기'를 자주 불러달라고 했다. 이 노래는 딸이 어렸을 때 엄마가 불러주었던 자장가로, 그때의 느껌을 떠올려 편안함을 갖고자 하는 것이었다. L씨는 그 마음을 모르진 않았지만, 다 큰 아이가 자장가를 불러달라고 한다며 짜증과 화를 냈으니, 딸은 불안한 마음을 풀지 못한 채 잠들 수밖에 없었을 것이다.

L씨가 엄마의 따뜻한 품을 기분 좋게 내어주고 딸이 원하는 자장가를 그때의 목소리로 불러주면서 엄마를 온전히 차지할 수 있도록 한다면, 엄마와 함께하는 좋은 느낌은 딸에게 만족감과 안정감을 주는 긍정적 관계 경험으로 내면화(internalization)될 수 있다. 긍정적인 느낌으로 내면화된 엄마의 상(像)은 아이에게 지금의 문제를 해결할 수 있는 효과를 발휘하게 한다. 다시 말해 자녀가 마음속에 안정된 대상 이미지(대상표상, object representation)와 자기 이미지(자기표상, self representation)를 가지게 되어 엄마 없이도 편안하게 잠이 들 수 있다는 것이다.

이러한 경험은 엄마에게도 만족감과 안정감을 주는 상호 긍정적인 경험으로 내면화되는 효과를 발휘하게 된다. 따라서 혼자 잠자기 어려운 딸의 증상을 개선하기 위한 엄마와의 긍정적 관계 경험을 제공하는 것은 서로에게 치료적 효과를 가져오게 되는 것이다.

싹 싹둑 엄마

　딸이 얼마 전부터 미국으로 어학연수를 가고 싶다고 하네요. 형편도 넉넉지 않고 요즘같이 자고 일어나면 오르는 물가에. 그것도 미국으로 가고 싶어 하니 너무 부담스럽네요. 과외 시켜가며 원하는 대학 보냈더니 적성에 안 맞는다며 1학년 마치고 재수를 하겠다고 하더라고요. 남편이 안 된다는 것을 어렵게 설득하여 겨우 허락했더니 겨우 한 달 만에 그만두는 걸 보니 어찌나 속상하던지…. 나중에 얘길 들으니 독서실에서 멍하니 시간만 보냈다 하더라고요. 고등학교 땐 기숙사 학교에 가고 싶다 해서 전학을 보냈는데. 일 년 만에 다시 돌아온 적도 있었고. 대학을 한 학기 쉬고 다시 복학해서 다니나 싶더니 느닷없이 전공과 상관없는 회계사 공부를 하겠다고 하는 거예요. 어쩌겠어요. 회계사만 되면 직업은 보장되겠다 싶어서 없는 형편에 방 얻어주고 반찬 해 나르며 뒷바라지를 했지요. 서울에서 혼자 공부하니 외롭다며 중간에 그만둔다고 했다가 아빠에게 엄청 혼나고 끝까지 하긴 했어요. 회계사 시험에 떨어지기는 했지만요. 그래도 덕분에 회계학과로 전과해서 적성과 맞는다며 재미있게 잘 다니길래 안심했어요. 그런데 이번에는 또 전공과 상관없는 어학연수를 가겠다고 하니. 참... 우리 딸은 왜 자꾸 이랬다저랬다 할까요?

엄마 J씨는 24살 된 딸이 시행착오를 거쳐 비로소 회계학이라는 자신의 적성에 잘 맞는 분야를 찾아갔다고 생각했다. 그러나 어학연수를 가고 싶다는 딸의 말에 한 가지에 몰두하지 못하고 변하는 현상이 되풀이되고 있다고 느끼며 답답한 마음을 호소했다. 이렇게 변하는 심리적 현상을 이해하기 위해서는 딸의 발달 단계에 대한 이해가 우선 필요했다.

Ж

J씨는 임신 기간 동안 가족과 남편의 관심 속에서 안정된 생활을 한 덕분에 3.5kg의 아주 건강한 딸을 낳을 수 있었다.

하지만 몸이 약했던 J씨는 14시간의 산고를 겪은 탓에 건강이 매우 좋지 않았다. 출산 이후 2년 동안 기력이 달려서 버스도 못 탈 정도였다고 하니 몸 상태가 어떠했는지 짐작할 수 있었다.

남편의 늦은 퇴근으로 J씨는 늘 혼자 딸을 씻기고 재웠다. 친정도 멀리 있어 첫아이의 양육은 오롯이 J씨 혼자만의 몫이었다. 딸이 누워있는 시기에는 그나마 키우기가 나았지만, 무언갈 잡고 일어서면서부터는 눈을 뗄 수가 없었고, 몸은 더욱 힘들어졌다. 신체 발달이 빠르고 호기심도 많았던 딸은 9개월 때 걸음마를 뗐고, 저지래도 다른 아이들보다 많아 힘들었다. 어린 딸이 집안 여기저기를 헤집고 다니며 온갖 물건에 관심을 가질 시기에, 방 한 칸을 놀이방으로 만들어 그곳에서만 놀게 하면서, 거실에는 장난감을 아예 가지고 나오지 못하도록 가두었다. 집에 놀러 온 친구가 "애 키우는 집이 너무 깨끗하네."라고 이야기할 정도였다.

J씨는 딸아이 첫돌 때까지 밤중 수유를 2시간마다 하였고, 낮잠을 거의 자지 않는 딸로 인해 늘 잠이 부족했다. 잠을 보충하고자 놀이에 집중하고 있는 딸을 들쳐업고 억지로 담요를 뒤집어씌워 재운 적도 많았다. 바쁘고 피곤하다는 핑계로 남편은 육아에 참여하지 않았고, 그녀의 원망은 커져만 가고 있

었다.

어느 날 육아에 지친 그녀는 딸을 데리고 잠시 외출하였다. 4살 된 딸이 놀이터를 발견하자 쏜살같이 달려가 정글짐에 올라갔다. J씨는 깜짝 놀라 "안 돼!" 소리를 지르며 딸을 끌어내렸고, 놀란 마음에 아이를 꾸짖었다. 그때 J씨는 자신의 의지와는 달리 딸을 심하게 혼낸 것이 죄책감으로 남게 되었다. 그날 이후, 외출할 때는 놀이터를 피하는 길을 선택했다.

4살 아이가 스스로 정글짐 위에 올라가 바라본 세상은 어떠했을까? 그때 아이는 새로운 시각으로 세상을 바라보며 자신이 발견한 신기한 것들로 인하여 즐거워하고 성취감을 맛보았을 것이다. 하지만 그것도 잠시, 엄마에 의해 끌려 내려지면서 아이는 성취감 만끽의 기회를 잃어버리고 말았을 것이다.

J씨 딸은 정상 발달에서의 필수적인 격리-개별화 과정 중 실행기(practicing phase)에 어려움이 있었던 것으로 보인다. 실행기 때 아이는 노는 것을 통해 상황이나 대상의 변화에 자신을 투입하는 능력, 즉 집중하는 능력이 키워지기 시작하며, 엄마의 존재를 잠시 잊어버리고 외부 사물에 자신을 투입하고 노는 것에 집중하는 모습을 보인다. 하지만 J씨 딸은 이 시기에 자신의 활동에 푹 빠져 외부 현실에 몰두하거나 집중하는

경험이 부족했던 것으로 보인다. 엄마의 허약한 건강 상태와 불안은 자녀를 간섭하고 통제하는데 많은 영향을 미쳤으며, 이로 인해 자녀가 자신을 투입할 수 있는 발달 능력의 싹을 키워주지 못하고 싹둑 잘라 버린 셈이 되었다. 실행기의 경험 박탈의 영향은 J씨 딸이 현실 상황에서 선택한 진로에 집중하지 못하고, 또 다른 진로를 탐색하는 것과 같은 '집중 혼란'의 모습으로 나타나고 있다고 볼 수 있다. 또한 이것은 엄마의 우려를 자극함으로써 어렸을 때처럼 자신을 간섭하고 통제하는 것을 유발하는 현상으로도 볼 수 있다.

자녀가 어학연수를 가겠다고 하는 것은 진로 탐색을 위한 새로운 경험이 될 수 있으며 박탈당한 경험을 극복하는 수단으로써의 의미도 있다. 하지만 이것이 엄마에게는 자녀가 엄마 품을 멀리 떠나감으로써 자녀로부터 버려지는 것과 같은 느낌을 일으킬 수 있으며, 엄마의 이러한 느낌이 자녀의 진로 기회를 망설이게 만들 수 있다.

자녀가 자신에게 맞는 영역을 탐색하고 적성이나 흥미를 고려해 나가는 것은 미흡했던 실행기 경험을 보충한다고 볼 수 있으므로, 진로 탐색은 자녀에게 의미 있고 중요한 일이 된다. 자녀가 경험이 풍부할수록 자신이 하고 싶은 일을 잘 찾아갈 수 있으며 넓은 세상으로 나갈 수 있다. 이제부터라도 엄마는 자녀에게 가졌던 불안과 부정적인 느낌을 거두어들이고, 긍정적인 마음으로 자녀를 바라보며 격려와 뒷바라지를 해 주는 것이 바람직하다.

자녀에 대한 걱정과 염려로 쏟았던 에너지를, 이제는 자녀가 실행기 욕구를 채우고 원하는 활동을 하며 성취감을 얻을 수 있도록 하는 데 써야 한다. 자녀에게 와닿을 수 있는 칭찬과 격려를 적재적소에 효과적인 방법으로 적용해야 한다. 다소 서툴고 어려울 수도 있지만, 변화를 위해 새로운 방식을 받아들여야 한다. 이러한 수고로움을 감수했을 때만이 자녀는 싹이 싹둑 잘렸던 경험 박탈을 극복하는 치유를 얻고 순조로운 발달을 계속할 수 있을 것이다. 아울러 엄마는 자녀의 성장을 지켜보며 그동안의 노고에 대해 보상받을 수 있을 것이다.

나를 버려 주세요

　몇 달 전 운전해서 집으로 가던 중. 아들이 길에서 담배 피우는 걸 봤어요. 그때는 '내가 잘못 본 거겠지!' 하고 지나갔는데. 요즘 들어 아들에게서 담배 냄새가 나는 것 같았어요. 혹시나 해서 가방을 뒤졌더니 아니나 다를까 담배가 툭! 나오더라고요. 나 원 참! 기가 차서. 이제 겨우 중3 인데 도대세 언제부터 담배를….

　커져만 가는 걱정 탓에 하던 가게까지 접고 집에만 있으니. 아들과 싸우는 일만 늘어나 불안하고 답답해 죽겠어요. 책은 아예 들여다보지도 않고 요즘은 친구와 외박까지 잦아졌어요. 그렇다고 한두 명밖에 없는 친구를 못 만나게 할 수도 없고. 새벽까지 게임하느라 늦잠 자는 일도 부지기수여서 이제는 12시가 넘으면 인터넷 선을 아예 뽑아버려요. 아침마다 등교시키는 일이 전쟁 같고. 공부 좀 하라고 하면 잔소리한다고 버럭 화를 내요. 남편이 없을 땐 저를 밀치며 욕을 하지 않나. 물건을 마구 집어던

이수영의 함께하기

지며 소리를 지르지 않나. 그럴 땐 제정신이 아닌 것 같아 아들이 무섭기까지 해요. 이렇게 나를 힘들게 해 놓고선 언제 그랬냐는 듯 저한테 치대며 어리광을 부리니... 이제는 꼴도 보기 싫어요.

얼마 전 담임선생님으로부터 아들이 친구 이빨을 부러뜨렸다는 연락을 받았어요. 친구와 싸우다가 얼굴을 때렸더라고요. 작년까지는 엄하게 혼도 내고 회초리도 들었지만. 이제는 그럴 수도 없으니... 이러다가 학교마저 안 간다고 할까 봐 겁이 나요. 우리 아들. 어떻게 하면 좋을까요?

중3 아들을 키우고 있는 엄마 N씨의 간절한 호소이다.

Ж

친정엄마의 지나친 통제와 간섭을 받으며 자라온 N씨는, 대학교를 입학한 후에야 엄마로부터 조금이나마 벗어날 수 있었다. 하지만 그것도 잠시, 대학생이었던 오빠가 갑자기 심장마비로 세상을 떠난 후 엄마의 간섭은 더욱 숨통을 조여왔다.

아들을 먼저 떠나보낸 엄마의 고통은 N씨가 저녁에 외출조차 마음대로 못하게 할 정도로 통제를 가하게 하였다. 오빠를 잃은 고통 속에 함께 힘들어 하던 N씨는 지금의 남편을 만났고, 엄마의 속박에서 벗어나고자 서둘러 결혼하였다. 하지만 친정엄마의 간섭은 결혼 후에도 계속되었고, 심지어 임신까지 재촉하였다. N씨는 엄마의 몰아치는 임신 압박으로 딸 둘을 연년생으로 낳아 힘들게 키웠다.

남편이 직업상 이동이 많은 회사원이라 낯선 지역으로 옮겨 다닐 때마다 적응하기가 어려웠고, 두 딸을 키우며 쌓이는 양육 스트레스는 극으로 치달았다. 그런 N씨에게 친정엄마는 "아들 하나는 있어야지~."라며 노래를 불렀다. 평소 순종적이던 N씨는 엄마의 권유를 뿌리치지 못하고 두 살 터울로 아들을 낳았으니, 마지못해 낳은 그 아들이 어찌 이뻐 보였겠는가? N씨는 아들을 처음 본 순간, '내가 얘를 어찌 키울까?'라는 생각에 아들이 예뻐 보이기는커녕 걱정이 더 앞섰다.

한편 N씨는 아이들을 키우면서 친정엄마에게 많이 의지할 수밖에 없었다. 하루는 엄마가 오셔서 힘들어하는 N씨를 보고 "아이고 참... 이렇게 힘들어해서야... 막내는 당분간 내가 키워주마."라며 갓 돌이 된 아들을 들쳐업으셨다. 친정으로 가는 엄마를 N씨는 붙잡지 않았다. 하지만 갑작스레 엄마를 떠나 외할머니 손에 길러진 아들은 잘 놀다가도 장난감을 던지거나 소리를 지르고, 밤만 되면 엄마를 찾는 등 불안정한 상태가 지속되었다. 엄마와 생이별을 한 아들은 그 후 두 달이 지나서야 다시 엄마 품으로 돌아올 수 있었다. 하지만 연년생인 두 딸과 두 살 터울의 아들까지 키우며 N씨는 하루하루가 '떡을 치는 기분'이었다. 딸들을 키우기에도 정신이 없었기에 아들에게는 충분한 공생의 대상이 되어 주지 못했고, 자라면서 아들이 원하는 일을 좌절시키거나 놀아달라며 매달리는 손을 뿌리치는 일도 많았다. 이로 인한 결핍이나 박탈의 경험은 엄마와의 부정적인 경험으로 내면화(Internalization)되어, 사춘기 아들의 엄마를 향한 공격성으로 나타나고 있다고 볼 수 있다.

아이를 기르는 엄마는 즐겁고 행복해야 하지만 어려워하고 힘들어할 때가 많다. 엄마가 아이를 양육하는 과정에서 어려움을 느낄 때면 아이를 친정부모님이나 시어른에게 맡기는 것을 주변에서 많이 볼 수 있다. 어린아이를 친정이나 시댁으로 보내는 엄마는 자신의 어려움이 먼저기 때문에 엄마를 찾으며 울다 지쳐 잠이 들 아이의 괴로움까지는 미처 생각하지 못하는 경우가 있다. 아이는 갑자기 엄마에게서 떨어진 충격으로 엄마로부터 버려졌다고 생각하고, 마음속에 아물지 않는 깊은 상처가 남게 된다. 이러한 일로 아이는 유기(abandonment)를 경험하게 되고 견딜 수 없는 불안과 두려움을 느끼게 된다.

아이가 자신의 의사와 관계없이 엄마에게서 떨어질 때, 엄마로부터 버림받은 두려운 느낌, 즉 유기불안(anxiety abandonment)을 느끼게 되며, 이것은 무의식 속에 저장된다. 무의식으로 내면화된 내용물은 다시 외현화(externalization)하려는 경향을 가지고 있으므로 N씨의 아들은 엄마를 비롯한 사람들과의 관계 속에서, 무의식적으로 느껴지는 버림받은 경험을 재현하여 그때의 어려움을 다시 느끼고자 하는 것으로 보인다. 또한, 이것은 앞으로도 되풀이될 수 있는 반복강박(repetition compulsion)적인 현상으로도 볼 수 있다.

엄마로부터 무의식적으로 받은 부정적인 느낌은 자녀가 마음대로 바꿀 수도 없으며, 새롭게 다른 긍정적인 느낌으로 만들어 내기도 힘들다. N씨의 아들이 생애 최초로 경험했던 느낌은 엄마가 자신을 키울 것에 대한 걱정스러운 느낌이며, 유아기에 엄마로부터 버려지는 인상적인 경험은 유기에 대한 두려운 느낌으로 내면화되었다. 거기에다 '떡을 치는 기분'으로 양육하는 엄마에게 길러졌기 때문에 좋은 느낌보다는 좋지 않은 느낌을 더 많이 받으면서 자랐다. 어쩌면 엄마에게 저항하고 학교에서 부적응 행동을 보이는 것은 당연한 일인지도 모른다. 심지어 학교를 자퇴할까 봐 걱정하는 엄마의 우려가 현실로 나타날 수도 있을 것이다. 자녀의 이러한 행동은 아이가 어렸을 때 받지 못한 엄마의 관심을 부정적인 방법으로 받아 보려 하는 것이며, 무의식적 역동은 또다시 엄마로부터 버려지는 것을 유발하려는 것으로 볼 수 있다.

그렇다면 버려지려고 하는 자녀에게는 어떻게 대해야 할까? 무엇보다도 내 아이는 장래가 밝은 아이라고 인정하고 존중해 주는 대접을 해 주어야 한다. 좋은 마음으로 자녀의 말을 잘 들어주며 자녀가 하는 대로 따라가 주는 것이 필요하다. 설사 잘못을 하더라도 꾸짖거나 매를 들지 않고, 마치 아무 일도 없었던 것처럼 그냥 지나칠 수 있어야 한다.

예를 들어 자녀가 밤늦게 귀가했을 때 "밥은 먹었니?", "많이 피곤할 테니 들어가서 자라~."라고 말하며 흘려보내 주는 것이다. 이것은 자녀가 부정적인 행동을 하더라도 심리적으로 얻는 것이 없도록 조치하는 것으로 고도의 대응 방법이 된다. 자녀는 부정적인 행동으로 얻는 것이 없으므로 그 부정적인 행동을 할 필요가 없어지며 스스로 죄책감을 가질 수 있다. 그렇다고 행동이 바로 교정된다는 것은 아니다. 오히려 엄마의 화를 유발할 때까지 부정적인 행동을 더 할 수도 있다. 이것은 '나를 버려 주세요!'라는 무의식적 행동이므로, 그럼에도 불구하고 자녀의 잘못된 행동을 수용하고 자녀를 믿고 사랑하는 마음을 가질 수 있어야 한다. 이러한 엄마가 된다면 자녀는 유기감에서 벗어나 엄마와 세상에 대한 믿음을 가질 수 있고, 엄마도 자녀도 즐겁고 행복하게 살 수 있을 것이다.

사랑 당하는 사랑

1년 동안 사귄 오빠가 있어요. 그런데 언제부터인가 저를 만나면 힘들어하는 내색을 해요. 그럴 때마다 세상에 혼자 버려진 것 같아 두려워요. 오빠에게 버림받기 전에 제가 먼저 오빠를 버리면 상처를 덜 받을 것 같아 며칠 전 헤어지자고 얘기를 하고 말았어요. 헌데 지금은 제가 다시 매달리고 있으니….

얼마 전 독감에 걸린 오빠가 걱정되어 전화했더니. 너무 아프다며 나중에 통화하자며 끊더라구요. 저는 무엇에 홀린 듯 불안한 마음에 황급히 신용카드 한 장만 달랑 들고 집을 나왔어요. 자정이 넘은 시간이라 어렵게 택시를 잡아타고 오빠 집으로 가는데. 그런 제 자신이 저도 이해되지 않았어요. 그래도 그냥 되돌아올 수는 없었어요. 가는 동안 얼마나 조조했는지 손에 땀이 날 지경이었어요. 근데 집에 도착했을 때 생각보다 멀쩡한 그를 보고는 화가 나서 도저히 참을 수가 없지 뭐예요. 그동안 서운했던 것들까지 모조리 다 쏟아냈더니. "내가 언제 오라고 했나?"라며 오히려 짜증을 내는 거예요. 그땐 진짜 비참하고 오빠가 원망스러웠어요. 지금 생각해 보니. 걱정되는 마음이 앞서 무작정 찾아갔지만. 오빠는 당황스럽기도 했겠어요. 그저 일방적인 저의 사랑 표현같기도 하구요.

　오빠도 그럴 때가 많았어요. 친구들과 함께 여행을 갔을 때였어요. 오빠와 장도 보고 그가 잘하는 카레를 함께 준비하며 행복했는데. 요리를 끝낸 오빠가 저에게는 뒷정리를 하라며 제쳐 두고는 음식을 먹음직스럽게 차려 나가지 뭐예요. 음식을 맛 본 친구들은 "야! 참 대단하다. 진짜 맛있네."라며 칭찬을 쏟아냈고. 오빠는 솜씨를 인정받은 듯 엄청 만족스러워했어요. 물론 저도 좋기는 했지만 뭔가 허전한 마음이 들더라구요. 그때는 그래도 '이 사람이 나를 사랑하는구나!' 생각했었지만. 이제야 알겠네요. 그건 저를 위한 사랑이라기보다 오빠 자신을 위한 사랑이라는 걸요. 그건 제가 진짜 원했던 것이 아니었어요.

　언제부턴가 저는 늘 오빠의 주장에 맞춰 주며 지내왔어요. 카페도 내가 좋아하는 곳보다 오빠가 원하는 곳으로 가 주었고. 오빠가 좋아하는 영화라면 함께 봐 주는 식이었어요. 사실 저는 어릴 적부터 엄마가 하라는 대로 살기 위해 엄청 애를 썼어요. 그런데 사랑하는 사람에게까지 맞춰 주려다 보니 정작 받는 건 없다고 느껴져요. 늘 뭔가 5% 부족하다는 느낌이에요. 저는 사랑받는 건가요? 아님 사랑 당하는 건가요?

사귀던 남자친구에게 버림받을지도 모른다는 두려움에 전전긍긍하며 매달리고 있는 대학교 3학년 여학생 K양의 고민이다. 그녀는 같은 과에 다니는 선배를 만나 1년간 교제해 왔다.

Ж

어릴 적부터 미술에 소질이 있던 K양은 디자인을 전공하길 원했지만, 이혼 후 혼자서 딸을 키워 온 K양의 엄마는 "미대는 무슨 미대! 좋은 데 취직해야 나중에 네 아빠 만나면 떳떳하지!"라는 말만 달고 살았다. 게다가 그리 녹록한 형편도 아니었기에 엄마가 그토록 바라고 바라던 영문과에 입학해야만 했다. 그렇게 선택한 대학 생활이 흡족할 수는 없었다. K양은 영어에 흥미를 느끼지 못했을 뿐만 아니라, 친구들과의 관계 속에서도 자발적으로 나서거나 즐거움을 찾거나 하지는 못하였다. 혹시나 하는 마음에 가입했던 동아리에서도 채워지지 않는 공허함만 느낀 채 대학 생활을 이어갔다. 그런 K양에게 남자친구인 선배 오빠는 다정하고 따뜻한 사람으로 다가왔고, 어느새 K양은 그런 오빠를 믿고 의지할 만한 대상으로 여기게 되었다.

K양이 오빠와 함께 여행을 가서 일행을 위한 식사를 준비하였을 때, 오빠는 정성스럽게 만든 음식을 담아내면서 "네가 친구들에게 잘 보여야지~. 다 너를 위해서 하는 거야."라며 감동을 안겨 주었다. 오빠의 자상한 배려는 K양 자신을 위한 사랑이라 믿어 의심치 않았지만, 그날 그의 애씀은 친구들의 인정과 주목을 받고 싶은 남자친구 본인의 마음을 채우기 위한 것임을 뒤늦게 깨닫게 되었다.

K양은 자신을 위하는 척하는 오빠의 말을 거절하지 못하고, 그가 좋아하는 것에만 맞추어 주고 있었다. 그가 원할 땐, 자신의 일정을 무리해서라도 바꾸어 만나 주었고, 그가 마음에 드는 곳이라면 잠자코 함께 가 주었으며, 언제나 흡족한 척 연기했다. 오빠는 자기 말과는 달리, 실제로는 K양의 욕구에 대해서 무관심했기에 K양 역시 그에게 맞춰 주는 일을 그만하고 싶었지만, 마음처럼 쉽게 그쳐지지 않았다. 오빠를 붙잡고

싶은 마음과 달리 헤어지기를 다짐하면서도 헤어지지 못하는 자신의 모습을 한심스럽게 여기고 있었으니, 갈팡질팡하는 K양의 불안한 마음도 충분히 엿볼 수 있다. 불안하고 우울한 마음으로 온종일 집에서 멍하니 있는 자신을 발견할 때면 운동장으로 나가 달려도 보고, 아무도 없는 교회에 가서 기도도 해 보았지만, 그 순간만 조금 나아질 뿐 불안하고 허전한 마음은 여전히 다를 바 없었다.

K양과 사랑의 대상인 오빠와의 관계를 한번 살펴보자. 둘의 관계 패턴은 쌍방이 교감하는 사랑이기보다, 자신들의 욕구를 만족시킴으로써 스스로를 사랑하기 위해 상대방을 사용하고 있는 모습으로 볼 수 있다.

여행지에서 오빠는 K양을 조리대에 머물게 하며 철저히 소외시킨 채 혼자서 음식을 차려내어 주목을 끌었다. 상대를 사랑하며 위한다는 명목으로 자신이 멋있고 좋은 사람이라는 것을 더 부각시키고자 K양을 하나의 징검다리로 사용했던 것이다. 다시 말해, 그가 받은 주목과 인정은 상대를 사용하여 자기의 욕구를 채운 결과물이었다는 것을 알 수 있다. 그때 K양이 느낀 허전한 기분은 아마도 남자친구 본인을 위한 사랑에 사용되었다는 생각이 자신도 모르게 스쳤기 때문일 것이다. 마치 사랑을 '당하는' 기분이랄까? 만일 오빠가 K양이 친구들의 인정과 칭찬을 받을 수 있도록 앞세워 주었다면 사랑을 '당하는' 것이 아니라 '받는' 것의 느낌이 충분히 들었을 것이며, 허전함이 아닌 만족감과 행복함을 느꼈을 것이 틀림없다.

또 한편으로는, K양이 늦은 밤 택시를 잡아타고 무작정 오빠에게 달려간 것 역시 자신을 사랑하기 위한 행동으로 볼 수 있다. 아프다며 전화를 끊어 버리는 오빠가 걱정되어 다급하게 갔다고는 하지만, 그녀의 내면을 자세히 들여다보면 의지할 대상이 외로울 뿐만 아니라 건강이 위험해져 파괴됨으로써 멸절(annihilation)될까 봐 불안한 대상상실(object loss)의 두려움을 견디지 못하고 그것을 처리하기 위해 황급하게 달려간 것으로 보인다. 그렇다면 예고 없이 들이닥친 K양의 방문에 준비되지 않은 오빠도 사랑 '당한다'라는 느낌이 들었을 수도 있다.

K양의 엄마는 또 어떠한가? 딸의 욕구와 재능은 잘 살펴보지 않은 채 자신 뜻대로 살기를 원했다. 딸을 혼자 키우며 언젠가 만날 전남편 앞에 당당하고 떳떳하기 위해 자신이 소망하던 영문과에 입학을 시켰으니, 딸은 엄마가 바라고 원하는 삶을 살아드렸다고 볼 수 있다. 그러므로 K양의 엄마도 사랑이라는 이름으로 K양을 사용하고 있있딘 깃이며, K양은 엄마에게 그러한 면에서 사랑 '당하면서' 살아왔다고도 볼 수 있다.

여기서 우리는 누구를 사랑한다고 하면서 그 사랑이 진정으로 그 사람을 위한 사랑인지, 아니면 당하게 하는 사랑인지를 한 번쯤 심사숙고해 볼 만하다.

사랑하는 모든 사람은 자신의 사랑이 사랑받는 사람에게 흡족하고 '행복한 느낌'을 느끼도록 전달되는지, 아니면 '부담이나 아쉬움'으로 전달되는지를 살펴볼 수 있어야 한다. 물론 엄마들의 사랑이 자녀들에게 어떻게 전달되는지도 면밀히 볼 수 있어야 한다.

이에, 사랑하는 다섯 가지 방법을 소개하고자 한다. 사랑을 주는 사람은, 사랑을 받는 사람이 원하는 것을, 원하는 때에, 원하는 양만큼, 원하는 방법으로, 진정성을 담아서 줄 수 있어야 한다. 진정성이 충분하면 앞의 4가지가 다소 부족하더라도 충분히 보충될 수 있다. 사랑하는 사람들이 사랑하는 다섯 가지 방법을 잘 적용하여 실천한다면, 서로의 사랑을 충분히 느끼며 행복하고 만족스러운 삶을 살 수 있다.

엄마의 사랑을 따 먹고 싶어요

　3대 독자인 외동아들이 컴퓨터 도박에 빠져 울화통이 터져 미칠 지경이에요. 중학교 때까지 공부를 잘해서 자사고에 입학시켜 놓았더니. 책은 아예 거들떠도 안 봐 성적이 바닥을 치고 있어요. 언제부턴가 컴퓨터에만 빠져 있는 아들에게 잔소리하기 시작한 것이 이제는 둘 사이에 큰소리가 오가게 되었어요.
　어느 날 아들이 씻고 나오는데 등에 시퍼런 멍이 들었길래 놀래서 물어보았더니 친구와 싸웠다며 얼버무리더군요. 좀 이상하다 싶었는데. 다음 날 아들 휴대폰에 돈을 갚으라는 문자가 뜨는 거예요. 그냥 넘어갈 수가 있겠어요? 불러 놓고 꼬치꼬치 캐물어 보니 그제야 친구에게 게임 하려고 돈을 빌렸는데 못 갚아서 한 대 얻어맞았다고 하더군요. 성질 욱하는 남편이 알면 난리가 날 테니. 다시는 이런 일이 없도록 다짐받고 남편 몰래 돈을 갚아 줬지요. 근데 얼마 지나지 않아 또 돈을 빌렸다며 공부 열심히 할 테니 삼십만 원만 갚아달라고 하지 뭐에요. 그런데 더 놀란 건 알고 보니 게임이 아니라 스포츠토토인지 뭔지 컴퓨터로 하는 도박이더라고요. 아! 말문이 막히고 억장이 무너지더군요.

이게 다가 아니에요. 언제부턴가 제 지갑에 손을 대기 시작하더니 지난주엔 제 반지까지 몰래 가져가 팔아치웠으니. 정말 말 다 했지요. 혹시 중독된 건 아닐까요? 저는 그 나이 때 혼자 힘으로 악착같이 공부했는데. 쟤는 도대체 뭐가 부족해서 저러는지 진짜 모르겠어요. 시댁에서는 3대 독자라 거는 기대가 무척 큰데... 어른들 앞에서 고개를 못 들 지경이에요. 아들 때문에 남편과도 늘 전쟁이고... 요즘은 사는 게 사는 거 같지 않아요. 공부 잘하던 우리 아들이 왜 하필이면 도박에 빠졌을까요?

요즘 사회적으로 이슈가 되는 청소년 도박은 중독 현상으로 이어져 학업은 물론, 정신적, 경제적 위기에 빠진 청소년들이 늘어나는 등 많은 부작용이 나타나고 있다. C씨의 고등학교 1학년 아들도 이들 중 한 명이며, 이런 아들로 인해 엄마 C씨는 사는 게 죽을 맛이라며 울상을 지었다.

Ж

 엄마 C씨는 어린 시절을 외롭고 고통스럽게 보냈다. C씨가 자라면서 보아 온 친정아버지는 양조장을 하시면서 저녁이면 늘 술에 취해 있었고, 집에 와서는 행패를 부리기 일쑤였다. 하루는 술을 마시고 엄마에게 행패를 부리는 아버지가 너무 무서워 이불장에 숨었는데, 얼마나 긴장을 했던지 오줌을 싸버리기도 했다. 동네 어른들은 지나가는 C씨를 보면, "쟤 아빠가 술독에 빠져 살잖아. 에그… 애가 불쌍하지. 쯧쯧." 하며 수군거리기 일쑤였다. 사람들의 안타까워하는 시선에 C씨의 낮은 자기감과 깊은 수치심은 내면에 자리를 잡아가고 있었다. 어떻게 해서든 지긋지긋한 가정환경의 결핍을 극복하고 싶었기에 고등학교에 입학해서는 자신이 할 수 있는 것이 공부뿐이라 생각하고 학업에 매달리기 시작했다. 그리하여 전교 상위권을 유지하면서 선생님과 친구들의 관심 속에 원하는 대학을 꿈꾸었다.

 한편 이런 딸이 못마땅했던 친정아버지는 "여자가 무슨 대학교야! 고등학교만 졸업하고 빨리 돈 벌어야지!"라며 빠른 취직을 강요하였지만, 그럴수록 C씨는 더 보란 듯이 열심히 공부하여 끝내 대학에 입학하였다. 그 이후로는 학교에서 받은 장학금과 학원에서 아이들을 가르치며 번 돈으로 학업을 이어나갔고, 부모에게 용돈 한 푼 받지 않고 자신의 결핍을 원동력으로 열심히 살아왔다.

하지만 시간이 흘러 엄마가 된 C씨에게 '양육'은 지난날 자신의 모습과 경험으로는 답을 찾기 어려웠다. 바라던 아들을 낳았지만 탁월한 강의 실력으로 학원을 운영하게 되면서부터 아들의 양육은 뒷전이 되고 말았다. 주 양육자 없이 친가와 외가를 오가며 자랐던 아들은 네 살이 되면서 심한 피부질환을 앓게 되었다. 병원에서 의사는 "여러 가지 원인이 있을 수 있지만, 엄마와의 분리로 인한 심한 스트레스로 생길 수도 있어요."라며 아들에게 안정감을 주는 것이 우선이라는 충고를 하였다. 그제야 비로소 양육에 소홀함을 느낀 C씨는 수업을 줄이며 아들을 돌보고자 애를 썼지만, 마음이 늘 학원에 가 있는 것을 스스로도 어쩔 수 없었다.

초등학교에 입학한 아들은 공부도 곧잘 하고 운동에도 재능이 많았다. 하지만 좋은 성적임에도 엄마 기대치를 충족하지 못해 "조금만 더 노력하면 훨씬 좋은 성적을 받을 수 있어!"라는 말을 귀에 딱지가 앉도록 들었다. 중학교에서 치른 첫 시험에 아들은 반에서 일등을 차지했다. 엄마의 칭찬을 기대하며 달려온 아들에게 C씨는 "다음에는 전교 일등을 해야지?"라며 반 일등을 대수롭지 않은 듯 넘겼다. 아들이 아무리 좋은 성적을 내밀어도 "수고했다.", "잘했다."라는 짧고 건조한 인정의 말만 건네고는, "더 잘해!"라는 독려만 있을 뿐이었고, 잘 치른 과목보다 부족한 과목을 탓하는 것이 다반사였다.

어려운 환경에서도 최선을 다해 살아온 C씨였기에 부족함 없는 환경 속에서 아들이 반에서 일등을 하는 것쯤은 기본으로 여겼으며, 더 노력하지 않는 아들을 엄마는 늘 못마땅하게 생각하였다. 그러나 아들 입장에서는 아무리 열심히 노력해도 엄마로부터 원하는 만큼의 인정을 받지 못하여 성취에 따른 만족감이 없는 빈자리는 공허감으로 채워져 가고 있었다.

고등학생이 된 후로 더욱 커져만 가던 공허감은 원치 않게도 소위 '노는 아이들'과 어울리게 되면서 채워셨고, 친구들로부터 "너도 한번 해 봐!"라는 말에 무심코 사이트에 가입하면서 컴퓨터 도박이 시작되었다. 공교롭게도 첫 도박에 많은 돈을 땄고 그 순간 느낀 짜릿한 성취감에서 헤어 나오지 못한 아들은 돈을 거는 매 순간에 상상의 나래를 펼치는 환상을 가지게 되었다. 친구들에게서 돈을 빌려 베팅하고 돈을 잃고는 가족들 지갑이며 심지어 엄마의 반지까지 훔쳐다 팔았다. 승자의 환상을 채워줄 대상을 찾으면서 자신의 공허를 메꾸고 있었다. 아들은 이렇게 도박에 중독되어 가고 있었던 것이다.

C씨의 아들은 유아기 때부터 엄마와의 안정된 애착을 기반으로 한 충분한 공생기(symbiotic phase)를 갖지 못한 것이 정신의 밑바닥에서부터 공허의 터가 마련되어 자라기 시작한 것으로 보인다. 어렸을 때부터 엄마에게 충분한 사랑을 받지 못한 공허의 뿌리가 지금의 상태에 이르렀을 것이라고 짐작해 볼 수 있다. 자라는 동안 사랑의 결핍으로 인한 공허를 방어하기 위해 많은 성취를 이룬 엄마로부터 아들이 인정을 받지 못한 부분이 비단 학업에 국한되지는 않았을 것이다.

　엄마의 기준에 부합하지 못했던 아들은 열심히 공부했지만 공부라는 과업에 인정을 받지 못하고, 스스로도 성취감을 느끼지 못한 채 불안감을 키워왔다. 이것은 그 아이의 삶의 의욕을 떨어뜨리며 공허감을 키우는 요인을 제공한 것으로 볼 수 있다. 첫 도박에서 돈을 딴 승리의 순간은 자신에게 엄청난 희열을 공급해 주었고, 오랫동안 시달려왔던 공허감을 일시에 날려 보내고 삶의 의욕을 고취시키는 역할을 해 주었을 것이다. 또한, 도박에서 돈을 따게 됨으로써 허기진 엄마 사랑을 채움과 동시에 학업에서 인정받지 못한 성취감을 잠시나마 맛보았다. 그 맛을 잊지 못해 지금도 또 한 번의 희열을 꿈꾸고 있는 것, 이것이 곧 중독이다.

　이러한 중독에서 빠져나오려면 현실에서 만족이 공급될 수 있는 대안이 있어야 하며, 정상적 경로에 있는 엄마와 같은 중요한 사람에게 공허를 대처할 수 있는 심리적인 재료를 공급받을 수 있어야 한다. 무엇보다 엄마는 자신의 높은 기준에서 벗어나 자녀의 수준에서 열심히 노력하는 모습을 인정하고 칭찬함으로써 자녀의 공허한 마음과 엄마를 고파하는 허기진 마음의 배를 채워줄 수 있어야 한다.

자녀의 증상이 심각할수록 자녀가 원하는 것을 즉시, 더 많이, 오랫동안, 그리고 꾸준히 공급해 주어야 공허감을 메꾸어 줄 수 있다. 그러기 위해서는 자녀가 바라는 것을 세밀히 파악하여 충족시켜 줌으로써 자녀가 엄마에게 감사하고 빚진 느낌이 들도록 해야 한다. 이리하여 자녀의 공허한 마음이 엄마와의 관계에서 안정감과 성취감으로 충분히 채워졌을 때, 비로소 도박 중독으로부터 벗어날 수 있을 것이다. 결국 아들은 갈망하던 엄마의 사랑을 도박을 통해 따 먹고 싶어했던 것이다.

마음 대신 돈

아들이 세상을 떠난 지 벌써 10년이 다 되어 가네요. 칠순을 앞둔 제가 지금도 새벽같이 일어나 파지 줍고 시장에서 좌판 일을 하며 손주들을 키우는데. 갑자기… 어디 가서 말도 못 할 만큼 남사스러운 일이 생겼어요. 이제 중학교 3학년인 손녀가 나이 많은 남학생들에게 해괴망측한 사진을 찍어 보내고 있으니. 이 일을 어찌하면 좋을까요? 속옷 입은 것도 찍어 보내고 심지어는… 아이고! 말도 못 합니다. 제가 그 사진들을 보고 얼마나 벌벌 떨었는지요. "할머니가 키워 저 모양 저 꼴이다."라는 얘기 듣지 않으려고 얼마나 애쓰며 키웠는데. 저의 노력이 다 허사가 된 것 같고. 이렇게 살아서 뭐 하겠나 싶어 손녀한테 같이 죽자고도 해 봤어요.

하루는 손녀 방에서 깔깔거리며 웃는 소리가 나길래 뭔 짓 하나 싶었어요. 방문 앞에서 들어보니 "오빠! 언제 만날까?" 하면서 쑥덕거리더라구요. 앞뒤 안 가리고 휴대폰부터 뺏었지요. 어떤 날은 안 만나 준다고 했는지. 손녀가 소리치고 울고불고 난리도 아니었어요. 들어가서 한소리 했더니 오히려 화를 내며 저에게 달려듭디다. 저도 울화통이 터져 새로 사준 지 며칠 안 된 휴대폰을 마당에 냅다 던져 못쓰게 만들어 버렸어요. 그러고 나서 침대방에 쪼그리고 앉아 있는 것을 보니 불쌍하다 싶어 내 휴대폰을 가끔씩 줬는데 그게 화근이 되어 이런 사달이 나고 말았네요. 엄마 아빠 없다고 기죽지 말라고 예쁜 옷 사 입히고 용돈 부족하지 않게 챙겨주며 키웠는데. 오빠와 남동생만 이뻐한다며 나를 원망만 하고 있으니 제 속이 버선목이면 뒤집어서라도 보여 줄 텐데. 우리 손녀는 어째서 이러는 걸까요? 우리 손녀 제발 좀 도와주이소.

할머니 N씨는 2남 1녀의 손주들을 혼자서 키우고 있다. 아들은 손녀가 7살 때 이혼하였고, 그로부터 1년 후 교통사고로 갑자기 세상을 떠났다. 일찍 남편을 여의고 아들에 의지하며 살아온 N씨에게는 그야말로 청천벽력 같은 일이었다. 그 와중에 손주들까지 맡아 키우게 된 N씨의 입장은 얼마나 황망했을까. 아이들 역시, 어느 날 자고 일어나니 엄마는 말도 없이 사라져 버리고, 또 한 날은 아빠마저 영영 볼 수 없는 하늘나라로 떠나버렸으니, 부모를 잃은 아픔과 고아로 버려진 외로움과 두려움이야 이루 다 말할 수 없었을 것이다.

Ж

N씨는 손주들을 혼자 키워야 하는 엄청난 부담감을 느낄 수밖에 없었다. 아들이 죽고 얼마 되지 않아 혹시나 하여 멀리 사는 이혼한 며느리를 P양과 함께 찾아갔다. 셋을 다 키우기가 너무 힘들어 손녀를 몇 년만 키워 달라고 간청했지만, 돌아오는 건 단호한 거절과 함께 양육포기각서를 내미는 냉정한 모습뿐이었다. 하루아침에 엄마가 없어진 유기(abandonment)감을 경험한 P양은 또다시 엄마로부터 적극적인 거부를 당하고 버려짐으로써 희미하게 남아있던 엄마에 대한 좋은 기억마저 날아가 버렸다. P양은 돌아오는 버스 안에서 할머니의 축 처진 어깨를 보며 왠지 모를 미안함과 막연한 두려움을 느끼며 거친 할머니의 손을 꼭 쥐고 놓지 못했다.

N씨는 손자들과 먹고 살아야 했기에 새벽에는 파지를 주어

모았고, 낮에는 시장에서 좌판을 벌여 근근이 생활해 왔다. 새벽에 나갈 때 잠에서 깬 P양이 "할머니, 무서워. 가지 마! 같이 있으면 안 돼?"라며 바지 가랑이를 붙들고 눈물을 뚝뚝 흘렸으나, 할머니는 학교 가기 전에 돌아온다는 말만 남기고 바쁘게 걸음을 옮겼다. P양은 '할머니도 엄마처럼 안 오시면 어떡하지?'라는 두려움에 동생을 안고서 현관문만 빤히 쳐다보며 기다렸다. 그리고 그런 날들은 헤아릴 수도 없이 많았다.

초등학교에 입학한 P양은 하교 후 텅 빈 집에 들어가는 게 싫었다. 교문 앞에 삼삼오오 모여 있는 엄마들에게 조르르 달려가는 친구들의 모습을 부러워만 했을 뿐, 할머니는 한 번을 오시지 않았다. 오빠가 있음에도 불구하고 남동생의 어린이집 하원은 P양의 몫일 때가 많았고, 남동생을 데리고 오다 친구들과 마주쳤을 땐 수치감마저 들었다. "할머니, 오늘은 집에 있으면 안 돼?"라며 가끔 조르기도 했지만, N씨는 생계를 이어야 했기에 P양의 말을 들어 주지 못했다. 그런 할머니의 모습이 반복되자 어린 P양의 마음속에서 할머니의 중요성은 차츰 희석되기 시작하였다.

시간이 지날수록 P양은 온종일 마루에 드러누워 휴대폰만 하거나 컴퓨터 게임에 정신이 팔려있다 시장 일을 마치고 돌아온 할머니를 힐끗 쳐다볼 뿐이었다. 이런 손녀가 못마땅한

N씨는 P양에게 잔소리만 늘어갈 뿐, 칭찬거리라고는 눈을 씻고 봐도 찾을 수가 없었다. N씨는 저녁만 되면 "제발 공부 좀 해라! 저놈의 휴대폰 갖다 버리든지 해야지."라고 말하며 휴대폰을 뺏기도 하고, "전생에 무슨 죄가 많아 이 나이가 돼서도 고생바가지인지…."라며 자신의 신세를 한탄하기도 했다. 가끔 찾아오는 P양의 고모는 "할머니 말 좀 잘 듣고, 휴대폰 좀 작작해라. 어찌 동생보다 못하네."라며 남동생과 비교하며 비난하였다.

　P양이 가족들에게 원하는 만큼의 사랑을 받지 못해 생긴 공허감은 깊어져만 갔다. 그리하여 채팅하는 오빠들에게는 버려지지 않고 사랑과 인정을 받고자 그들의 검은 요구에도 자신의 노출 사진을 보내기 시작하였다. 지금까지 그 누구에게서도 경험하지 못한 오빠들의 지지와 찬사에 자신이 원하던 '사랑받는다는 느낌'을 받았다. 그것이 착각에 불과하다는 것을 알지 못한 채 위태로운 관계에 빠져들며 가족들과의 관계에서도 심각한 갈등을 유발하고 있었던 것이었다.

　P양이 할머니가 없는 집에서 어떠한 기분을 느꼈을지 충분히 짐작하고도 남을 만하다. P양의 유일한 의존 대상이 되어 줄 할머니마저 새벽부터 저녁까지 집을 비웠으며, 어린 남동생을 돌봐야 하는 부담까지 떠안았으니, 버려졌다는 유기불안

(anxiety of abandonment)은 더욱 심화되었을 것이다.

N씨는 '할머니 노릇'이 그저 밥 잘 먹여 키우고 예쁜 옷 입혀 학교 잘 보내는 것이라고만 생각해서, 한 푼이라도 더 벌어 뭐라도 하나 더 사주려는 마음이 앞섰던 것으로 보인다. P양은 새 옷을 입고 학교에 가거나 용돈을 더 받는 것보다도 자고 일어났을 때, 할머니가 곁에서 "우리 손녀, 잘 자고 일어났어?"라며 따뜻하게 인사해 주는 편안한 할머니의 품을 느끼는 아침을 맞이하길 원했을 것이다. 더구나 P양은 왠지 할머니의 사랑이 자신의 기대와 달리 오빠와 남동생에게 더 애틋하게 대하는 것으로 느껴졌고, 차별당한다는 생각으로 내적 공허감은 더욱 깊어졌다.

중학생이 된 P양은 이런 느낌을 방어하기 위해 오빠들과의 채팅을 선택하게 되었다. 그들이 어떤 사람인지는 중요하지 않으며, 자신을 거부하지 않고 조금이라도 관심을 보이는 누구에게나 끌리게 되었다. 더구나 요구받은 노출 사진을 보냈을 때, 생각하지 못한 놀라운 반응에서 지지받고 사랑받는다고 느꼈기에, 사랑받고 싶었던 갈급한 마음이 순식간에 충족되는 의미 있는 경험으로 인식되었을 수 있다. 이러한 이유로 P양에겐 할머니보다 오빠들이 더 중요한 존재로 부각되었고, 버려지지 않고 인정만 받는다면 노출 사진을 보내는 일 이상의 것도 마다하지 않게 되었다.

P양은 할머니의 정서적 공급의 결여와 동생을 돌봄으로써 생기는 또래 경험의 부족에 대하여 분노를 느끼고 할머니를 무의식적으로 공격하고 싶었다. 생존적으로는 의존해야 하는 할머니이기에 직접적인 공격으로 할머니를 파괴할 수 없어 우회적으로 공격하는 수동공격(manual attack)성이 발휘되는 모습으로 볼 수 있다.

한편 P양에게 휴대폰은 어떤 의미일까? 휴대폰을 뺏어가는 할머니가 어떻게 느껴졌을까? 휴대폰을 뺏긴 P양은 달콤한 세상과 단절되는 느낌을 받을 수 있으며, 휴대폰으로 자신을 조종하는 할머니에 대한 노출시키기 어려운 누적된 분노로 할머니가 가장 속상해하는 모습으로 성장하게 된 것이다.

P양이 어렸을 때 할머니가 파지를 줍거나 좌판에서 일하는 모습을 볼 수 있게 했다면, 할머니가 보이지 않는 상황에서도 구체적이고 사실적인 할머니에 대한 내적 이미지가 마음속에 그려져 할머니와 연결된 느낌을 가짐으로써 유기불안을 극복하는 데 다소 도움이 되었을 것이다. 지금부터라도 P양의 유기불안을 낮추기 위해서는 할머니가 어디를 가는지, 언제까지 꼭 돌아오는지를 얘기해 주어 자신이 버려져 있지 않다는 것을 느끼게 해 줄 필요가 있다.

집으로 돌아와서는, "우리 손녀가 동생 잘 돌보며 기다리고 있었네. 아이구, 기특해라~." 어쩌다가 청소라도 한 날에는, "네 덕분에 오늘은 빨리 쉴 수 있네! 고맙다." 등 따스한 말로 지속해서 칭찬하며 포근히 안아 토닥여 주면서 평소에 할머니의 사랑을 실감할 수 있도록 하는 것이 필요하다.

이와 같은 긍정적 관계 변화가 이어진다면 P양은 할머니에 대한 나쁜 기억은 줄어들고 좋은 기억들을 증강시켜 나갈 수 있다. 안정감을 주는 칭찬과 푸근한 스킨십을 지속할 때 할머니의 깊은 사랑을 느낄 수 있을 뿐 아니라, 할머니에 대한 긍정적인 내적 이미지를 형성하여 지지감과 안정감을 축적할 수 있다.

P양에게 오빠들의 흥분적 관심과 일탈적 사랑을 받고자 하는 욕구는 공허를 느끼지 않도록 하는데 기여했지만, 할머니로부터 받는 지지감과 안정감은 문제행동의 근원인 P양의 외로움과 공허감 자체를 해결하는 데 기여함으로써 근본적인 대책이 될 수 있다. 이러한 관점에서 볼 때 할머니가 의도한 바는 아니었지만 마음을 대신해 돈으로 손녀의 공허함을 메꾸어 온 셈이 되었다.

P양도 지금까지 휴대폰 게임이나 채팅 등으로 할머니의 짜증과 화를 유발하는 행동에서 할머니의 칭찬과 인정을 받을

수 있는 노력에 따른 행동의 변화가 있다면 할머니는 더욱 칭찬할 맛이 나게 되고 긍정적인 상호작용을 이어나갈 수 있다. 그러면 손녀는 진심으로 자기들을 키워주는 할머니에게 미안함을 느끼게 되고, 더욱 믿고 의지하며 감사하게 여길 것이다. 더하여 검은 채팅의 늪에서도 빠져나올 힘이 생길 것이다.

환상아들 실재아들

정말 얘 때문에 못 살겠어요. 특목고 가겠다고 해서 보내놨더니, 하라는 공부는 안 하고 밤늦도록 몰래 작곡을 해 왔다니… 이런 일이 있으리라고는 정말이지 생각도 못 했어요. 공부 잘해서 전문 직종에 있으면 자기도 얼마나 좋아요? 음악 하는 가난하고 무능한 남편만으로도 몸서리가 쳐지는데 아들까지 음악을 하겠다고 이러니….

유명한 선생님 모셔다가 비싼 과외비 내며 공부시켰어요. 밤이면 밤마다 학원 앞에 대기했다가 마치고 나오는 애를 태우고 집에 데리고 오기를 하루도 어기지 않았고. 집에 와서도 피곤할까 간식이며 영양제 챙겨 먹이며 뒷바라지하면서 힘든 줄도 모르고 살았는데. 얘가 이렇게 저의 뒤통수를 칠 줄 몰랐어요. 특목고 가고 싶다고 할 때는 언제고 지금에 와서 뜬금없이 왜 자기를 거기에 보냈냐며 저를 원망하니 정말 환장할 노릇입니다. 다른 애들은 눈에 불을 켜고 공부하는데 우리 애는 방에 틀어박혀서 피아노나 두드리고 음표나 그리고 있으니. 지금 와서 이러는 이유를 모르겠어요. 그래도 작곡만은 절대로 시킬 수가 없어요!

(엄마 C씨)

내가 특목고를 가고 싶어 했다고? 그건 엄마의 바람이었잖아! 개 많은 과외와 꽉 짜인 스케줄에 찍소리도 못 하고 엄마가 하자는 대로 하느라 내가 개 미칠 뻔했다고! 영양제는 누가 챙겨 달랬나? 특목고 가서 카이스트 가면 미래는 보장된다며 늘 공부만 하라고 했지. 내가 뭘 좋아하는지 뭐에 관심이 있는지 엄마가 알기나 해? 지금에 와서 나를 위하는 척은! 다 엄마 마음대로 했으면서. 쳇!

(아들 N군)

고등학교에 입학하고서 언제부턴가 늘 답답했어요. 전국에서 내로라하는 뛰어난 아이들 틈에서 내신성적 받고자 제가 얼마나 치열하게 학교생활을 했는지 엄마는 알 리가 없겠죠. 그나마 작곡이라도 할 수 있었기에 지금까지 버틸 수 있었다고요. 작곡하고 있으면 제가 살아있는 것 같거든요.

저는 아빠와 달라요. 전문적인 음악 공부를 제대로 하고 싶다고요. 음대에 가고 싶어요!

(아들 N군이 상담사에게)

초등학교 때부터 고등학교 입학할 때까지 줄곧 공부만 열심히 해온 N군은 특목고에 다니는 고등학교 2학년이다. 엄마의 바람대로 특목고에 입학했지만 얼마 되지 않아 변화가 생기기 시작하였다.

평소 작곡에 남다른 흥미와 재능을 가지고 있었던 N군은 우연히 친구의 고민을 들어주게 되었다. 친구는 부모의 강요에 의해 특목고에 입학했지만, 성적은 부모님의 기대에 미치지 못해 스스로에 대한 실망감을 느끼고 있었으며, 정작 자신이 하고 싶은 미술 전공은 말 한 번 꺼내보지도 못했다며 자신의 속마음을 털어놓았다. N군은 친구의 고민을 들으면서 그를 깊이 이해할 수 있었고, 순간 자신도 모르게 마음 안에서 어떤 간절함이 다시 꿈틀거리는 것을 느낄 수 있었다.

그날 밤 기숙사로 돌아온 N군은 머릿속에 피어오르는 악상을 악보 위에 옮겨 적으며 마음속 깊이 감춰 두었던 작곡가가 되길 열망하는 자신의 모습을 마주하게 되었다. 본인의 내면에 귀를 기울이고 연주 방법을 고민하면서 학교 공부에서는 느낄 수 없었던 야릇한 만족감을 느꼈고, 몰입 후에 만들어 낸 새로운 창작물에 자기가 살아있음을 생생하게 느낄 수 있었다. 이렇게 만든 곡을 친구에게 연주하게 되었고, 그 친구가 진심으로 진한 감동과 위로를 받는 것을 보면서 자신 또한 위로받을 수 있었다. 이 일을 계기로 N군은 엄마의 반대로 하지 못했던 작곡을 학교에서 다시 시작하게 되었다.

점심시간 산만한 주변 환경에서도 혼이 빠져 곡을 만들고 있는 모습을 친구들이 볼 때면, 그것이 N군의 특목고 공부에 방해가 될까 걱정해 주기도 했다. 그럴 때면 N군은 "공부하다가 머리도 식힐 겸 취미 삼아 하는 거야."라고 둘러대며 그들의 염려를 피해갔다. 하지만 점심시간뿐만 아니라 기숙사 소등 후에도 몰래 이불을 뒤집어쓰고 스탠드를 켜 놓거나, 화장실에 앉아 오선지 위에 악보를 그리며 비밀스런 작곡을 즐겼다. 좋은 대학에 가기 위해 많은 양의 문제집을 풀며 공부하는 친구들과는 달리, 1년이 넘도록 이런 생활을 해 왔으니 어려운 학교 공부에 영향을 미칠 수밖에 없었고, 끝내 2학년 기말성적은 최악으로 치닫게 되었다. 그제야 아들이 혼자서 작곡하고 있었다는 것을 알게 된 엄마 C씨는 지금까지 아들에게 기대하며 노력했던 일들이 허사가 되었음을 알고 하늘이 무너지는 허탈함과 배신감에 걷잡을 수 없는 분노를 느꼈다.

※

엄마 C씨는 어려운 형편의 시골 농부의 집에서 맏딸로 태어났다. 부모의 도움 없이 스스로 노력해서 대학병원의 수간호사까지 되었으니 사회에서는 인정받을 만한 자리에 있다고 할 수 있다. 하지만 C씨는 10년 전부터 남편과는 별거한 채, 아들이 대학에 입학하면 이혼할 거라 마음먹고 혼자서 아들을 키워왔다. 남편은 무명의 밴드에서 보컬과 기타를 맡아 근근이 경제활동을 이어오고 있었지만, 얼마 되지 않는 수입도 공연을 하는데 다 써버리고 빚까지 지는 등 가장으로서 무능력한 생활을 오랫동안 해오고 있었다. 이러한 가정환경에서 자란 N군은 엄마를 보며, '나라도 엄마를 실망시키지 않고 잘해야지.'라는 부담을 짊어지고, 엄마의 기대에 부응코자 순응하고 노력하며 자라왔다. C씨는 간호사라는 직업의 특성상 교대근무를 해야 했기에 자신이 없을 때는 어린 이들을 돌보아 주는 아주머니를 두어 N군의 학업 스케줄을 챙기게 하였다. C

씨는 N군을 초등학교 때부터 특목고에 입학시키기 위해 주요 과목 과외를 집중적으로 시켰고, 체력을 키우기 위해 운동도 소홀히 하지 않게 하는 등 아들의 학업 성취도를 올리는 데 온 힘과 정신을 모았다.

C씨는 어렸을 때부터 자신의 진로나 적성에 대한 고민을 부모님의 도움 없이 혼자서 처리해 왔기에 자신이 받지 못한 가이드 역할을 아들에게 함으로써 사회적으로 대접받는 전문직에 종사하도록 도와주고 싶었다. 그리고 남편의 경제적인 무능력함이 지긋지긋했기에 더욱 능력 있는 아들로 키우고자 하였다. 그런데 N군이 8살 때 한 달 가까이 엄마를 졸라 피아노를 배우기 시작하더니 1년이 안 되어서 체르니 30번을 떼 버렸다. 음악을 들으면 코드를 알아내고, 악보를 보지 않고 피아노를 치는 등 절대음감과 같은 재능과 작곡에도 소질을 드러내 학원 선생님은 N군의 놀라운 실력에 늘 칭찬을 아끼지 않았다. 하지만 C씨는 이런 아들의 재능을 무시해 버리고 사회적으로 성공할 수 있는 진로로 가기를 원하여 급기야 피아노를 그만두게 하였다. 6학년 때 우연히 아들이 작곡에 집중하고 있는 모습을 본 C씨는 "너거 아빠 음악 한다고 집구석 말아 먹었구만... 절대 음악은 안 된다! 내가 누구 때문에 이 고생하며 사는데...."라며 악보를 내팽개쳤고, 이로 인해 N군은 깊

은 상처와 함께 자존감이 무너졌고, 엄마라는 넘을 수 없는 거대한 벽 앞에 좌절할 수밖에 없었다.

N군은 엄마의 뜻에 따라 특목고에 진학했고, C씨는 그런 아들에게 졸업하면 카이스트에 입학해야 한다는 것을 항상 주입시켰다. N군은 각종 경시대회에 참가하는 등 엄마가 시키는 대로 학업 실력을 향상시키고자 노력하는 모습을 보여왔다. 그렇지만 N군이 가장 좋았던 순간은 피아노를 치며 작곡을 하는 그 시간이었다. 작곡 학원 한 번 다닌 적 없는 N군이 음악에 재능을 가졌음에도 불구하고 엄마의 지독한 반대로 꽃을 피우지 못하고 있었다. 고등학교 입학 후 치열한 입시 위주의 학교생활에서 작곡은 그나마 숨 쉴 수 있는 유일한 돌파구가 되었고, 그때만큼은 활기찬 자신을 느낄 수 있었기에 엄마가 쳐 놓은 울타리를 빠져나오고자 하는 거센 몸부림이 차츰 시작되고 있었다. 이러한 아들의 몸부림에 엄마 C씨는 예측하지 못한 실망과 좌절로 괴로운 나날을 보내게 되었다.

우리는 주변에서 자기가 원하고 시키는대로 자녀가 잘 따라주기를 바라는 엄마들을 흔히 볼 수 있다. 자기 원하는 대로 자녀를 몰아가는 엄마는 자녀가 원하는 것을 제대로 보지 못하고 자녀가 뜻대로 되지 않을 때는 서운함이나 분노감을 느끼며 고통을 겪기도 한다. 엄마 C씨도 아들이 자신이 원하는 대로 잘 커 주기를 바랐다. 혼자 아들을 키우며 아들의 학업과 진로를 위해 불철주야 뒷바라지하며 고생을 마다하지 않았고, 아들의 안전한 울타리 역할을 하는 것이 엄마의 사랑이라 믿고 지금까지 살아왔었던 것이다. 자녀가 행복하게 잘 살기를 바라는 엄마 마음은 누구나 같을 것이다. 하지만 엄마 C씨의 이러한 의도는 자녀의 본성을 침범하고 있었기에, 아들의 훌륭한 자질을 외면하고 무시함으로써 아들 N군은 고통스러울 뿐만 아니라 희망 없는 모습을 보였고, 엄마도 그런 아들을 보면서 괴로워하며 불행한 삶을 살고 있다.

그렇다면 엄마는 무엇 때문에 아들의 재능을 인정하지 못하고 엄마가 원하는 진로를 강요하였을까? 그것은 무엇보다 엄마가 아들을 자신의 분신으로 여기고 있기 때문일 것이다. 열 달 동안 뱃속에 있던 태아를 자기 배 아파 낳았고, 이후 남편과 별거해 아들을 키우면서 자신과 분리해서 생각하지 못하고 자신이 마음대로 할 수 있는 존재라는 생각에까지 미치게 된 것이다. 그리고 자신처럼 불행한 삶을 살지 않기를 바랐기에 아들이 사회적으로 인정받고 존경받는 전문가로 살아주기를 고집했을 것이다. 하지만 이런 엄마의 지나치게 고집스러운 확신으로 구성된 초점주의(focalism)는 아들의 있는 그대로의 모습을 보지 못하게 하는 맹목을 만들어 주고 있었다. 엄마가 원하는 사회적으로 성공한 아들의 모습을 자기 나름대로 만들어 놓고 그 아들을 대해 왔기 때문에 엄마는 실존의 아들을 만나지 못하고 살아온 셈이다. 엄마 C씨가 그려본 카이스트에 입학해서 전문가로 살아갈 사랑하는 아들은 세상 어디에도 없다! 음악에 재능이 있고 작곡을 하고 싶어 하는 아들만 있을 뿐이다. 이 아들이 '실재의 아들'이다. C씨는 '환상의 아들', 즉 이 세상에 없는 아들을 사랑하는 꼴이 되어 버렸다. 없는 아들을 사랑하며 살아왔으니 어찌 괴롭지 않을 수 있겠는가!

그럼, 어떻게 해야 실재의 아들을 만날 수 있을까? 엄마가 아들을 마음대로 하려는 것을 포기해야만 가능하다. 그래야 '있는 그대로의 아들'을 볼 수 있다. 엄마가 원하는 직업을 갖도록 하는 것은 아들이 엄마를 위한 삶을 살도록 하는 것이니, 아들의 자율성을 존중하고 아들의 의지대로 살 수 있도록 믿고 놓아주어야 한다. 그리고 그 아들을 존중하며 사랑할 수 있어야 한다. 아들이 작곡가가 되기를 원한다면 음대를 갈 수 있도록 지원해 주면 된다. 그래서 아들이 하고 싶은 일을 마음껏 할 수 있도록 격려하고 지지해 줄 때, 엄마가 '자신처럼 불행할까?' 아니면 '남편처럼 될까?'라며 걱정했던 것과 달리, 아들은 엄마의 믿음과 사랑이 바탕이 된 오선지 위에 마음껏 음표를 그리며 행복한 자신의 길을 잘 갈 수 있을 것이다.

남편 흑역사의 진실

 명예퇴직으로 회사를 그만둔 남편은 요즘 제정신이 아니에요. 저에 대한 집착과 의심이 도를 넘어 숨이 막혀버릴 지경이에요. 이대로 살다가는 제가 정신병원에 입원할 것 같아요. 진작에 이혼했어야 했는데. 지금까지 살아온 게 너무 억울해요.

 둘째도 대학을 보냈고. 이제는 남들처럼 숨통 좀 트고 사나 싶었어요. 나이 들어 옛날 친구도 만나고 싶고. 남편에게서 벗어나 좀 자유로워지고 싶었는데... 그럴수록 남편은 저를 더 꼼짝 못하게 하네요. 화장이라도 하고 잠깐 외출하는 날이면 어김없이 영상통화까지 걸어와요. 친구들은 내 속도 모르고 신혼이라며 놀리는데. 그리고 얼마 안 있어 빨리 들어오라고 재촉하면 부리나케 집으로 들어갈 수밖에 없어요. 조금만 늦으면 난리가 나요. 어떤 놈을 만나고 이제 들어오냐며 의심을 해대고. 벗어 놓은 옷에 킁킁거리며 냄새까지 맡고. 그것도 모자라 때리기까지. 돌아서고 나면 미안하다며 날 사랑하고 걱정해서 그런다며 말 같지도 않은 소리를 해대니. 어찌 같이 살 수 있겠어요? 내가 가정에 소홀하고 바람이라도 피고 이런 소리 들으면 덜 억울하죠. 어떨 땐 진짜 바람이라도 확 피고 싶은 마음도 들어요. 며칠 전에는 우리 애들까지 유전자 검사해 보자고 하는데. 이제는 대꾸할 가치도 못 느껴요.

이런 인간을 내가 남편이라고 이십 년을 넘게 살아왔으니. 제 발등 제가 찍었지요. 딸은 저더러 엄마처럼 사는 사람이 어디 있냐며 우리 생각하지 말고 하고 싶은 대로 하라더군요. 자기도 아빠 같은 사람 만날까 봐 겁이 나서 남자친구도 못 사귀겠다고 하는 거 보니. 아마도 저를 원망하고 있는 것 같아요. 우리 남편은 도대체 왜 저러는 걸까요?

남편의 의심으로 하루하루가 암흑 속에 사는 것 같다며 비참한 사연을 호소하면서 울분을 토하는 50대 초반 B씨의 사연이다. 결혼 후 얼마 되지 않아 첫아이를 임신하였고, 남편은 아내가 아이 학교 갈 때까지는 양육에 집중하며 자녀를 키우기를 원했다. 친정엄마까지 "남편 말 듣고 애 좀 클 때까지는 집에 있어라. 애는 엄마가 키워야지!"라며 남편의 의견에 찬성하고 나섰으니, B씨는 하던 일을 그만두고 둘째까지 낳아 기르면서 지금까지 전업주부의 생활을 이어오고 있었다.

Ж

B씨는 결혼 전부터 친정엄마를 도와 반찬가게를 운영했다. 농기계 수리공이었던 친정아버지는 기계 오작동으로 오른쪽 팔에 장애를 입게 되면서 더는 그 일을 할 수 없게 되었다. 먹고 살 궁리를 하던 친정엄마는 아버지의 재해보험금으로 시장에서 목 좋은 곳에 자리를 잡아 조그맣게 반찬가게를 차리게 되었다. B씨는 친정엄마를 닮아 손맛이 좋았다. 엄마 가게에서 함께 일하며 제철 반찬으로 손님들의 입맛을 저격하면서 반찬의 양도 후하게 담아내니 가게는 금방 입소문이 났고 인기 있는 반찬집으로 자리잡게 되었다.

자주 들르던 한 젊은 남자 손님은 "어제 먹은 두릅 향이 아주 좋았어요.", "열무김치는 쌉쌀한 게 제맛인데, 여기 열무김치가 그 맛이에요. 우리 엄마 열무김치 맛도 바로 이 맛이에요."라는 등 반찬을 사 갈 때마다 맛깔스러운 목소리로 아가

씨 B씨를 칭찬하곤 했다. 입이 짧은 친정아버지는 "나물이 안 싱싱하다.", "국 맛이라고는... 이래가지고 반찬가게를 하다니 참...." 하시며 냉랭한 목소리로 자존감을 바닥까지 끌어내렸지만, 이 남자 손님의 칭찬은 언제나 B씨를 신나게 했고, 떨어진 자존감을 올려주었다. B씨는 반찬을 더 담아주는 호의를 보이며 서로에게 관심을 표현하게 되었고, 어느 날부터인가 둘은 연인으로 발전하였다.

애인이 된 손님은 퇴근 후, B씨의 가게 앞에서 늘 기다리고는 문 닫을 시간이 되면 훤칠한 키로 셔터맨이 되어 주었고, B씨는 지금까지 누구에게도 느끼지 못한 든든함을 느낄 수 있었다. 부모에게 제대로 의지해 보지 못하고 살아온 B씨는 이 남자에게 기댈 수 있겠다는 희망에 부풀어 결혼을 약속하였다.

결혼식을 올리기 며칠 전, 남편이 한참을 망설이더니 "내가 말이야... 자기에게 얘기를 못 한 게 있는데...."라며 중학교 때 우연히 동네 어른들이 수군거리는 이야기를 듣게 되었다며 어두운 표정으로 말문을 열었다. "○○집 큰애가 벌써 중학생이라지. 씨받이로 들어와서 새끼를 둘이나 놓고도 쯧쯧....", "큰 아들은 아직도 길러준 엄마가 친엄미인 줄 알고 있어~.", "젖만 제 엄마가 물렸지, 키우는 건 본처가 키웠지." 순간 남편은 자신의 귀를 의심하며 전혀 생각지도 못한 자신의 출생에 얽힌 비밀을 알게 되었고, 엄청난 충격을 받았다며 응어리진 마음의 상처를 털어놓았다.

자신을 길러준 엄마는 아버지의 본처이며, 자신은 본처가 자식을 못 낳게 되자 씨받이로 들인 첩의 자식이라는 것이었다. 작은엄마로 부르며 따랐던 사람이 자기를 낳아준 친엄마였고, 작은엄마와 함께 살던, 그러니까 사촌 동생이라고만 알고 있던 동생이 친동생이었던 것이다. 사춘기 중학생 남자아이가 받아들이고 감당하기엔 너무나 충격적인 진실이었다. 당시 남편은 추운 겨울 칼바람에 자신의 몸이 둘로 갈라지는 엄청난 고통과 슬픔을 겪었다고 했다. 지금까지도 남편은 낳아준 엄마를 엄마라 부르지 않으며 오히려 내면에 강한 적대감과 불신을 가진 채 가끔 명절 때 의례적 인사만 하고 지낸다고 했다.

평범하지 않은 가정에서 자란 남편은 이러한 자신의 성장이 흠이 될까 걱정하며 두려운 마음을 털어놓았지만, 걱정했던 것과 달리 B씨는 이런 남편을 위로했다. 그때만 해도 드물기는 했지만 시골에서는 대를 잇기 위해 작은엄마를 들이는 일을 볼 수 있었기에 크게 문제 될 것이 없다며 대수롭지 않게 생각했고, 왠지 모를 측은지심에 엄마같이 잘 해 주고 싶다는 마음이 들었다. 지금까지 신뢰에 기반했던 남편의 마음은 칼바람이 지나간 후 온통 세상에 대한 의심으로 변했고, 특히 가까운 관계에 있는 사람일수록 믿음을 줄 수 없는 마음을 가지게 되었다. 이것이 후일 아내에게까지 향할 거라고는 짐작조차 할 수 없었을 것이다.

남편과 살게 되면서 남편은 새벽장을 보러 갈 때도 꼭 함께 가려고 했다. 피곤할 테니 혼자 간다고 해도 "그 무거운 걸 어떻게 들고 오려고? 내가 같이 가야지." 하면서 새벽길을 같이 따라나서니 고맙기도 했다. 너무 사랑해서 그럴거라 생각했지만, 이런 마음은 그리 오래 가지 못했다. 예민한 성격의 남편은 갓 결혼한 아내에게 다정하고 자상한 모습으로 다가왔지만, 언제부터인가 이러한 행동이 지나쳐 구속과 집착으로 변하면서 답답함을 더해갔다. 새벽길을 따라나서거나 가게로 퇴근하는 남편의 마음은 사랑이 아니라 의심에서 시작된다는 것이 느껴지기 시작했다. 반찬가게에 온 남자 손님에게 웃으며 친절하게 대하는 날이면 난리가 났다. "언제부터 여기 반찬 사러 왔느냐?", "그 사람과 무슨 사이냐?"부터 시작해 그날 밤은 남편에게 시달려야만 했고, 날이 갈수록 남편의 이런 증상은 점점 더해갔다.

첫 애를 임신하게 되면서 남편은 이때다 싶었던지 가게를 당장 그만두라고 했다. B씨는 남편이 간절하게 원하고 친정엄마도 애가 클 때까지 집에 있으라고 하니, 가게를 엄마에게 맡기고 그냥 집에 눌러앉기로 했던 것이었다. 이렇게 시작된 전업주부의 생활은 남편이라는 감옥 안에서 지내게 되었고, 드문드문 남편의 의심은 계속되었으나 그럴 때마다 아이들을 보며 이혼하고 싶은 마음을 주저앉혔다. 이렇게 살아온 B씨는 둘째 아들을 대학에 보내면서 그동안 남편의 비위를 맞추며 살아왔던 시간을 억울하게 느끼며, 이제는 옛 친구들도 만나고 하지 못했던 취미생활도 하며 다른 또래 여성들처럼 자유로워지길 원했다. 그러나 남편은 명예퇴직 이후 집에 있는 시간이 늘어나면서 고래고래 소리를 지르고 엄마를 붙잡는 아이처럼 아내를 옴짝달싹 못하게 하였다. 급기야 자식들의 유전자 검사까지 하자고 하니, B씨의 입장에서는 미치고 팔짝 뛸 노릇이 아닐 수 없었다. B씨는 집에 있는 게 두려워 벗어나고 싶었지만 그럴수록 남편의 의심은 B씨를 더욱 옥죄고 있었다.

 B씨는 끊이지 않는 남편의 의심에 수시로 이혼을 생각하고 있었으며, 때로는 남편에게 이혼을 요구하여 관계는 극으로 치닫고 있었다. B씨는 남편이 지닌 출생의 아픔을 문제 삼기보다 오히려 측은지심으로 보듬으며 친엄마의 빈자리를 채워주고자 노력해 왔다. 이런 아내에게 남편의 사라지지 않는

의심과 손찌검도 모자라 이제는 자녀의 출생까지 의심하고 있으니, B씨로서는 남편과 사는 것이 지옥살이와 다름이 없었을 것이다.

　그렇다면 B씨의 남편은 왜 근거도 없이 이렇듯 아내를 의심해오고 있었을까? 자라오면서 당연히 엄마라고 생각했던 사람이 동네 어른들의 충격적인 대화에 친엄마가 아님을 알게 된 14살이었던 남편은, 감당하기 힘든 진실을 마주해야 했을 것이다. 더군다나 정체성이 확립되는 청소년 시기에 자신의 출생에 대한 엄청난 비밀을 알게 되었다. 지금까지 잘 대하며 키워주었던 큰엄마의 속마음이, 큰엄마가 자신의 친엄마로 속이기 위한 거짓된 마음이라는 생각에 미쳤을 때 느꼈을 배신감에 더하여, 자기를 낳은 생모로부터도 버림받았다고 느꼈을 서러움과 분노, 그리고 친엄마를 지척에 두고 엄마인 줄도 모르고 무심하게 지내온 죄책감에 몸을 떨어야만 했다. 남편이 느낀 이 모든 감정은 친근한 관계에 있는 사람들에 대한 불신의 화약통이 되어 지금까지 품고 왔을 것이다. 남편이 두 엄마와 아버지에게 받은 상처는 마음속 깊이 응어리진 채 '가까운 관계일수록 누구도 믿을 수 없다.'라는 불신 속에 갇혀 살아오게 되었다. '믿고 싶지만 믿을 수 없는' 마음의 틀을 형성하게 된 것이다.

가까운 사람들로부터 경험된 이러한 의심은 자신을 챙겨주는 아내와 결혼 후 겨우 억제하며 살아왔으나, 명예퇴직으로 동료들과의 관계까지 멀어지면서 버림받았다는 느낌이 가중되어 지금까지 눌러왔던 의심이 맹렬하게 터져버린 것이다. 이러한 의심과 불신의 에너지는 만만한 아내에게 분출되어 아내를 수상히 여길 뿐만 아니라 의심을 품어 누명을 씌우게 되었던 것이다.

이러한 행태를 또 다른 면에서 보면 B씨의 남편이 친엄마에게 버려진 것처럼 아내에게서 또 버려지려고 하는 반복강박(repetition compulsion)적 무의식적 욕구에 충실하게 따라가고 있는 것으로 보인다. 아버지가 친엄마와 외도해서 자신을 낳은 것으로 느낄 수 있으며, '여자들은 쉽게 외도를 할 수 있다.'라는 무의식적 가정에 지배당했을 수도 있다. 아내 B씨가 이런 남편과 이혼하여 벗어나고픈 심정은 어쩌면 당연한 마음이다. 하지만 이것은 남편의 무의식적 욕구에 순응하는 것이다. 남편에게서 벗어나고자 하면 할수록 남편이 의심하고자 하는 욕구에 맞게 맹렬하게 의심받는 사람이 되어 주는 모습이기도 하다. 아내가 이혼하고 싶은 마음 또한 남편의 마음속에 있는 무의식적 욕구가 자기를 버리도록 하는 감정이 일어나도록 아내를 유도하는 것으로 보인다. 그리하여 아내가 이혼이라는 말을 꺼냄으로써 남편이 더 의심하도록 부추기고 있으니 아내도 남편의 의심에 일조하는 부분이 있다고 할 수 있다.

  그렇다면 지금부터는 남편의 의심이라는 보자기 안에 쌓인 그의 진짜 욕구를 알아볼 필요가 있다. 그것은 큰 의심만큼 큰 믿음에 대한 욕구이며, 이것이 거꾸로 선 남편의 진실이다. 남편은 아내를 믿고 싶지만 그것이 자기 마음대로 안 되니 믿어도 좋을지 지독하게 의심하면서 확인하고자 하는 의미로 볼 수 있다. 아내 B씨는 자기를 의심하는 남편에게 초점을 맞추기보다 남편의 깊은 심리 내면을 이해하는 것이 필요하다. 자녀를 위해서나 가정을 위해서나 아내가 이혼이 아닌 부부관계의 회복을 바란다면 남편의 믿음 욕구에 남편이 자신을 버리도록 하는 언행에도 불구하고 꾸준히 변함없이 믿음으로 응대하는 것이 남편을 치유하는 데 가장 큰 도움이 될 수 있다. 하지만 이 과정이 험난하고 고통스러운 과정이라는 것을 이해하고 감당할 수 있어야 한다. 물론 남편도 자신을 이해하는 과정을 통해 내면 깊이 자리 잡은 편집적 의심과 피해감을 해결하도록 노력해야 한다. 이와 함께 꾸준히 전문적인 부부 상담을 통해 믿음을 주고받을 수 있는 관계로 발전한다면, 부부관계는 비선형적으로 서서히 변화힐 수 있을 것이다.

그리운 괴로운 맛

쉼터에 있는 딸이 집으로 오겠다고 해서 제가 요즘 잠을 못 잘 지경이에요. 쉼터에 가기 전 중2였던 딸은 짧은 치마에 화장을 떡칠한 얼굴로 천지도 모르고 돌아다녔어요. 머리에 피도 안 마른 것이 남자들과 다니며 새벽에 들어오지를 않나. 하여튼 누구를 닮았는지 못된 짓은 다 하고 다녔으니. 차라리 없어졌으면 좋겠다 싶더라고요. 재혼한 남편 보기가 창피할 정도였으니까요.

돌이켜보면 그 일이 있기 전까지는 그나마 괜찮았는데. 작년 여름인가 자다가 눈을 떠 보니 동은 터 오는데 딸이 안 들어왔더라구요. 가슴이 덜컹 내려앉는 게 무슨 일이 생겼을 것만 같은 불길한 느낌이 들었어요. 옷을 주섬주섬 입고 나가서 기다리는데 멀리서 보니 남녀가 그 새벽에 골목길에서. "아이고. 요새 것들은 부끄러운 줄도 모르고… 쯧쯧." 하고 잠시 후 다시 봤더니 딱 달라붙는 티셔츠에 핫팬츠를 입은 젊은 여자가 젊은 남자와 낄낄거리며 팔짱을 끼고 걸어오는데 맙소사! 자세히 보니 그게 제 딸이더라고요. 억장이 무너지고 눈이 뒤집히는데 그걸 어떻게 가만히 놔두겠어요? 지 죽고 내 죽자 싶어 대문 앞에 있는 대걸레 몽둥이로 두들겨 팼고. 나중에는 딸이 애지중지 길러온 긴 머리를 무참히 싹둑 잘라버렸어요. 근데 그 후로 딸은 더욱 제멋대로였어요. 그래도 그전에는 매를 들면 말이라도 좀 듣나 싶었는데 그때부터는 다르더군요. 어이없게도 저를 경찰에 신고해버리더군요. 아무리 그래도 그렇지. 배신감이 드는 게 정말 어처구니가 없더라고요. 그래도 다시는 안 때리려고 열두 번도 더 마음을 먹었지만. 딸은 꼭 제가 매를 들도록 만들었어요. 딸도 나를 멍들도록 때리고... 참! 전생에 무슨 악연이었는지.

결국. 딸은 저와 분리되어 쉼터로 들어갔고 그 이후로는 차라리 편했다고나 할까. 그런 딸이 "엄마! 나 집으로 갈 거야. 엄마 보고 싶어."라며 전화가 왔을 때. 엄마 보고 싶다는 말에 순간적으로 '그래도 내 딸이로구나.'라는 생각이 들어 반갑기도 했어요. 하지만 그것도 잠시 집에 돌아와 또다시 그 꼴을 볼 생각을 하니 가슴이 답답해서 미칠 것만 같았어요. 저는 도저히 감당할 자신이 없어요. 그렇게 저에게 맞고 저를 때린 딸이 왜 순간적으로 반가었는지. 또 딸은 왜 다시 집으로 오겠다고 안달인지. 도무지 이해할 수가 없어요. 딸과 저의 정신 상태가 어떤지 좀 알고 싶네요. 저와 딸은 왜 이렇게밖에 지낼 수 없는 걸까요?

엄마 K씨는 꼴도 보기 싫었던 딸 O양의 일탈행동을 떠올리며 격노를 표출하였고, 딸이 쉼터에서 집으로 돌아오겠다는 것을 쉽게 받아들이지 못하며 긴장감과 위기감을 보였다. 그도 그럴 것이 재혼으로부터 비롯된 여러 가지 사정들로 K씨는 딸의 일탈행동을 제어할 수 없을 정도로 버거워하고 있었고, 재혼한 남편에게 딸의 그런 모습을 또다시 보이고 싶지 않았다. 남편 역시 딸 O양이 되돌아오는 것을 원치 않고 있었다.

Ж

K씨는 어린 시절 친정엄마에게 대접받으며 자란 남동생과는 달리, 차별과 체벌 속에서 자랐다. 고등학교 졸업 후에는 대학을 포기하고 직장에 다니면서 동생의 대학 등록금과 생

활비를 보태며 살림 밑천인 맏딸의 역할을 다 하고자 애를 썼지만, 친정엄마가 자신을 거부할까 늘 두려웠다. 결혼도 친정엄마에게 떠밀리다시피 하여 맞선 본 지 3개월 만에 이루어졌다. 홀시어머니의 시집살이와 시누이의 이간질로 남편과의 관계는 점점 멀어졌고, 딸을 낳으면서 시어머니의 구박은 더해갔다. 급기야 매달 얼마 되지 않는 생활비 일부를 친정에 보내는 것을 시어머니가 알게 되면서 결국 이혼을 당해 돌이 갓 지난 딸만 데리고 쫓겨나야만 했고, 딸 O양과 함께 원치 않는 친정살이를 시작하게 되었다.

K씨가 친정에 온 지 얼마 되지 않아 친정아버지가 지병으로 갑자기 돌아가셨고, 매달 생활비를 보내오던 남동생도 결혼 이후에는 친가의 어려운 살림살이를 나 몰라라 하여 생활은 몹시 쪼들리게 되었다. 그러나 K씨는 식당일을 하며 가장의 역할을 도맡아 어려운 살림을 꾸려나갔고, 어린 딸 O양의 양육은 친정엄마인 O양의 외할머니에게 맡겨졌다. 외할머니는 잘 놀고 있는 O양의 장난감을 일부러 빼앗아 약을 올리거나 울리기가 일쑤였다. 이러한 외할머니의 양육 태도로 인해 반복되는 부정적인 경험에 따른 감정은 O양의 내면에 나쁜 느낌의 부분으로 쌓여갔다. 이렇게 기끼운 사람과의 관계에서 좋은 느낌보다 나쁜 느낌을 더 많이 느끼며 자란 O양은 어느

덧 다섯 살이 되었다. 엄마 K씨는 팍팍한 살림살이가 나아지지 않자 식당을 접고 새로운 직장을 찾아 친정을 떠났고, 어린 O양은 엄마와 떨어져 전적으로 외할머니 손에 길러지며 엄마를 그리워하는 생활이 시작되었다.

제 버릇 남 못 준다고 했던가? 외할머니는 손녀 O양을 기를 때에도 딸 K씨를 기를 때와 별반 다르지 않았다. 외할머니는 몸이 지치고 힘들 땐 O양에게 비난을 하는 등 자기의 감정 발산이 우선이었고, O양의 행동이 마음에 들지 않거나 못마땅할 땐 어김없이 손이 올라갔다. 외할머니는 손녀가 싫어하는 나물을 몸에 좋다며 기어이 그것을 먹이고자 했다. "골고루 먹어야 잘 크지. 꼭꼭 씹어서 빨리 넘거라."라며 숟가락에 나물을 얹어 주었으나, 먹기 싫은 O양은 몇 번을 씹지 않아 얼굴이 토끼 눈처럼 빨개지더니 급기야 옷에 다 뱉어버리거나 토해버리는 일이 잦았다. 그때마다 외할머니는 "에그, 참! 내가 못 살아. 왜 올리고 난리야. 그것도 못 넘기나!" 하며 작은 등에 철썩 소리가 나도록 때리며 O양을 울렸다. 먹기 싫다는 나물을 억지로 먹이고 그걸 또 뱉어내거나 토하는 상황이 반복되면서, 서로가 괴로움을 느끼며 미움을 주고받는 사이가 되어갔다. O양은 어렸을 때 나물 반찬을 억지로 먹이려 했던 지독한 외할머니로 인해 중학생이 된 지금도 나물 반찬은 전혀 먹지 않는다.

한편 객지로 떠난 K씨는, 한 달에 한두 번 예고도 없이 찾아오다가 한 번은 장난감을 양손에 들고 함박 웃으며 O양에게 나타났다. 기다리던 엄마가 장난감을 들고 떡하니 나타났으니, 어린 딸이 얼마나 반가웠을까? 하지만 그날따라 K씨는 친정엄마와 사소한 말다툼 끝에 큰 소리로 싸웠고, 괜히 잘 놀고 있는 O양에게 트집을 잡아 손찌검하는 버릇이 또 나오고야 말았다. 놀란 O양이 한 쪽 구석에 쪼그리고 앉아 서럽게 우는 모습을 보고 K씨는 어릴 적 친정엄마의 분풀이 상대가 되어 매 맞고 상처받았던 자신의 모습이 갑자기 떠올랐다. 그 순간 친정엄마를 향한 억압된 엄청난 분노를 알아차렸지만, 그 분노는 여전히 자신을 공격하고 좌절시킬 뿐 원망스러운 엄마에겐 그 어떤 표현도 할 수 없었다.

'내 딸만큼은 때리지 않으며 키우리라!'라고 마음먹은 것과는 달리 딸에게 자신의 경험을 반복시키며 친정엄마처럼 나쁜 엄마가 되어 갔다. 그런 나쁜 엄마는 밤이 되면 죄책감을 느끼며 딸을 안아주고는 고이 잠든 딸의 곁을 말없이 떠나버렸다. O양은 올 때도 마음대로 왔다가 갈 때도 허락 없이 가는 예측 불가한 엄마를 속절없이 기다렸으니, 믿고 기대고 싶었던 엄마로부터 버려지고 공허함을 느낄 수밖에 없었다. 그리고 그 부정적인 느낌은 O양의 내면에 넓고 깊게 자리 잡아갔다. 이렇듯 O양은 기대하게 만드는 흥분시키는 사랑과 그 기대를 무너뜨리는 좌절시키는 사랑으로 인해 버려지는 느낌을 느끼며 자랐다. 초등학교 5학년이 되면서부터는 학교생활에 흥미를 잃어가더니 언제부터인가 외할머니의 통제를 벗어나기 시작했다.

중학교에 입학하기 전부터는 엄마와 함께 살기 시작하였으나 외할머니보다 강한 엄마의 통제와 지배를 받았으며 이에 반발하여 O양은 짙은 화장과 잦은 외박, 그리고 무단결석 등 일탈행동을 일삼곤 하였다. K씨는 O양이 이런 행동을 할 때마다 체벌 외에 다른 대안을 적용할 수가 없었다. 때로는 딸이 평범한 학생이 되기를 바라며 타일러도 보고 애원도 해 보았지만, O양은 이런 엄마의 노력을 비웃기라도 하듯 일탈행동으로 맞서는 저항의 정도를 점점 더해만 갔다. 결국엔 엄마로부터 분리되어 쉼터에서 지내게 되었지만, 안정된 쉼터 생활에서 자신에게 폭력을 가하던 엄마를 그리워하며 다시 집으로 돌아오고자 하는 상황이 되었던 것이다.

자녀들은 자라면서 엄마(양육자)와 많은 경험을 하게 된다. 그것이 긍정적인 경험이든 부정적인 경험이든 모든 경험은 이를 구성하는 사실과 그 사실에 따른 감정이 마음속에 내면화

(Internalization)되어 자기 이미지(자기표상, self representation)를 형성하게 되며, 자기 이미지의 중요 요소인 자기에 대한 감정, 즉 자기감(sense of self)을 발달시켜 나간다.

O양은 태어나면서부터 친할머니에게 딸이라는 이유로 사랑받지 못했고, 엄마와 떨어져 길러주는 외할머니와도 괴로움을 주고받는 생활을 지속하면서 부정적 관계 경험에 따른 괴로운 느낌이 익숙해지고 그것이 자기감의 중요한 중심을 이루게 되었다. 게다가 재혼한 엄마와 함께 살면서부터는 일탈행위가 심해지면서 더욱 극렬한 괴로움을 주고받는 관계를 경험하게 되었고, 이러한 경험에서 쌓인 부정적인 감정은 이미 내면화된 부정적인 자기감을 더욱 강력하게 만들고 있었던 것이다.

학대를 받으며 자라온 대부분의 아이들은 상대를 괴롭히고 상대에게 미움받는 행동을 지속적으로 할 때, 내면화된 자기감을 반복해서 느끼며 활력을 얻을 수 있고, 자신이 살아있음을 느낄 수 있다. O양이 쉼터에서 집으로 되돌아오고자 하는 이유도 바로 여기에 있다고 볼 수 있다. O양은 안정된 쉼터의 생활에서는 익숙한 괴로움을 상실한 상황, 다시 말해 부정적인 자기감을 공급해 줄 수 있는 엄마와의 접촉이 끊어짐으로써 엄마와 단절되어 무기력한 느낌을 느꼈을 것이다.

David P. Celani(셀라니)의 『사랑의 환상』(김영호 등 공역_한국가족복지연구소 출간)에서 Fairbairn(페어베언)은 학대받은 아동은 집에서 부상당 할 위험이 더 크다는 사실에도 불구하고 집에 있을 때보다 아동보호소에 있을 때 더 불안해한다고 했다.

O양은 입소한 지 얼마 되지 않은 편안한 쉼터에서는 부정적인 자기감을 유지하기 어려울 뿐만 아니라 괴로움을 주고받는 엄마와 함께 있을 때 오히려 더 익숙함에서 오는 편안함을 느끼며 자신을 유지할 수 있게 된다. 그러므로 '그리운 괴로운 맛'을 찾아 엄마에게 되돌아오고자 하는 것이며, 그렇게 할 때 내면화된 자기감을 유지할 수 있기 때문이다. 엄마도 딸을 미워했지만, 딸이 집으로 오고 싶다는 말에 순간적으로 반가웠던 이유는 하나밖에 없는 딸과 끊어졌던 관계가 다시 이어질 수 있다는 순간적 희망 때문이었을 것이다. K씨 내면에 자리 잡고 있던 부정적인 자기감에 지배당하는 모습이 이런 식으로 나타난다는 걸 확인할 수 있는 부분이다.

K씨가 무의식에 지배당하는 나쁜 감정을 극복하기 위해서는 좋은 새로운 관계 경험을 쌓아가야 한다. 사랑받는 경험이 많이 부족했던 엄마 K씨는 그 경험대로 딸에게 대물림하며 길렀고, 친정엄마와의 관계가 딸 못지않게 부정적이고 괴로운 관계를 지속했기에 딸과 괴로움을 주고받는 관계로 발전할 수

밖에 없었을 것이다.

　지금까지 쌓아왔던 나쁜 관계의 나쁜 경험을 극복하기 위해서 가까운 관계에서부터 좋은 관계 경험을 오랜 시간 동안 축적시켜 나쁜 경험을 훨씬 능가하도록 해야만 한다. 그러기 위해서는 작은 긍정적인 것부터 자주 하는 것(little things open)의 실천이 가능해야 한다. 잘했을 때 칭찬하는 것은 물론, 잘한 것이 없을 때도 칭찬하는 치료적 칭찬이라던가, 말을 즉각적으로 잘 들어 주는 것, 잔소리와 간섭을 하지 않는 등 이러한 작은 것부터 생활 속에서 실천할 수 있어야 한다.

　K씨는 O양에게도, 재혼한 남편에게도, 친정엄마에게도, 긍정적인 작은 것부터 실천하여 좋은 인간관계를 축적시켜 나가야 지금에 나타나는 이해하기 힘든 상황을 이겨낼 수 있다. 극복의 열쇠는, 전문가의 적극적이고 집약적인 도움을 받아 오랜 시간 다져진 부정적인 요소들을 이겨내고 새로운 관계 패턴을 내면화시키는 데 있다.

고맙다! 굵은 갈치

한 달쯤 된 것 같아요. 이혼하고 혼자 사시는 아버지 집에 반찬 좀 가져다드리고 왔는데... 아버지 집은 늘 엉망일 때가 많아요. 가끔씩 술병도 널려 있고. "이제 저도 예전만큼 못 들리니 아버지가 집 좀 치우며 사셔야 해요."라고 겨우 한마디 얘기했는데. 갑자기 화를 내며 소리를 치는 거에요. 얼마나 당황스럽고 두렵던지 눈물이 계속 났어요. 이날 이후로 과장님이 큰 소리를 내면 저도 모르게 아버지의 큰 소리를 들을 때처럼 위축되고 긴장되는 게. 계속 실수하게 되고 그러고 나면 자책하고 큰 잘못을 했나 싶기도 하고. 그래서인지 요즘은 술을 마시는 날도 많아졌어요.

아버지는 제가 어렸을 때도 늘 화를 내거나 소리칠 때가 많았어요. 전 아버지와 즐거웠던 적이 한 번도 없었어요. 집에선 예민하고 긴장할 때가 많았어요. 제가 8살 때 아버지 공장이 부도가 났어요. 그 이후로 아버지는 술을 자주 드셨는데. 그날도 아버지는 취한 상태였어요. 아버지가 저를 찾아 때릴까 봐 두려웠어요. 하지만 엄마한테 그러는 게 더 무섭고 두려웠어요. 엄마가 맞는 소리에 경찰에 신고했지만. "경찰서 신고만 해 봐라. 가만히 놔두는가!"라는 아버지의 고함에 놀라서 "좀 전에 장난 전화했어요."라고 하고선 끊었어요. 아버지는 그저 술에 취한 상태에서 한 얘기였는데. 그날 이후 엄마가 많이 아프면 '내가 그때 경찰에 신고만 했더라도.'라는 생각이 늘 들었어요. 얼마 되지 않아 엄마가 이혼해서 그나마 다행이었지만. 전 오빠와 함께 할머니 댁에서 살아야 했어요. 엄마의 우울증이 더 심해지고 있었거든요.

   중학교 때 할머니가 돌아가신 후로 다시 엄마와 함께 살고 있어요. 혼자 사는 아버지가 안쓰러워 가끔 엄마가 해 놓은 반찬도 갖다 드리고 청소도 해드리지만 아버지는 "고맙다."라는 말 한마디를 안 해요. 어느새 늙어버린 아버지가 안쓰럽고. 그런 아버지가 가끔은 불쌍해 보이기도 해요. 이제는 아버지를 미워하고 싶지 않지만 마음대로 안 될 때가 많아요. 그게 더 힘들고 괴로워요. 버럭 소리치는 아버지를 보면 두려우면서도 힘없는 아버지를 대하면 측은한 마음이 드는 게. 이제는 결혼도 하고 아이도 낳을 건데 아버지를 두려워하거나 원망하며 살고 싶지는 않아요. 어떻게 해야 할지 잘 모르겠어요.

30대 초반의 S양은 사귀는 사람과 결혼을 생각하게 되면서 아버지에게 닫힌 마음의 문을 열고 관계를 회복하고자 상담실을 찾았다.

Ж

S양은 아버지가 폭력적인 가정에서 자랐다고 했으며 우울 증세가 있는 엄마와 결혼한 것으로 알고 있었다. 이후 부모님의 결혼생활은 순탄치 않았으며, 아버지는 사업 실패 후 잠재되어 있던 폭력성이 본격적으로 드러난 것으로 보인다. S양의 엄마와 남매는 하루하루 살얼음판 위를 걷듯 지냈고, 평소 우울감을 가지고 있던 엄마는 증세가 더 심해지면서 무기력해질 수밖에 없었다. 엄마의 무기력은 아버지의 분노를 다시 부추기는 요인으로 작용하여 악순환을 되풀이했을 것으로 짐작된다.

S양은 아버지의 분노에 직면하면 아무 말도 하지 못하고 긴장감에 떨어야 할 때가 많았으며, 아버지의 분노로 인해 나쁜 자기감(sense of self)이 활성화되면 회사에서도 위축되어 실수하고 좌절감에 고통스러워했다. S양은 이런 이야기를 그 누구에게도 하지 못하고 자신을 방어하기 위해 퇴근 후 알코올

에 의존하는 일이 늘어났고, 이는 무의식적으로는 부정적인 아버지의 모습을 닮아 공격자와의 동일시(identification with the aggressor)로 보인다. 이렇게 아버지의 폭력적인 모습은 대상 이미지(대상표상, object representation)가 되고, S양의 자기 이미지(자기표상, self representation)는 괴로움을 당하는 자신의 모습으로 내면화(internalization)되었다. 이로 인해 S양이 아버지에게 느꼈던 무서움과 두려움을 직장 상사에게서도 느끼며, 자신은 위축되고 실수하여 질책받는 모습으로 외현화(externalization)되는 현상으로 재현되고 있는 것으로 보인다.

이러한 문제를 해결하기 위해서는 아버지와의 긍정적인 관계 경험을 늘려나가는 것이 필수적이며, 그러기 위해서는 내담자인 S양도 긍정적인 관계를 설정하고 유지할 수 있는 능력을 신장시키는 것 역시 필수적이다. S양의 부족한 긍정적인 관계 능력을 신장시키기 위하여 상담자로부터 지지받고 공감받으며 적극적으로 인정받는 교정적 관계 경험이 필요했다.

상담 초기 S양은 자신의 힘들었던 어린 시절을 호소하면서 고통에 접근하게 되었고, 내내 깊은 눈물을 흘렸다. 상담자는 굳이 내담자의 경험을 해석하기보다 그녀의 감정을 공감적으로 수용하면서 견디기 힘들었던 고통을 반복적으로 이야기하도록 하였다. 자신이 겪어왔던 일들을 친구들에게도 부끄러워

이야기할 수도 없었다며, 살아오면서 드러내지 못했던 열등감과 죄책감을 표현하면서 고통을 인식하였고, 억제하고 억압해둔 아버지에 대한 분노와 슬픔을 표현하면서 팽배된 감정적 압력을 경감시킬 수 있었다.

지금까지 S양이 아버지에게 반찬을 나르거나 청소를 하고 있으면, "안 해도 된다. 그만하고 가라."라며 심드렁한 말만 할 뿐이었고, "고맙다."라는 말 한 번 하지 않는 아버지에게 서운한 마음만 들어왔다. 상담 초기가 지나면서 내담자와 합의된 상담 목표 중 하나는 아버지에게 "고맙다."라는 말을 듣는 것이었다. 그러기 위해 아버지 집에 갈 때는 아버지가 좋아하는 것을 진정성 있는 마음으로 해드리는 것을 실천하기로 하였다.

우선 마음에서 우러날 때 진정성을 가지고 전화를 하기로 했다. S양이 이를 실천하고자 있는 진심 없는 진심을 모두 끌어모아 안부 전화를 했더니, "내일 저녁에 굵은 갈치 한 마리 사 와라." 하시며 전화를 뚝 끊어 버리셨다. 순간, 섭섭했으나 평소 갈치를 좋아하는 아버지인 줄 알기에 그런 명령 같은 부탁을 받았지만, 섭섭함이 줄어드는 것을 느낄 수 있었다. 지금까지와는 다르게 아버지에게 질타받는 딸에서 부탁받는 딸로 바뀐 것을 분명하게 의식하지는 못했지만 묵직하면서도 편안한 느낌으로 와닿았다. 다음 날 퇴근 후, 싱싱한 갈치 한 마리를 사서 정성껏 저녁상을 차렸건만, 아버지는 "갈치가 먹을 게 없네. 이렇게 작아서야 원…." 하는 비난만 내뱉을 따름이었다. 또다시 모멸감을 느꼈다며 아버지에 대한 분노와 서운함을 쏟아냈다. 상담자는 내담자의 마음을 충분히 공감한 후 탐색을 시작하였고, S양이 갈치를 고를 때 순간적으로 작은 갈치에 손이 갔다는 이야기를 들을 수 있었다. 이는 아버지가 딸의 다정한 목소리에 자신이 원하는 것을 요구하였지만, 딸은 작은 갈치를 고름으로써 무의식적으로 아버지를 거부하고 있었고, 아버지 또한 딸에게 모멸감을 일으키도록 하는 말로 지금까지의 부정적인 관계를 유지하고자 했던 것으로 해석할 수 있다. 상담자는 내담자의 생각이 행동으로 가기까지 또 다른 고비가 있음을 상기시켜 주었다.

이러한 관계를 긍정적으로 변화시키기 위해 아버지와 즐거웠던 기억이 하나도 없다고 한 S양에게 아버지에 대한 좋은 이미지를 찾아내어 부정적 이미지를 재구성(reconstruction)하는 것이 필요했다. S양은 초등학교 때 아버지가 사 오신 따뜻한 털부츠 한 켤레의 좋았던 기억을 말하면서, 뒤이어 입학 전 가족들과 캠핑장에 갔을 때 숯불 앞에 식구들을 나란히 앉히고 군고구마를 구워 주시던 아버지의 모습도 떠올렸다. 겨울엔 엄마가 좋아하는 따뜻한 호두과자와 S양과 오빠가 좋아하는 밤과자도 사 오시며 좋아하시던 아버지의 모습을 기억해 내고는 울먹이기도 했다. 아버지에게 사랑받았던 기억에 따스한 느낌이 스며든 것이다. S양이 한겨울 밤 왠지 모를 따뜻함을 느꼈던 것은 바로 이러한 아버지의 사랑이 있었기 때문임을 알게 되었고, 늘 엄마를 학대했던 아버지만 있었다는 것이 아니라는 것도 통찰하는 시간이 되었다. 이렇게 꼭꼭 숨겨두었던 아버지와의 긍정적인 경험이 부정적인 경험에 비해 얼마 되지 않지만, 아버지에 대한 재구성은 서로의 관계를 변화시키기 위해 무엇보다 중요한 전기를 마련하는 작용점이 되었다. 그리고 상담이 진행되면서 아버지에 대한 좋은 기억들을 더 많이 찾아낼 수 있었다. 이후 S양은 아버지에게 전화하여 "다음에는 굵은 갈치를 사 갈게요."라고 말씀드렸다. 아버지는 "됐다!"라며 예전과 다를 바 없이 무뚝뚝하게 말씀하셨으나, 그날 아버지의 음성은 그리 거칠지는 않았고, 예전과 달리 S양도 그 무뚝뚝한 목소리가 듣기 싫지만은 않았다.

 S양은 아버지에게 가기로 한 날 시장에서 파는 제일 굵은 갈치 한 마리를 사서 저녁상을 차려놓고 아버지를 기다렸다. 갈치를 보고 좋아하실 거라 기대했던 것과는 달리, S양이 집을 나설 때쯤 술에 취해 들어오신 아버지는 "왜 왔냐?"라며 예

전의 모습으로 소리를 지르셨다. 이러한 아버지의 모습에 다시는 갈치를 사지 않으리라 마음을 먹었고, 돌아오는 길에는 아버지처럼 몸을 가눌 수 없을 정도로 술을 마셨다. 미안하다고 전화라도 주시길 바랐지만, 무정한 아버지는 전화 한 통도 없었다며 서운함과 실망감을 쏟아내면서 부정적인 자기감을 되풀이하고 있었다.

상담자는 우선 S양의 애씀을 인정하고, 칭찬하고 격려함으로써 대리대상(substitute object)의 역할을 수행하였다. 아버지는 S양이 아버지에게 잘하고자 하는 새로운 시도를 포기하도록 만들었으며, S양은 여기에 응답이라도 하듯 지금까지 해왔던 노력을 더이상 하지 않겠다고 저항하였다. 하지만 상담자는 이렇게 그만둔다면 아버지와의 관계는 그대로이거나 더 안 좋아질 수 있다는 것을 지적하였고, 그럼에도 불구하고 새로운 시도를 계속하여야 좋아질 가능성이 있기에 이 모든 것은 아버지를 위한 마음에 더하여 자신을 위한 마음으로 하기를 권하였다. 이 말에 S양은 '과연 될까?'라는 의문이 담긴 표정을 지으며 상담실을 나갔다. 내면화된 아버지의 부정적인 이미지는 새롭게 형성하는 긍정적인 아버지의 이미지를 무력화시키며 기존의 방식을 되풀이하고자 하였다. 새로운 방식을 받아들이는 S양의 입장에서도 아버지와 불편하게 지내는 자신의 기존 이미지가 이제 막 새롭게 형성되기 시작하는 아버지와 친하게 지내는 자기 이미지를 받아들이는 것에 의문이 드는 건 당연할지도 모른다.

상담 후기로 넘어가면서 S양은 아버지가 벗어놓은 신발이 낡은 것이 생각나 따뜻한 신발 한 켤레를 사서 갔다. 아버지는 S양의 권유에 마지못해 신어보시고는 "됐다! 이 정도면 발은 안 시리겠네."라며 신발을 신은 채로 방안을 걸어 보셨다. "초등학교 때 아빠가 사준 따뜻한 신발이 기억나서 샀어요. 그때 참 좋았어요."라며 S양은 처음으로 아버지에 대한 고마움을 표현하였다. 신발을 신은 아버지의 목소리가 무뚝뚝한 목소리가 아니라는 걸 느낄 수 있었다며 자신도, 아버지도 변화되고 있는 것 같다며 훈훈한 목소리로 이야기했다. 상담자는 아버지를 변화시킨 요인이 S양의 애씀으로 가능했다는 것을 명료화시켜주었다. 이날 이후로 S양의 음주도 줄어들기 시작하였다.

그 이후 S양은 갈치를 사러 갈 때나 갈치를 고를 때 기분이 예전보다 훨씬 좋았으며, 아버지 집에서 갈치를 찌질 때에도 정성이 들어간다는 것을 느낄 수 있었다. 이런 마음으로 저녁 상을 차려 드렸을 때, "오늘은 굵네!"라고 말씀하시는 것을 들을 수 있었고, 아버지의 그 음성에는 무뚝뚝함이 전혀 없을뿐

더러 표정 역시 밝았다. 속으로는 좋으면서도 좋아하는 티를 내지 않으려 하는 것으로 보였다. 곧 "고맙다."라는 말이 마려우실 것 같았다.

S양은 자신의 긍정적인 이미지가 내면화될 수 있도록 험난한 과정을 겪으며 기존의 내면화된 이미지를 극복하고자 노력하고 있다. 이러한 노력이 아버지와의 관계가 긍정적으로 변화된다는 것을 경험하였기에 아직은 서툴지만 아버지 입장에서 진정으로 사랑받는다는 느낌이 들도록 자신과 아버지를 위해 연습과 실천을 반복하고 있다. 머지않아 한 겨울밤 군고구마를 구워 주시던 아버지의 따스한 사랑을 다시 느낄 수 있게 될 것이며, 다정했던 아버지의 모습도 볼 수 있을 것이다. 그리하여 결혼해서 가정을 꾸리게 되었을 때 긍정적인 새로운 자신의 대상관계 내용을 남편에게도 태어날 아이에게도 적용할 수 있을 것이다.

작가의 말

결혼 후 아내와 두 아이의 엄마로 생활하며 나의 존재감은 사라지고 자아정체성의 혼란을 겪었을 무렵, 대구가족상담센터를 찾아 '어머니 자아 성장에 관한 집단상담'에 참여한 것이 어느덧 11년이 훌쩍 지났다. 처음으로 참여하였던 집단상담에서의 새로운 경험은 나의 삶에 전환점이 되어 이를 계기로 대상관계이론을 공부하기 시작했다.

Donald W. Winnicott의 정신분석학인 『울타리와 공간』의 강의를 김영호 박사님에게 들으면서, 그동안 알지 못했던 새로운 양육 방식에 대해 알게 되었고, 아무 준비 없이 아이를 길러왔던 나에게 충격으로 와닿았다. 그때의 느낌이 지금도 선명하다. 그 강의를 들으면서 아이들과 일어나는 갈등을 이해해 나갈 수 있었고, 새로운 관점을 가지고 아이들을 바라볼 기회를 가질 수 있었다.

상담사의 긴 수련의 과정을 거치면서 대상관계이론을 바탕에 둔 대상중심이론을 생활에 적용하고자 노력과 연습을 반복한 결과, 아이들의 마음을 느끼고 가족들과 새로운 관계를 맺으며 행복한 삶을 살아가고 있으니 참 다행스러운 일이다. 이 이론을 실천하면서 아이들과 반복되어오던 예전의 갈등 관계가 여전히 개선 노력에 걸림돌이 되어 맥이 빠지고 그만두고 싶을 때가 수도 없이 많았다. 그러나 이러한 과정은 엄마로서, 그리고 상담사로서 부족한 필자를 지속적으로 연습시키고 숙달시켰던 인고의 시간이 되었다. 마침내 상담사가 되어 자녀를 양육하는 엄마들의 갈등과 질풍노도의 시기에 있는 많은 청소년의 깊은 고민을 공감하며 들을 수 있게 되었고, 이를 뒤돌아 보았을 때, 필자를 상담사로 성장시켰다는 것을 깨닫게 되니 이들 모두가 나의 스승이 아닌가 싶다.

기관에서 상담사로 일하다 보면 어려움을 겪고 있는 아동들이나 청소년들을 도와주게 되는데, 필자의 견해로는 아동이나 청소년들의 변화도 필요하지만, 엄마의 변화가 우선적이고 필수적이라고 믿는다. 현대사회를 살아가는 요즘, 엄마들은 맞벌이와 여성의 사회참여 증대로 직장에서 열심히 일하고 퇴근 후에는 가족들을 돌봐야 하는 중복된 수고로움을 겪고 있다. 그래서인지 회기가 다 끝날 때까지 자녀만 상담에 참여하는 경우가 많다. 엄마의 참여 없이 자녀만 치료하는 것은 그리 오래 가지 못한다. 더구나 아물지 않은 상처를 가진 채 자녀를 양육하는 엄마일 경우, 자신도 모르게 고스란히 자녀에게 상처와 고통을 대물림하는 것을 볼 수 있기에 엄마가 상담에 참여하여 자신의 상처를 마주히고 치료하는 것이 중요하다. 무엇보다 엄마들의 마음이 건강해지고 긍정적인 모습으로 변화될 때 아이들은 행복할 수 있으며 자신의 색깔을 잘 드러내며 커나갈 수 있다.

나의 스승이자 슈퍼바이저이신 김영호 박사님의 매회기 감수와 따뜻한 가르침에 깊은 감사를 드린다. 그야말로 대상관계이론을 몸소 실천하시며 좋은 본보기가 되어 주셨으니, 이러한 슈퍼바이저님을 함입하고 본받으며 꾸준히 공부하여 전문상담사로 거듭나야겠다.

대상관계 이론가들은 인간이 발달하고 있는 기준이 분열에서 통합으로 나아가는 것이고, 그러면서 사람들은 건강하게 성장한다고 했다. 임신해서 출산하는 열 달과 비슷한 기간 동안 글을 쓰면서 고민과 혼란, 그리고 많은 기복을 이겨내고 이 책을 마무리하는 지금, 통합의 과정으로 한 걸음 나아가고 있음을 느낀다. 지금에서야 늘 곁에서 든든한 버팀목이 되어 준 남편과 두 딸에게 고마움을 전하며, 책을 함께 엮으며 힘이 되어 주신 두 분의 진정한 도반들에게도 그저 감사할 따름이다.

끝으로, 이 책이 행복한 가정을 꾸리길 바라는 모든 엄마에게 조금이나마 도움이 되었으면 하는 마음 간절하며, 일선에 계시는 상담사 선생님들에게도 좋은 길잡이 역할을 하는 데 기여하길 바란다.

이수영

대구 토박이고요, 딸 둘을 키우고 있는 23년 차 엄마예요.
전문상담사, 대상관계심리상담사, 십오통활(十五通活) 전문상담사로
많은 아동과 청소년들을 만나며 힘찬 걸음으로 전진해 왔어요.
아동의 놀이 치료, 청소년과 활(活)동 중심의 상담 및 진로상담,
부모교육을 통해 자녀와 진정한 관계 경험을 할 수 있도록
도우며 활발한 활동을 하고 있답니다.
상담심리학 석사, 전 홀트심리상담센터 상담사,
대구가족상담센터 상담사, 대구시중구청소년상담복지센터 청소년상담사
sylovenk@naver.com

책 속 대상관계이론

용어설명

'대상관계이론'

유아가 중요한 타인으로서의 대상인 주 양육자 엄마와의 관계를 내면화하여 형성된 표상 세계로, 대상표상과 자기표상, 그리고 그 사이의 정서로 구성되어 있으며, 이들 사이의 역동과 실제 생활에서의 사고와 행동 및 대인관계에 미치는 영향을 설명하는 이론이다.

가면우울증(masked depression)

가면 뒤에는 감춰진 고통이 있다. 가면우울증은 겉으로는 웃고 있지만 속은 울고 있다. 우울감과 무력감이 겉으로 잘 드러나지 않지만, 오히려 식욕부진, 가슴 두근거림, 피로감 등 신체적 증상으로 드러난다. 지나친 명랑함, 약물, 알콜중독, 도박, 행동과잉, 가성치매 등의 증상으로도 나타날 수 있다.

격리-개별화 과정 중 실행기(practicing phase)

생후 약 7, 8~약 15개월. 격리-개별화 과정은 감별기, 실행기, 화해기, 대상항상성기로 진행되며, 실행기는 유아가 자기 주변의 모든 것에 접근하여 모든 것을 검증(testing)하는 행동으로 현실을 나름대로 경험함으로써 현실에 대한 지식과 체험을 늘려가는 시기를 말한다.

DSM-5

경계선성격장애(Borderline Personality Disorder)   진단기준(301.83)(F60.3)

대인관계, 자아상 및 정동의 불안정성과 현저한 충동성의 광범위한 형태로 성인기 초기에 시작되며 여러 상황에서 나타나고, 다음 5가지(또는 그 이상)를 충족한다.

모신엄마

1. 실제 혹은 상상 속에서 버림받지 않기 위해 미친 듯이 노력함

   (주의점: 5번 진단기준에 있는 자살 행동이나 자해 행동은 포함하지 않음)

2. 과대이상화와 과소평가의 극단 사이를 반복하는 것을 특징으로 하는 불안정하고 격렬한 대인관계의 양상

3. 정체성 장애: 자기 이미지 또는 자신에 대한 느낌의 현저하고 지속적인 불안정성

4. 자신을 손상할 가능성이 있는 최소한(Ex) 소비. 물질. 남용. 좀도둑질. 부주의한 운전. 과식 등

   (주의점: 5번 진단기준에 있는 자살 행동이나 자해 행동은 포함하지 않음)

5. 반복적 자살 행동. 제스처. 위협 혹은 자해 행동

6. 현저한 기분의 반응성으로 인한 정동의 불안정(Ex). 강렬한 삽화적 불쾌감. 과민성 또는 불안이 보통 수 시간 동안 지속되며. 아주 드물게 수 일간 지속됨

7. 만성적인 공허감

8. 부적절하고 심하게 화를 내거나 화를 조절하지 못함(Ex) 자주 울화통을 터뜨리거나 늘 화를 내거나 자주 신체적 싸움을 함

9. 일시적이고. 스트레스와 연관된 피해석 사고. 혹은 심한 해리 증상

공격자와의 동일시(identification with the aggressor)

자아심리학적 관점에서 자기를 위협하거나 괴롭히는 존재와 같아지거나 닮게 되는 현상을 말한다. 자기에게 위협되는 부분을 소화할 수 없기 때문에 그와 같아짐으로써 무서워할 필요가 없어지게 된다. 엄한 시어머니 밑에 혹독히 지낸 며느리가 싫어하는 시어머니를 동일시하여 자신도 꼭 같은 행동을 하는 시어머니가 되는 현상으로 설명할 수 있다.

대상관계론적 관점에서 보면, 반복적이거나 인상적인 상대방과의 관계 경험은 내면화되어 대상표상을 형성하고, 일치적 동일시(예를 들면, 며느리였던 자기가 시어머니 역할을 하고, 며느리 시절의 자기 경험을 며느리에게 하게 만듦으로써)를 통해 두려워했던 대상과의 관계를 재연(replay)함으로써 내면화된 대상관계를 외현화하는 현상으로 본다.

공생기(symbiotic phase)

M. Mahler(마흘러)의 개념으로 자폐기를 지나 시력을 갖게 되는 생후 2~3개월에서 격리-개별화가 더 우세해지는 18개월까지를 말하며, 공생은 이후에도 지속된다. 공생기 초기에 유아는 엄마로부터 분화되지 않고 융합된 상태이다. 즉 엄마와 아이가 만드는 이중단일체(dyad)인 융합 상태로 출발한다. 공생기 동안 유아는 어머니의 능력을 자신의 능력으로 함입하여 만능감을 가지게 되며, 이 시기에 엄마는 유아가 충분한

만능감을 가질 수 있도록 돌봄으로써 분리 개별화되는 과정을 준비시키는 것이 중요하다.

과도적 대상(중간 대상: transitional object)

D. Winnicott(위니콧)의 개념으로 과도적 대상은 유아가 어머니(대상)의 부재 시. 대상의 부재에 따르는 불안을 극복시켜주고 대상을 느끼게 해주는 것. 이것은 반드시 유아가 창조한 것이다. 이러한 과도적 대상은 아이가 성장함에 따라 자연스럽게 잊힌다.

관찰하는 자기(observing self)

경험하는 자기(experiencing self)에 대비하여 자신의 모습과 마음을 보는 눈을 관찰하는 자기라 한다. 자신의 과거와 현재. 미래를 통하여 일관된 자신을 인식하고 평가하는 기능을 발휘한다. 관찰하는 자기가 발달하면 마음에 중심이 형성되어 확고하게 자신을 유지. 발전시킬 수 있다. 관찰하는 자기는 현재 자신의 상황과 외모. 자세를 볼 수 있고 자신 내부의 생각과 느낌을 인지할 수 있으며. 그런 자신을 타인이 어떻게 보는지도 알 수 있다. 게다가 자신을 둘러싼 상황의 맥릭도 파악할 수 있다. 그럼으로써 자신의 내부 상황과 외부 상황을 전체적으로 조망하게 됨으로써 현실 적응이 더욱 원활해진다. 일명. 매직아이(magic eye) 즉. 심안(心眼)을 갖는다는 것은 경험하는 자기에게 가장 가용성이 높은 스승(슈퍼바이저)을 모시는 일이 된다.

교정적 정서경험(corrective emotional experience)

부정적 정서경험이 많아서 그 영향이 부정적 행동과 증상으로 나타날 경우. 이를 극복하기 위한 긍정적 정서체험을 교정적 정서경험이라 한다. 이는 긍정적이고 지지적인 인간관계에서의 성공경험과 일에서의 성공경험. 내면의 긍정적 재구성을 포함한다.

내면화(internalization)

외부 세계의 측면들과 그것들과의 상호작용이 정신 내부로 들어와 내적 구조가 되는 과정을 말한다. 이 용어는 서로 다른 다양한 해석이 있는데. 남의 것을 따와 자기 것으로 갖고 싶다는 생각으로 자기 안에 집어넣는 것이 내사(introjection). 그것이 자기 안에 있는 상태가 내재화. 자기 것으로 되면 내면화(internalization)가 된다. 그 전체적인 것을 동일시(identification) 개념으로 설명하는데. 구구단을 외울 때 구구단을 외우는 연습 과정을 내사라 한다. 선생님 앞에서 외워 무사히 테스트에 통과했지만, 어머니 앞에서 능숙하게 잘 외우지 못할 때가 내재화 상태라 할 수 있다. 더 맹렬히 연습하여 언제 어디서든 똑바로나 거꾸로나 구구단이 정확하게 툭 툭! 튀어나올 정도로 무의식적 숙달 수준에 도달한 상태를 내면화라 설명할 수 있다.

담겨 있는(담기는 것, 담기는 자, 유아, 내담자: contained) &
담고 있는(담는 것, 담아주는 자, 어머니, 분석가: container)
A. Bion(비온)의 개념으로 contained와 container는 주로 유아와 어머니, 내담자와 상담자 관계 등 둘 또는 그 이상의 사람들이 맺는 관계를 가리키는 말이다. 유아는 자신의 일부 특히 갖고 있기 힘든, 소화되지 않는 정서(β요소)를 어머니에게 투사하여 어머니가 그것을 담아내게(containment) 한다. 어머니는 아이의 정서를 흡수하여 아이가 가지고 있을 수 있는 수준(α요소)으로 중성화(neutralization), 무해화, 탈성화하여 아이에게 되돌려 준다. 이런 어머니의 기능을 알파기능이라 하는데, 이 모든 과정을 통해 유아의 투사적 동일시는 성장할 수 있는 것으로 변형된다. D. Winnicott(위니콧)의 안아주는 환경(holding environment)에서 안아줌(holding)이 유아의 존재의 연속성을 가능하게 해 주는 것이라면, 안아주는 맛의 핵이 바로 담아두기(containment)라 할 수 있다.

대리대상(substitute object)

자신의 욕구를 만족시켜줄 수 있거나, 지속적으로 공급해 주는 중요한 의미 있는 사람(대상)의 역할을 대신하여 경험시켜주는 상담자(치료자)를 말한다. 대리대상의 역할은 내담자의 대상이 되는 사람이 실천할 수 있도록 도와주어야 한다.

대상(object)과 대상표상(object representation)

대상은 자기에게 중요한 것을 지속적으로 공급해 주는 상대방을 일컫는다. 아이는 주로 양육자인 어머니가 최초의 중요한 대상이 된다. 그 이후로 대상은 아버지, 가족, 친구로 확대된다. 대상표상은 대상과의 관계 경험에 대한 내면화된 결론적 이미지를 말한다.

대상상실(object loss)

자신의 욕구를 만족시켜주거나 지속적으로 공급해 줄 수 있는 중요한 의미 있는 사람(대상)을 잃어버리는 것을 말한다.

동일시(identification)

자신이 가지고 있지 않은 다른 사람의 특성을 자신의 것으로 삼고자 함입(내사), 내면화(내재화) 하여 자신의 것으로 만드는(동일화) 과정을 말한다.

멸절(annihilation)

대상과 연결되어 있지 않고 떨어지거나 끊어져 존재가 사라지는 것을 말한다.

몽상(레버리: reverie)

A. Bion(비온)의 개념으로 엄마가 아이를 키울 때 엄마의 정신이 현실적으로는 정상적인데, 어떤 한 부분에 대해서는 현실 감별과 멀어진 상태처럼 작용되는 것을 말한다. 몽상의 극치가 초기모성몰두(P.M.P.)로 볼 수 있다. 엄마가 자기가 아닌 아기를 자기처럼 느끼는 현상은 광증 상태로 보이나, 자아의 기능 안에서 그 부분만을 구획화하여 작동시키기 때문에 그 나머지 부분은 지극히 정상적이다. 엄마는 엄마이면서 아이가 되어버린 상태이며, 환상인데 현실적이다.

반복강박(repetition compulsion)

사람이 살면서 과거에 습득된 긍정적이거나 부정적인 특정 경험을 무의식적으로 반복하고자 하는 충동을 말한다. Freud(프로이트)적 견해에서는 미해결된 과제를 해결하고자 반복하나 해결되지 않는다고 보는 반면. 대상관계이론에서는 내면화된 내용이 반복적으로 외현화되는 현상으로 본다.

분열(splitting)

분열은 내면세계를 좋고 나쁜 것. 두 부분으로 갈라놓는 상태를 말한다. 갈라진 두 부분은 어느 한 쪽만 활성화되어 작동되기 때문에 나머지 부분은 전혀 작동되지 않는다. 그래서 두 부분 사이에는 기억상실로 구획되어 있다고 본다. 마치 소설 〈지킬 박사와 하이드〉에서 지킬 박사는 하이드를 모르고. 하이드는 지킬 박사를 모르는 것과 같다. 유아는 최초에 어머니를 통하여 좋은 어머니와 나쁜 어머니를 경험하고 기억하게 되는데. 같은 종류의 기억은 같은 곳에 저장되기 때문에 좋은 어머니의 기억을 나쁜 어머니의 기억으로부터 보호하기 위해 두 부분으로 갈라놓는 것이라 할 수 있다. 그렇기 때문에 분열된 구조를 가진 사람은 사물을 볼 때. 그 사물을 모두 좋은 식(all good)으로 보든지 아니면 모두 나쁜 식(all bad)으로 본다. 불안이나 좌절 속에 있을 때 나쁜 부분이 작동되면 지금까지 좋게만 보아왔던 것을 갑자기 모두 나쁜 것으로 취급하든지.

반대로 좋은 부분이 작동되면 긍정적 느낌이나 희망을 가질 때 모두 나쁘게 보아왔던 것을 갑자기 언제 그랬느냐는 듯이 모두 좋게 보는 행동으로 전환되는 모습을 보인다.

분화(감별: differentiation)

분화는 생애 초기의 자폐 상태에서 시력이 발달하여 생후 3~4개월이 지나면서 주변의 시각적 자극에 주의를 기울일 수 있게 되는 것이다. 감별의 의미로서의 분화는 현실 세계의 사물의 속성을 알아채는 것이며, 대표적인 것은 어머니와 자신이 같지 않다는 것을 아는 것이다. 또 하나의 감별은 유아의 내부 자극들을 다르게 인식하는 것으로써 어머니의 양육 행동으로 내부 자극을 구별할 수 있게 되는 것이다.

세대 간 전이(intergeneration transference)

전이는 과거에 자신에게 중요한 사람에게 느꼈던 감정과 태도를 현재의 관계에 있는 사람에게 옮겨 발휘하는 현상을 말한다. 세대 간 전이는 부모의 특징적 특성이 양육 과정을 통하여 반복적으로 자녀에게 경험됨으로써 자녀에게 내면화되고, 내면화된 부모의 특성을 자녀가 재현함으로써 세대에 걸쳐 대물림되어 나타나는 현상을 말한다.

수동공격(manual attack)

적개심. 불만을 품은 대상에게 간접적인 방법을 통해 불편하게 만드는 공격행동양식이다. 예를 들면 할 것을 안 하거나 늦추면서 요구되는 일을 지연시키거나 왜곡함으로써 대상에게 불편이나 지장을 끼치는 행동이다.

심리적 융합

나와 다른 사람. 특히 가까운 다른 사람과 개인적 경계가 없는 상태로 타인이 자신의 일부로 느껴지는 상태이다. 유아가 모든 심리발달을 이루기 위해서는 어머니와 관계에서 꼭 필요하며, 특히 초기 유아기에 심리적 융합을 통해 정신의 발달이 이루어지며 충분한 융합은 이후 분리-개별화를 가능하게 한다.

아이 어른과 어른 아이

아이 어른은 어른처럼 행동하지만, 아이의 욕구를 억압하고 표현하지 못하고 참으며, 어른들이 바라는 대로 행동하는 것이다. 어른이 볼 때는 착하고 총명하고 똑똑한 아이처럼 보인다.

어른 아이는 '피터팬증후군'으로 불리기도 한다. 몸은 어른이지만 어른으로서 책임을 회피하려는 어른 아이를 뜻하는 심리학 용어이다.

안아주는 환경(holding environment)과 존재의 연속성(continuity of being)

D. Winnicott(위니콧)의 개념으로 영아는 신체와 정신의 결합이 미약한 채로 태어나서 모든 정신적 역량을 정신과 신체의 통합에 집중하는 것이 생애 초기의 최우선 과제가 된다. 영아가 외부로부터 오는 자극을 방어하기 위해 분배해야 할 정신적 에너지를 잃어버리지 않게 해 주는 것이 어머니의 안아줌(holding)이다. 영아는 어머니에게 안김으로써 편안함과 안정감. 만족감을 가지게 되고. 이는 정신과 신체의 결합에서 오는 효과이다. 어머니의 안아주는 환경으로 인해 신체와 정신이 온전히 결합함으로써 "I am ~~."이 가능해진다. 내가 존재하고 비로소 "내가 ~~이다."가 가능해진다. 이 상태가 지속되는 것이 바로 '존재의 연속성'이다.

애도(mourning)와 비탄(grief)

애도는 자신에게 중요한 대상을 상실했을 때 나타나는 정서적 고통을 말한다. 죽음뿐만 아니라 신체와 정신적 상실이나 훼손. 연인과 헤어지거나 직장을 잃거나 자녀가 성장해 집을 떠나는 등 일상에서 중요한 것을 잃었을 때 나타나는 반응을 받아들이는 태도에 따라 애도와 비탄 방식이 달라진다. 이성이나 사랑하는 사람의 싱실을 애도하는 과정은 일련의 순서를 거치는데 애도 과정이 성공적일 때 자아가 강화되는 효과를 얻는다. 애도 과정이 방해받을 때 자아는 정신 병리적 비탄에 빠지게 된다. 비탄은 대상을 상실한 데 대한 심리 생리적 반응으로 외부 세계에 대한 관심의 감소, 추억에의 집착, 슬픔 또는 회한에 젖는 행동, 수면장애 등을 보인다. 애도는 대상과 자신의 경계가 뚜렷해 대상의 죽음을 객관적인 사실로 받아들여 슬퍼할 수 있지만, 비탄은 대상과 자신의 경계가 무너져 대상의 죽음이 자신의 죽음으로 여겨져 슬픔에 전도되고 만다.

양가감정(ambivalence)
대상에 대해서 동시에 상반되는 감정을 느끼는 것이다.

외현화(externalization)
내면화된 것은 외현화를 지향한다. 그것은 마치 의식이 무의식으로 순환되는 것처럼 무의식이 의식으로 순환되는 성향을 가진다. 특히 미해결 과제처럼 억압되어 많은 에너지가 부착된 무의식적 재료일수록 외현화를 통한 의식으로 발현되려는 경향이 강하다.

유기(abandonment)

아이가 대상으로부터 버려지거나 버림받는 것을 말한다.

유기공포(fear of abandonment)

아이가 중요한 대상으로부터 실제 버려지거나 버림받을 것에 대한 두려움을 느끼는 상태로, 죽을 것 같은 공포를 동반하기 때문에 치명적이다.

유기불안(anxiety of abandonment)

아이가 중요한 대상으로부터 버려지거나 버림받을 것에 대한 두려움을 느끼는 상태를 말한다. 유기불안은 유기에 대한 불안이고, 죽을 것 같은 유기공포와 연결되어 있다.

이중단일체(속: dyad / 공생궤도: 겉 symbiosis orbit)

엄마와 아이, 둘이 이루는 하나의 단위를 말한다. 너와 나의 구별이 없는 공생 초기가 이중단일체의 절정을 이룬다. 영아기 아이는 엄마가 해주는 모든 것을 자기가 한 줄 알고 선능감과 민능감의 환상에 젖는 것을 시작으로 해서, 엄마를 알아보는 공생기에는 엄마의 능력을 자기의 능력으로 사용하길 바란다. 이중단일체는 후일 엄마가 아닌 다른 한 사람과의 합일체를 이루는 관계의 근간이 된다고 본다.

일차적 이득(primary gain)과 이차적 이득(secondary gain)

일차적 이득은 팽배된 심리적 갈등을 증상으로 표출함으로써 갈등이나 불안과 결부된 에너지를 일부 배출하는 효과를 얻는 것이다. 이러한 증상을 표출함으로써 얻어지는 사회적 이득. 즉 의무와 책임에서의 면제. 또는 경감. 관심 얻기 등과 같은 편의를 획득하는 것을 이차적 이득이라 한다.

자기감(sense of self)

자기감은 자기에 대한 느낌으로써 자신의 경험에 대한 내면화된 결론적 정서를 말한다. 반복적으로 경험된 느낌. 인상적으로 경험된 느낌들이 자기를 느끼게 하는 정서적 요소들의 하나로 내면화되기 쉽다. 자기감은 신체적 감각뿐만 아니라 심리적 감각을 포함한다. 자기감을 구성하는 각각의 느낌들을 다시 느끼려 하고 그럼으로써 자기가 살아있다는 생동감을 느낄 수 있다. 좋은 느낌들이 자기감을 형성하도록 아이를 양육해야 한다.

자기표상(self representation)

자기표상은 대상과의 관계 경험을 통해 자기에게 내면화된 결론적 이미지를 말한다. 대상과의 경험이 좋으면 좋은 자기 이미지가 형성되며, 대상과의 경험이 나쁘면 나쁜 자기 이미지가 형성된다. 그래서 대상표상으로부터 자기표상이 분화된다. 결국 자기표상은 자기를 운용하는 무의식적 주체로써 작동하게 된다. 대상표상의 변화가 일어나면 자기표상도 바뀔 수 있다. 자기표상이 다소 부정적일지라도 교정적 정서경험을 통해 긍정적인 자기표상으로 변화 가능하다.

자해(self harm)

자신의 몸에 고의적으로 상처를 입히거나 자신을 해롭게 하는 행위로 경계선성격장애의 핵심적인 행동이기도 하다.

재구성(reconstruction)

내면에 구성되어 있던 부정적인 내용을 긍정적인 내용으로 재구성하여 재내면화시키는 작업을 말한다.

전위(displacement)

감정과 태도가 원래 있었던 대상으로부터 벗어나 더 안전한 대상이나 사람에게 옮기는 과정을 말한다. dis는 이탈을 뜻하며, placement는 원래의 위치를 뜻하므로 원래의 위치를 벗어나 작용한다는 의미이다.

전이(transference)

(내담자가) 과거 중요한 사람과의 관계에서 가졌던 감정과 태도를 현재 다른 사람(상담자)과의 관계로 옮겨서 적용하는 현상을 말한다.

초기모성몰두(primary maternal preoccupation: P.M.P.)

D. Winnicott(위니콧)의 개념으로 산모가 출산 약 2주 전부터 출산 후 약 10여 일 정도까지 엄마의 모든 것을 아기에게 투입하여 아기와 자신을 고도로 동일시하는 현상을 말한다. 이 시기가 지나면 엄마는 산고를 잊는 것과 같이 이 역시 망각해 버린다. 이 기간 동안 아기는 평생을 살아갈 정신적 노잣돈을 받는 셈이다.

모신엄마

초점주의(focalism)

한 대상에게 집중적으로 주의를 기울이는 것을 말하며, 배경에서 벌어지는 상황이나 앞으로 전개될 상황을 인지하기 어려워지는 인지적 편향성을 말한다. 대상관계이론에서 보면 부분대상관계 입장이다.

촉진적 환경(facilitating environment)

촉진적 환경은 아이의 심리적 발달과 자기감 형성을 더욱 원활하게 만드는 충분히 좋은 엄마로부터 제공되는 양육 환경을 말한다. 충분히 좋은 엄마가 주는 환경은 완벽한 돌봄이라기보다 아이가 소화해 감내할 수 있는 정도의 양육의 실패, 즉 작은 침범이 있는 양육을 말한다. 촉진적 환경을 제공하는 어머니는 안아주기(holding), 다루기(handling), 대상 제공하기(object providing), 반영하기(mirroring), 버텨주기(surviving), 놀이하기(playing)와 같은 역할들을 수행하여야 한다.

충분히 좋은 엄마(good enough mother)의 양육

D. Winnicott(위니콧)의 개념으로 완벽한 엄마(perfect mother)가 아니라 안아주는 환경과 촉진적 환경을 제공하는 엄마를 말한다.

침범(모성적 침범: maternal impingement)

존재의 연속성을 깨뜨리는 어머니의 양육적 행동을 말한다. 침범을 받으면 정신과 신체가 분리되어 정신 따로 몸 따로 상태가 된다. 잦은 침범은 정신과 신체의 결합을 취약하게 한 채로 성장하게 되어 신체의 신호를 정신이 파악하는 데 지장을 준다. 또 예를 들면. 정신은 신체의 실천을 접수. 저장하는 능력이 저조해져서 공부한 효과를 얻기 곤란해지며. 신체는 정신의 의도와 같이 작동하기 어려워 잘 넘어지거나 물건을 잘 떨어뜨리고 정교한 행동을 하기 어렵다. 과도한 침범과 장기적인 침범은 성격장애와 그 원인으로 작용한다.

퇴행(regression)**과 고착점**(fixation)

발달과정 중 미해결 과제에 결부된 소화되지 않은 에너지가 집중되어 유기체가 현실에서 좌절을 경험해 에너지를 상실했을 때. 에너지를 공급받을 필요가 생긴다. 이때 에너지가 모여 있는 미해결 과제가 존재하는 과거의 시점으로 돌아가는 퇴행을 하게 된다. 그 시점에 주로 하는 행동을 퇴행이라 하고. 그 지점을 고착점이라고 한다.

모신엄마

투사(projection)

방어기제의 하나로 자신에 의해서 받아들일 수 없는 욕망이나 상황을 타인에게 귀속화하여 타인의 탓으로 돌리는 것을 말한다. 투사는 모든 사람이나 사물에 가능하지만, 투사적 동일시는 긴밀한 관계에서 잘 일어난다.

항상성(homeostasis)

항상성은 유기체가 생존의 욕구를 해결하고 편안함을 느끼는 생리적 균형 상태를 말한다. 심리적 항상성은 심리적으로 익숙하고 편안해하는 상태를 말한다.

행동화(acting out)

억압된 무의식적 욕구가 통제하기 힘든 충동적 행동으로 표출되는 현상을 말한다.

흥분시키는 대상(exciting object), 애욕적 자아(libidinal ego) &
거부하는 대상(rejecting object), 항애욕적 자아(anti-libidinal ego)

W.R.D. Fairbairn(페어베언)의 이론으로 유아가 대상에게 거부당한 경험은 아이에게 항애욕적 자아로 내면화되고, 거부로 충족되지 못한 욕구는 강하게 충족되기를 바라는 애욕적 자아를 형성하게 되며, 원하는 것을 충족해 줄 것 같은 근거 없는 약속을 하는 대상, 즉 흥분시키는 대상을 원하게 된다. 흥분시키는 대상은 충족을 약속하지만, 이행하지 않음으로써 거부하는 대상으로 바뀌는 분열된 특성을 가진다.